翰墨縹緗

中華古籍保護計劃成果展暨國家珍貴古籍特展圖錄

國家圖書館
國家古籍保護中心 編

國家圖書館出版社

圖書在版編目（CIP）數據

翰墨縹緗：中華古籍保護計劃成果展暨國家珍貴古籍特展圖錄／國家圖書館，國家古籍保護中心編.—北京：國家圖書館出版社，2013.5

ISBN 978-7-5013-5065-0

Ⅰ.①翰… Ⅱ.①國… ②國… Ⅲ.①古籍—中國—圖錄 Ⅳ.①Z838

中國版本圖書館CIP數據核字（2013）第089332號

書　　名　翰墨縹緗——中華古籍保護計劃成果展暨國家珍貴古籍特展圖錄

編　　者　國家圖書館　國家古籍保護中心　編

責任編輯　王燕來　許海燕

裝幀設計　九雅工作室

出　　版　國家圖書館出版社（100034　北京市西城區文津街7號）
（原北京圖書館出版社）

發　　行　（010）66114536　66126153　66151313　66175620
66121706（傳真），66126156（門市部）

E-mail　cbs@nlc.gov.cn（郵購）

Website　www.nlcpress.com→投稿中心

經　　銷　新華書店

印　　刷　北京嘉彩印刷有限公司

開　　本　889×1194毫米　1/16

印　　張　17.5

字　　數　100千字

印　　數　1—1000册

版　　次　2013年5月第1版　2013年5月第1次印刷

書　　號　ISBN 978-7-5013-5065-0

定　　價　380.00圓

編委會名單

鳴　謝

北京市委圖書館
畢節地區彝文文獻翻譯研究中心
敦煌研究院
福建省圖書館
廣東省立中山圖書館
廣西壯族自治區少數民族古籍整理出版規劃領導小組辦公室
貴州省荔波縣民族宗教事務局布依文古籍研究館
杭州圖書館
河北大學圖書館
河南省圖書館
湖南師範大學圖書館
湖南圖書館
吉林大學圖書館
吉林市圖書館
江蘇省吴江市圖書館
江西省圖書館
軍事科學院軍事圖書資料館
拉薩市政協文史民宗法制委員會
遼寧省圖書館
内蒙古自治區圖書館
南京圖書館
南開大學圖書館
尼木縣恰嘎曲德寺（管轄單位：拉薩市文化局）
寧波市天一閣博物館
寧夏回族自治區圖書館
齊齊哈爾市圖書館
黔南布依族苗族自治州圖書館
青島市博物館
清華大學圖書館
曲阜文物管理委員會孔府文物檔案館
山東大學圖書館
山東省圖書館
山西博物院
上海圖書館
四川省圖書館
蘇州博物館
泰安市博物館
天津圖書館
吐魯番博物館
皖西學院圖書館
西北民族大學圖書館
西藏博物館
西藏布達拉宫
西藏圖書館
西藏自治區阿里地區札達縣托林寺
西藏自治區那曲雍仲桑丹林寺
西藏自治區日喀則夏魯寺
西藏自治區山南仲噶縣曲德寺
新疆大學圖書館
新疆維吾爾自治區少數民族古籍搜集整理出版規劃領導小組辦公室
徐州市圖書館
伊犁哈薩克自治州文物局
雲南省圖書館
雲南省玉龍納西族自治縣圖書館
中國科學院新疆分院文獻信息中心
中國書店
中國藝術研究院
重慶市黔江區圖書館
白河書齋

目　録

前言

“中華古籍保護計劃”自2007年啓動以來，根據“保護爲主、搶救第一、合理利用、加强管理”的工作方針，以《國家珍貴古籍名録》申報評審工作帶動全國古籍普查，開展了一系列工作，取得了令人矚目的成績。爲總結六年來古籍保護工作的經驗、展示古籍保護工作的成果，在國務院正式頒佈第四批《國家珍貴古籍名録》和全國古籍重點保護單位之際，文化部特舉辦“國家珍貴古籍特展”。展覽共展出160多件國家珍貴古籍，除精選第四批《國家珍貴古籍名録》的古籍進行系統展示外，還突出展示了“中華古籍保護計劃”實施以來新發現的重要古籍文獻。展覽共包括三大部分内容。

一、全面介紹“中華古籍保護計劃”的成就

本次展覽通過文字、圖片、圖表等資料，全面、系統地總結了“中華古籍保護計劃”的成果。這些成果包括：評審公佈前四批共計11375部入選《國家珍貴古籍名録》的古籍、166家“全國古籍重點保護單位”、12家“國家級古籍修復中心”；對全國範圍内的漢文古籍、少數民族文字古籍及其他多種形式的古籍進行普查登記；開展各類古籍保護專業培訓，舉辦古籍修復、普查、鑒定、管理等各類培訓班100餘期，培訓學員約6000人次，覆蓋全國約1600家古籍收藏單位，初步形成了不同層次的古籍保護

人才梯隊；開展古籍保護修復工作，"中華古籍保護計劃"啓動6年來，12家國家級古籍修復中心共修復殘損古籍超過200萬葉，近三分之一全國古籍重點保護單位改善了古籍保藏條件；實施《中華再造善本》項目，並於2008年正式啓動《中華再造善本》（續編）工作，涵蓋"明代編"、"清代編"和"少數民族文字編"三部分，截至2012年12月已完成312種珍稀古籍的出版工作；啓動《中國珍貴典籍史話叢書》項目，該項目旨在深入揭示《國家珍貴古籍名錄》所收錄的中華民族珍貴典籍的主要内容、重要價值和文化内涵，挖掘並生動再現它們産生和流傳的歷史，第一批50種選題已完成其中20餘種的撰稿工作；規劃實施《中華醫藏》、"國家珍貴古籍題跋整理"等專題文獻整理保護項目，推動了珍貴古籍的整理、出版和利用；開展海外中華古籍合作保護項目、《國家珍貴古籍名錄》珍貴古籍數字化項目；啓動新疆和西藏古籍保護專項工作；積極開展古籍保護法規、制度和標準規範建設，編製完成《古籍保護條例》，修訂完善《古籍定級標準》等標準規範，古籍保護工作日趨規範化、科學化。

二、重點展出入選第四批《國家珍貴古籍名錄》的珍貴古籍

國家古籍保護中心依據《國家珍貴古籍名錄申報評審暫行辦法》，在總結前三批《名錄》評審工作經驗的基礎上，從2011年起建立了《國家珍貴古籍名錄》常規化申報機制，各單位可根據工作情況隨時申報。截至2011年5月底，國家古籍保護中心共收到來自全國各地361家單位和13位個人申報的11031部古籍材料。經專家組初審、復審、向社會公示、部級聯席會議審議通過、國務院批准，最後確定第四批《國家珍貴古籍名錄》爲1516部，包括漢文古籍1218部、少數民族文字古籍286部、其他文字古籍9部。

第四批《國家珍貴古籍名錄》特點鮮明：徐州市圖書館申報的《四書章句集注》，《中國古籍善本書目》未曾著錄，通過第四批《名錄》申報，這部珍貴古籍重現世人眼前；天一閣博物館申報的明代各地鄉試錄，爲特色專藏，入選《名錄》；上海圖書館申報的一批碑帖拓本，數量較多，質量精良，入選多部；少數民族文字古籍申報踴躍，尤其是藏文古籍，此次評審共有143部藏文古籍入選《名錄》，特别是西藏博物館所藏的元刻本《釋量論》，在少數民族文字古籍中實屬珍稀；甲骨首次進入《名錄》，共有7家單位收藏的53872片甲骨入選第四批《名錄》。

展覽從第四批《國家珍貴古籍名錄》中精選110餘部代表性珍貴文獻展出，其中不少爲首次面對公衆展出。展品琳琅滿目，精彩紛呈，其中尤以以下五類最爲引人注目：

1.集中展出首次納入《名錄》的甲骨文獻

甲骨主要出土於河南省安陽市小屯村殷墟遺址等地，是迄今發現的商周時期最重要的文獻載體。甲骨刻辭内容涉及商代的天文、地理、軍事、農業、交通、宗教等多個方面，是研究商代歷史、社會與思想文化的重要資料。甲骨作爲一種重要的出土文獻首次入選《國家珍貴古籍名錄》，進一步豐富了《國家珍貴古籍名錄》的文獻類型。本次展覽集中展出國家圖書館所藏甲骨20件，同時展出相應的甲骨拓片，並詳加釋文，便於觀衆瞭解文獻内容。配合實物展出，展板着力介紹甲骨的發現、釋讀、科學發掘及在甲骨學上有重要貢獻的人物，並繪製"中國甲骨收藏分佈圖"、"海外甲骨收藏分佈圖"，爲讀者展示了甲骨收藏、研究等多方面的情況。

2.精彩紛呈的鈔稿本

稿本是書籍寫作的最初形態，出於著者之手，稿中勾乙增删之處可見著者著述、治學歷程，反映著者學術思想的變化；稿本上的批校可以彰顯學人治學趨向。尤其是未刊稿本、與刻本内容相異的稿本，有更高的版本和文獻價值。第四批《國家珍貴古籍名錄》就收錄了明清56位名家的76部稿本。

本次展出清乾嘉學派代表學者焦循《易圖略》稿本，爲《雕菰樓易學三書》之一，書中删改取捨之處，反映作者學術思想發展脈絡；中國第一位駐外公使郭嵩燾箋注的［光緒］《湘陰縣志》稿本，有曾國藩批校；文學家蒲松齡的《鶴軒筆札》，係其南游寶應、高郵時擔任孫蕙幕僚期間代寫的書啓、公文、諭告等文稿；王芑孫《漚波舫近文》稿本，有部分詩文未刊，可補傳世刻本之闕；經學家惠棟增補的《鄭氏周易》稿本，爲該書通行本盧見曾《雅雨堂叢書》本的底本，卷中硃筆添改爲惠棟手迹；周廣業《四部寓眼錄》稿本，則爲蟫隱廬鉛印本的底本。

鈔本傳世數量較刊本爲少，出於名家抄寫、校訂的精鈔本尤爲珍貴。第四批《名錄》入選明鈔本64部、清鈔本113部。此次展出的明周榮起抄，周淑祜、周淑禧彩繪本《本草圖譜》，圖、説相映生輝，圖據明萬曆四十八年（1620）文俶《金石昆蟲草木狀》一書藥圖摹繪；吕無黨鈔本《金石錄》讎校審慎，較通行的盧見曾雅雨堂刻本文字優勝；吕無黨家鈔本《明史鈔略》，密行小字，剛勁有致，所記史事多爲止史未收；明末毛氏汲古閣鈔本宋楊萬里《誠齋集》，源出南宋端平二年（1235）劉煒叔刻全集本，首尾俱全，頗可寶重；清内府四色鈔本《江流記》四色精寫，精妙絶倫；孔子第六十八代孫孔傳鐸所著《安懷堂全集》的鈔本，原爲孔廟奎文閣舊藏；勞格鈔本《金國南遷錄》，又經勞格、勞權兄弟手校，文字精審。

3.拓墨精良的名碑名帖

石刻文獻歷史悠久，品種繁多，數量巨大，内容宏富，是研究古代歷史文化的重要資料。自南北朝時期傳拓技藝産生之後，重要石刻文獻大多以拓本的形式保存流傳，化身千百。拓本也是書法藝術的寶庫，歷代書法作品多賴以傳世。第四批《國家珍貴古籍名録》入選拓本71種，均爲名碑名帖。

此次展出的宋拓本《皇甫誕碑》爲唐代著名書法家歐陽詢楷書書寫，書體點畫精細、間架結構端整挺健，堪稱楷書典範，原碑明代已斷，其宋拓未斷本尤顯珍貴。《嘉祐石經》包括《周易》《尚書》《毛詩》《春秋》等九部儒家經典，宋嘉祐六年（1061）刻成，後多亡佚，現僅存少量殘石；其宋拓元裝本存2.4萬餘字，存字較多，具有重要的文獻價值。《王居士磚塔銘》原石刻於唐顯慶三年（658），明末出土後，遂添一新的唐楷典範；上海圖書館藏此碑初拓且經翁方綱、褚德彝等名家題跋，洵爲寶貴。《鮮于光祖墓誌》，石久佚，誌主爲元代著名書法家鮮于樞之父；趙孟頫小楷書序、銘，盡顯趙體風範，其明拓本存世僅見兩種，上海圖書館所藏爲足本，實屬難得。清代拓本有初拓本《董美人墓誌》與《常醜奴墓誌》等，大多有名家題跋，均爲稀世之珍。《董美人墓誌》書法端莊秀麗，筆意神韻俱佳，誠爲隋誌中極品，其與《常醜奴墓誌》同爲隋誌，一美一醜，曾經現代著名收藏家吴湖帆收藏，吴氏爲之刻“既醜且美”印章，爲收藏史上一段佳話。

4.形式多樣、内容豐富的古地圖

中國地圖源遠流長，但因形態不規則，且不便於刊刻，整理與保護難度較大，傳至今日者爲數不多。第四批《國家珍貴古籍名録》收録古地圖43種。其中時代最早者爲1986年6月出土於甘肅省天水市北道區黨川鄉放馬灘西漢文景時期（前179—前141）5號墓的西漢紙質地圖。放馬灘地圖所用紙張平整光滑，用細黑紅條繪製山川、道路等圖形，繪法接近馬王堆漢墓出土的帛地圖，是目前世界上已知最早的紙質地圖。該圖也是世界上最早用於書寫的紙張實物，有力證明了西漢初即已發明造紙術，對研究造紙起源、造紙用料、造紙技術等具有重大價值。

此次展出的政區圖，以成圖於嘉慶年間的《洛陽十邑輿圖》爲代表，它採用中國傳統山水形象畫法，精細繪出境内山川、河流、樹木、城郭及寺廟古迹，並注記其相關情況；《運河圖説》以圖文並茂的形式，展現了大運河各區段的特點和閘壩情形；繪製於嘉慶四年（1799）的《西湖全圖》，將西湖内外諸景薈萃尺幅，湖山名勝星羅棋佈，皆重彩敷色，金粉細繪，並貼有小楷標籤説明，使觀者几席間有鳥瞰西湖美景之感。

5.種類繁多的少數民族文字古籍

民族古籍作爲記錄和傳承民族傳統文化的重要載體，是中華文化遺産寶庫中的瑰寶，具有重要的文物、文獻、文字研究價值。第四批《國家珍貴古籍名錄》精選民族文字古籍珍品286部，涵蓋藏文、回鶻文、西夏文、蒙古文、察合臺文、彝文、滿文、東巴文、傣文、水文、古壯字、布依文等12種民族文字。

第四批《國家珍貴古籍名錄》收錄近年新發現的大量藏文文獻，成爲少數民族文字文獻的一大亮點。此次展出的9至10世紀寫本《般若波羅蜜多經》爲吐蕃晚期王室供奉的佛經，元鈔本《續密概論詮釋》具有元代薩迦時期公文書寫特徵，元鈔本《哇協》爲第五世達賴喇嘛在哲蚌寺所藏歷史文獻之一，清鈔本《萬年曆表》對研究古代藏族天文曆算有重要價值，集中體現了藏文古籍普查的重要成果。此外，托忒蒙古文《江格爾擊敗殘暴古日古木之章》鈔本，爲蒙古族英雄史詩《江格爾》篇章之一，是目前新疆境内發現的此書唯一鈔本。

三、系統揭示古籍普查重要新發現

“中華古籍保護計劃”實施以來，以《國家珍貴古籍名錄》申報評審工作帶動全國古籍普查，在全國範圍内對各公私收藏機構所藏漢文古籍、少數民族文字古籍及其他多種形式的古籍文獻進行全面普查登記。六年來古籍普查工作成果顯著，陸續發現了一批珍稀孤罕的善本古籍，具有重大的文物和學術價值，不僅推動了古籍保護事業的發展，而且促進了相關領域學術研究的深入開展。本次展覽突出展示“中華古籍保護計劃”實施以來新發現的重要古籍文獻，主要包括以下五類：

1.敦煌遺書

由於歷史原因，敦煌遺書分藏在世界各地多個藏書機構及個人手中，調查、整理、刊佈敦煌遺書也就成了敦煌學界的一項重要工作。迄今爲止，還有一些單位所藏敦煌遺書未完成整理編目，詳情不爲學界所知。在近年來古籍普查工作中，新發現山東省博物館、中國書店、旅順博物館、中國佛教圖書文物館、中國文化遺産研究院等單位所藏敦煌遺書，爲敦煌學提供了新的資料。

此次展出的中國書店所藏ZSD2081號隋寫本《大般涅槃經》，總長度爲775.4釐米，由七張紙粘連而成，其中有四張紙的單紙長度在140釐米以上，最長者143釐米，充分顯示隋代造紙工藝已達到相當高的水平，爲研究我國古代造紙工藝提供了極爲珍貴的實物資料。這件寫本已入選第一批《國家珍貴古籍名錄》。

2.西域文獻

西域文獻發現於19世紀末20世紀初，與敦煌遺書、黑水城文書具有同等重要的學術價值。“中華古籍保護計劃”開展以來，國家圖書館先後5次徵集入藏和田等地出土的西域文獻500餘件，包括3至11世紀以漢文、梵文、粟特文、龜兹文、于闐文、藏文等文種書寫的公私文書、宗教典籍、經史著作等文獻。其中的梵文佛經係新中國成立以來首次成批發現的梵文文獻，譯自佉盧文的梵文《賢愚經》殘片爲國内外僅存，漢文《孝經鄭氏解》殘片等文獻也非常珍貴。從載體形態角度看，有木簡、函牘、紙質卷軸裝文書、絹質文書等類型，帶有封泥的契約、書信獨具特色。

國家圖書館近年徵集入藏的和田出土文書中，于闐文文獻數量多、形制多樣、内容豐富。紙本文獻中，首尾完整的《對治十五鬼護身符》長卷頗爲重要。據卷尾題記，此經是爲一位于闐貴婦人量身定製的佩戴物。于闐文《金光明經散脂品》以絲綢之路南道特有的正楷婆羅謎字體書寫，表明在于闐曾存有比現存梵文本内容更加豐富且更接近於義淨漢譯本及藏譯本的長部《金光明經》，文獻價值尤爲突出。此外，還有爲數衆多的唐開元九年至十一年（721—723）于闐文、漢文雙語納稅木簡，以及高僧買奴契約等多件于闐文函牘，它們生動地反映了古代于闐的社會經濟生活，具有很高的史料價值。

西域文獻是推進西域歷史語言與中外關係史研究的重要史料，我國學者在這些領域已取得豐碩成果。

3.善本古籍

《國家珍貴古籍名錄》申報工作在全國範圍内展開後，近百家《中國古籍善本書目》未涉及的單位進入學界視野，如軍事科學院軍事圖書資料館、中國文化遺産研究院、中國第一歷史檔案館、中國科學院上海生命科學信息中心等，所藏不乏珍貴古籍。中國書店、上海圖書公司所藏宋元珍本，爲《名錄》增添亮色。此外，芷蘭齋、白河書齋、緣督室等私人藏書家，所申報古籍也頗引人矚目。《永樂大典》卷二二七二至二二七四、明萬曆二十一年（1593）金陵胡承龍刻明重修本《本草綱目》、文源閣本《明史》等，爲最有代表性的新發現。

2007年底，全國古籍普查專家組赴華東調研時，意外獲知加拿大華僑藏有一册《永樂大典》。此本尚保留明代包背裝，前後書衣完整，内容爲“模”字韻“湖”字册。令人驚喜的是，國家圖書館恰好存此本的前、後各一册，此册的發現，使“湖”字部分内容前後相綴，更爲完善。它的發現和購藏是“中華古籍保護計劃”開展以來，流散海外的中華典籍實體回歸祖國的成功案例。

文源閣本《四庫全書》於咸豐十年（1860）英法聯軍焚掠圓明園時化爲灰燼。廣東省立中山圖書館發現的《明史》一册，鈐乾隆御璽及文源閣印，應爲文源閣《四庫全書》校訂撤换本。

《本草綱目》是明代著名醫藥學家李時珍（1518—1593）歷時27年寫成的本草學巨著，成書至今，翻印100多次，影響深遠。此書明萬曆二十一年（1593）金陵胡承龍最早刊刻，稱"金陵本"，是唯一由李氏家族自編的一個版本，最能體現李時珍的原意，成爲刊刻最早、最權威、最珍貴的版本。多年來，國内僅知兩部。2008年，洛陽白河書齋又發現了一部金陵本的明代重修本，罕見於書目著録，爲近年《本草綱目》版本的重大發現，爲金陵本流傳史增添了新内容。

此外，軍事科學院軍事圖書資料館所藏《十三經注疏》，是該書現存三部元刻明修本中内容最全、品相最好的一部；安徽皖西學院圖書館所藏宋衢州州學刻元明遞修本《三國志》，爲現知存世兩部全本之一，卷末温廷敬長跋一一辨識書中的元代補版，頗具學術價值。

佛教文獻是新發現善本古籍中頗爲引人注目的重要品類。國家圖書館2007年入藏的開寶藏本《大寶積經》、山西博物院藏北宋寫本《雜阿毗曇心論》和宋刻本《建中靖國續燈録》、廣東省立中山圖書館藏金元民間刻本《金剛經》、緣督室所藏五代宋初刻本《妙法蓮華經》，堪爲新發現重要佛典的代表。

4.碑帖拓本

"中華古籍保護計劃"開展以來，一批此前鮮見著録的珍貴拓本陸續出現，其中不乏宋元舊拓與名家舊藏。第一批《國家珍貴古籍名録》所收故宫博物院藏明初拓《石鼓文》，拓製精良，爲國内現存最早的《石鼓文》拓本之一。第三批《國家珍貴古籍名録》所收天津博物館藏宋拓《絳帖》，傳世極少，爲清内府舊藏，又經畢沅等名家題籤、題跋，彌足珍貴。

近年陝西西安、河南洛陽等地多有墓誌石刻出土，誌主不乏名人，誌石所載往往可以補史傳之不足。國家圖書館藏隋《裴遺業墓誌》拓片，記載了誌主"聘高麗使主"的身份和事迹，史料價值較高。

5.少數民族文字古籍

2007年"中華古籍保護計劃"實施以來，在少數民族文字古籍名録評審及其古籍普查登記工作中，發現一批重要古籍，爲學術研究提供了豐富的資料，其中特别重要的是西藏新發現的古籍文獻，以及彝文古籍。

西藏博物館藏藏文譯本《釋量論》，爲元至元第三任帝師達瑪巴拉（1268—1287）大都刻本。拉薩市尼木縣恰嘎曲德寺新發現的《量理寶藏》《阿毗達磨雜集論》《大乘莊嚴經論》《律藏》《阿毗達磨俱舍論》《三律儀軌》等六種元代刻本，分别以漢字“日”、“月”、“地”、“中”、“德”、“元”爲帙號。這些元刻本的發現，進一步證明元代已有藏文文獻刊刻，對西藏歷史文化的研究具有重大意義。

此外，阿里地區札達縣托林寺發現了17世紀藏紙抄蒙古文本《蒙古秘史》異本。《蒙古秘史》的蒙古文原本已失傳，此件爲近年發現的葉數較多的蒙古文本，充分證明該文獻民間傳有異本，並流入西藏，抄寫流傳，具有重要的文物、文獻價值。

彝文古籍分畢摩（祭司）文獻和民衆文獻兩大類，畢摩文獻是畢摩在祭祖大典、祭奠亡靈、驅魔送鬼等儀式上使用的經書，民衆文獻是彝族人民世代相承的“百科全書”，藴含着大量生産與生活的技能與智慧。長期以來，彝文古籍大多由畢摩以手抄的形式在内部通過儀式來傳承，存世的彝文古籍70%爲孤本。由於長期流傳於民間，經煙燻火燎和濕熱天氣的損傷，彝文古籍大多破敗不堪，有的畢摩去世後其家人還把生前所用的彝文古籍當作隨葬品一同燒燬。因而開展彝文典籍搜集、保護和搶救工作是一項刻不容緩的任務。近年國家圖書館加大徵集力度，2009年、2010年分别入藏一批明清時期抄寫的《六部經書》《字集》《夜郎悲歌》等珍貴彝文古籍，内容包括宗教、哲學、詩歌辭賦、歷史、天文、地理等方面，是研究彝族歷史文化的重要資料。

“國家珍貴古籍特展”通過以上精彩内容的展示，全面介紹了“中華古籍保護計劃”的成就，重點展出了第四批《名錄》的珍貴古籍，系統揭示了古籍普查工作中新發現的重要典籍。此次展覽對於加强古籍保護宣傳、增强公衆的古籍保護意識、引導全社會共同關注我國古籍保護與整理研究事業，將起到積極的推動作用。

編　者

2013年3月

揚子法言卷第一

李軌柳宗元注　宋咸吳祕司馬光重添注

雄見諸子各以其知舛馳顏師古曰舛相背大氐詆訾聖人即爲怪迂析辯詭辭以撓世事顏曰大氐大歸也詆訾毀也迂遠也析分也詭異也言諸子之書大歸皆非周孔之教爲巧辯異辭以撓亂時政也雖小辯終破大道而惑衆使溺於所聞而不自知

文化是民族的血脈，是人民的精神家園。中國古籍在世界上獨樹一幟，是人類珍貴的文化遺産。據2012年統計，我國3000餘家公藏單位收藏古籍超過5000萬册（件）。隨着時間流逝，古籍破損消亡，保護形勢嚴峻。“十一五”期間，首次由政府主持開展的全國性古籍保護工程——“中華古籍保護計劃”於2007年正式啓動並取得突出成績，全國古籍保護工作體系基本建立，全國古籍普查、人才培養、古籍修復、保護條件改善、古籍整理出版、古籍數字化、古籍保護宣傳、少數民族古籍保護等工作取得很大進展，保護能力和水平顯著提高，古籍保護意識深入人心，成爲全民共同關注的事業。2012年，“中華古籍保護”作爲國家重要的文化遺産保護工程列入國家《“十二五”時期文化改革發展規劃綱要》，對古籍保護工作提出了更新更高的要求。全國古籍保護工作面臨難得的歷史機遇。我們要遵循文化遺産保護規律，梳理成果，總結經驗，加快保護工作創新，努力開創全國古籍保護工作新局面。

中華古籍保護計劃

2007年1月，《國務院辦公廳關於進一步加强古籍保護工作的意見》（國辦發〔2007〕6號）頒佈，我國歷史上首次由政府主持開展的國家級重要文化工程——“中華古籍保護計劃”正式啓動。

中華古籍保護計劃的主要内容

1. 開展全國古籍普查登記工作，建立中華古籍聯合目錄和古籍數字資源庫；
2. 建立《國家珍貴古籍名錄》，實現古籍分級保護；
3. 命名“全國古籍重點保護單位”，完成一批古籍書庫的標準化建設；
4. 加强古籍修復工作，培養一批具有較高水平的古籍保護專業人員；
5. 逐步形成完善的古籍保護工作體系，使我國古籍得到全面保護。

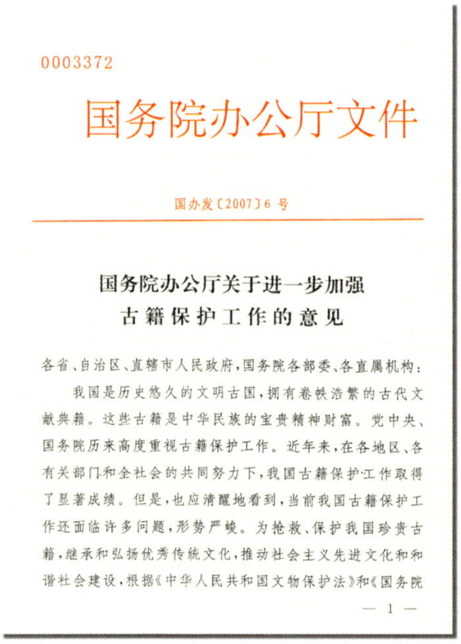
0003372

国务院办公厅文件

国办发〔2007〕6 号

国务院办公厅关于进一步加强
古籍保护工作的意见

各省、自治区、直辖市人民政府，国务院各部委、各直属机构：

我国是历史悠久的文明古国，拥有卷帙浩繁的古代文献典籍。这些古籍是中华民族的宝贵精神财富。党中央、国务院历来高度重视古籍保护工作。近年来，在各地区、各有关部门和全社会的共同努力下，我国古籍保护工作取得了显著成绩。但是，也应清醒地看到，当前我国古籍保护工作还面临许多问题，形势严峻。为抢救、保护我国珍贵古籍，继承和弘扬优秀传统文化，推动社会主义先进文化和和谐社会建设，根据《中华人民共和国文物保护法》和《国务院

— 1 —

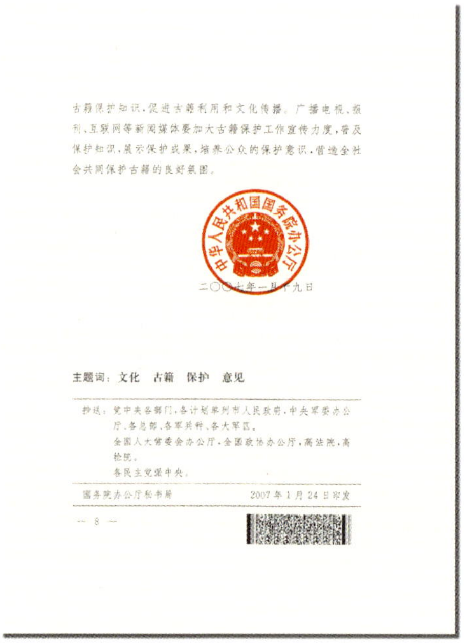
古籍保护知识，促进古籍利用和文化传播。广播电视、报刊、互联网等新闻媒体要加大古籍保护工作宣传力度，普及保护知识，展示保护成果，培养公众的保护意识，营造全社会共同保护古籍的良好氛围。

中华人民共和国国务院办公厅

二〇〇七年一月十九日

主题词：文化　古籍　保护　意见

抄送：党中央各部门，各计划单列市人民政府，中央军委办公厅，各总部，各军兵种，各大军区。
全国人大常委会办公厅，全国政协办公厅，高法院，高检院。
各民主党派中央。

国务院办公厅秘书局　　2007 年 1 月 24 日印发

— 8 —

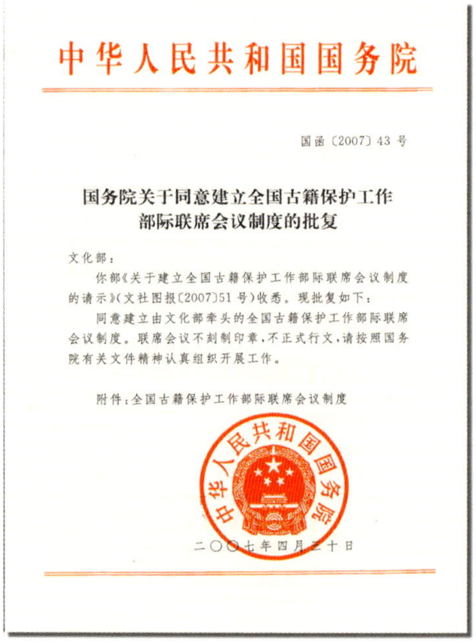
中华人民共和国国务院

国函〔2007〕43 号

国务院关于同意建立全国古籍保护工作
部际联席会议制度的批复

文化部：

你部《关于建立全国古籍保护工作部际联席会议制度的请示》（文社图报〔2007〕51 号）收悉。现批复如下：

同意建立由文化部牵头的全国古籍保护工作部际联席会议制度。联席会议不刻制印章，不正式行文，请按照国务院有关文件精神认真组织开展工作。

附件：全国古籍保护工作部际联席会议制度

中华人民共和国国务院

二〇〇七年四月二十日

全國古籍保護工作機制

- 中華古籍保護計劃機構
  - 領導機構
    - 全國古籍保護工作部際聯席會議（聯席會議由十個部委組成　辦公室設在文化部）
      - 全國古籍保護工作專家委員會
      - 各省級古籍保護工作廳際聯席會議或領導小組或省級文化主管部門
  - 業務機構
    - 國家古籍保護中心（設在國家圖書館）
      - 全國中醫行業古籍保護中心（設在中國中醫科學院）
      - 省級古籍保護中心（設在各省級圖書館）

全國古籍保護工作部際聯席會議工作會議

2008年6月14日，時任中共中央政治局委員、國務委員劉延東同志參觀國家珍貴古籍特展。

頒佈《國家珍貴古籍名錄》

2007年9月，文化部辦公廳頒佈《〈國家珍貴古籍名錄〉申報評審暫行辦法》。按照《古籍定級標準》，在一、二級古籍中選擇具有重要文物、文獻、藝術價值的古籍，列入《國家珍貴古籍名錄》，由文化部組織專家評審，國務院批准頒佈。從2008年至今，國務院公佈了四批《國家珍貴古籍名錄》，入選古籍11375部，包括漢文古籍和少數民族文字古籍、甲骨文、簡帛古籍、敦煌西域遺書、碑帖拓本、古地圖和外文珍貴古籍。

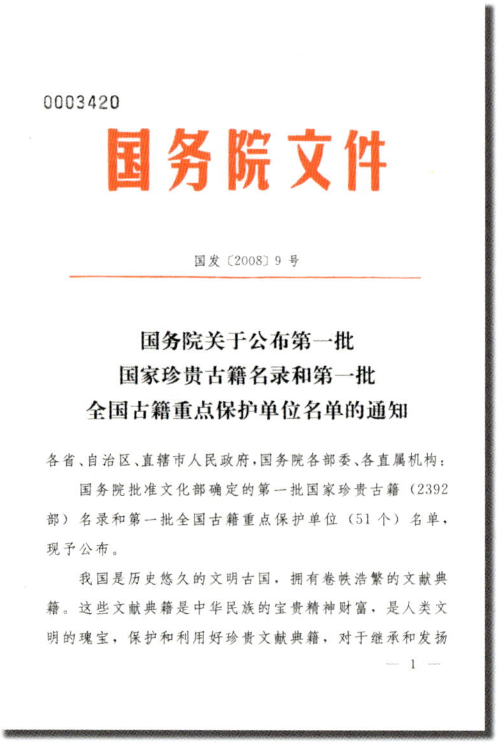

0003420

国务院文件

国发〔2008〕9 号

国务院关于公布第一批
国家珍贵古籍名录和第一批
全国古籍重点保护单位名单的通知

各省、自治区、直辖市人民政府，国务院各部委、各直属机构：

国务院批准文化部确定的第一批国家珍贵古籍（2392部）名录和第一批全国古籍重点保护单位（51个）名单，现予公布。

我国是历史悠久的文明古国，拥有卷帙浩繁的文献典籍。这些文献典籍是中华民族的宝贵精神财富，是人类文明的瑰宝，保护和利用好珍贵文献典籍，对于继承和发扬

— 1 —

國家珍貴古籍名錄

批　次	收錄古籍	頒佈時間
第一批	2392部	2008年
第二批	4478部	2009年
第三批	2989部	2010年
第四批	1516部	2013年

《第一批國家珍貴古籍名錄圖錄》

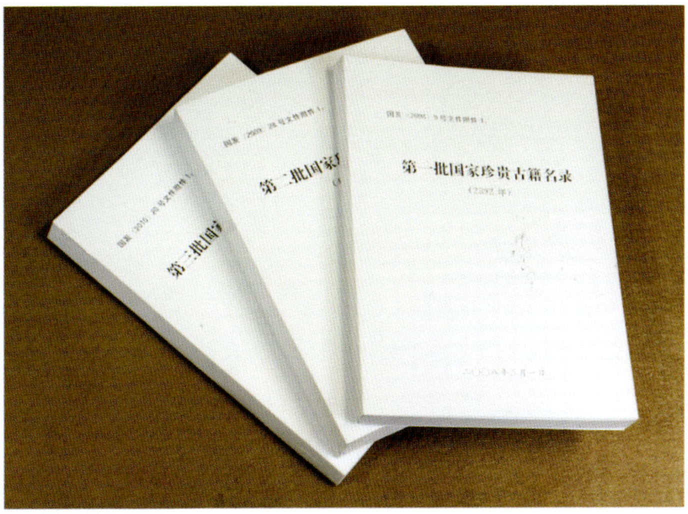

國家珍貴古籍名錄

逐步建立古籍分級保護制度

各省級人民政府也逐步加强古籍保護工作。上海、江蘇、山東等18個省份相繼開展了省級珍貴古籍名錄的申報評審工作，古籍分級保護制度逐步建立。

省級珍貴古籍名錄

省份	數量（部）	批次	省份	數量（部）	批次
上海	1303	4	江蘇	3982	3
山東	6203	2	廣西	430	2
廣東	1098	1	遼寧	1013	1
山西	563	1	河南	534	1
甘肅	411	1	四川	373	1
江西	340	1	湖北	264	1
河北	159	1			

新發現一批珍貴古籍

保訓　名錄號09866　戰國　竹簡　清華大學

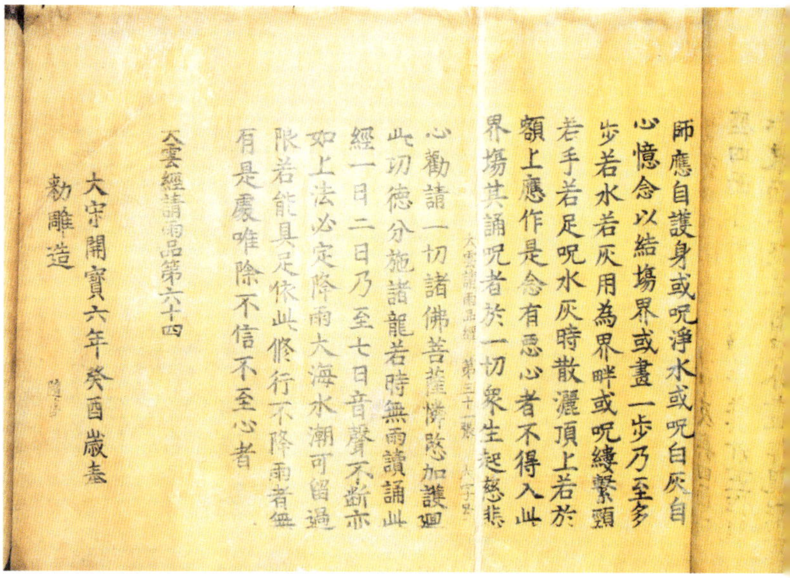

大雲經請雨品第六十四　名錄號00847　（北周）釋闍那耶舍譯　北宋開寶六年（973）刻開寶藏本　山西省高平市文博館

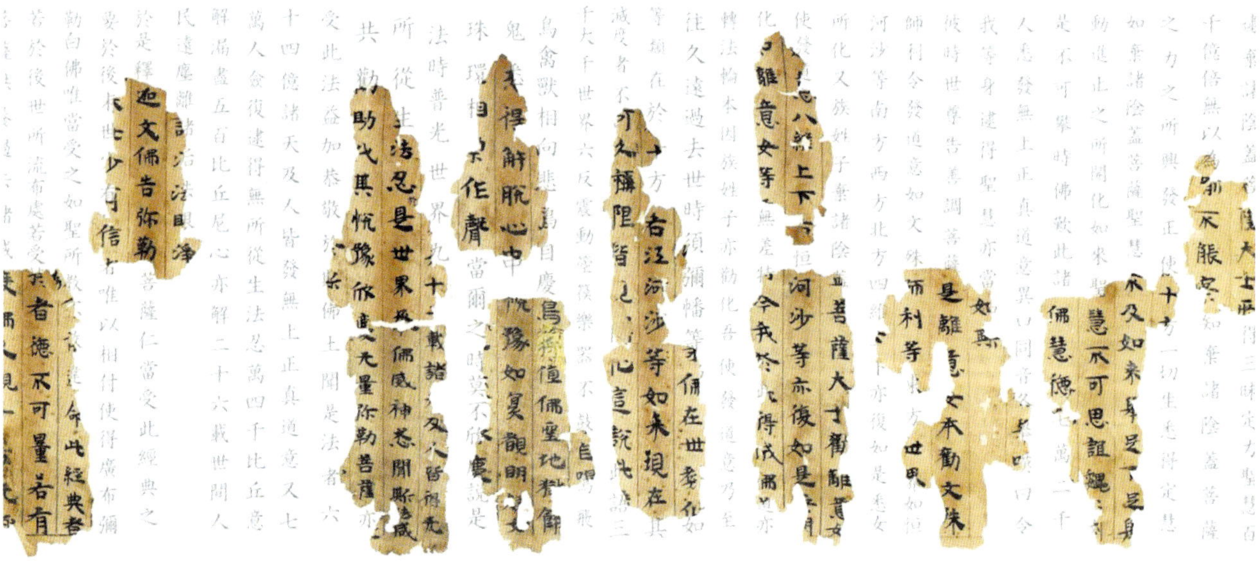

諸佛要集經　名錄號00136　（西晉）釋竺法護譯　西晉元康六年（296）寫本　存殘片十二件　旅順博物館

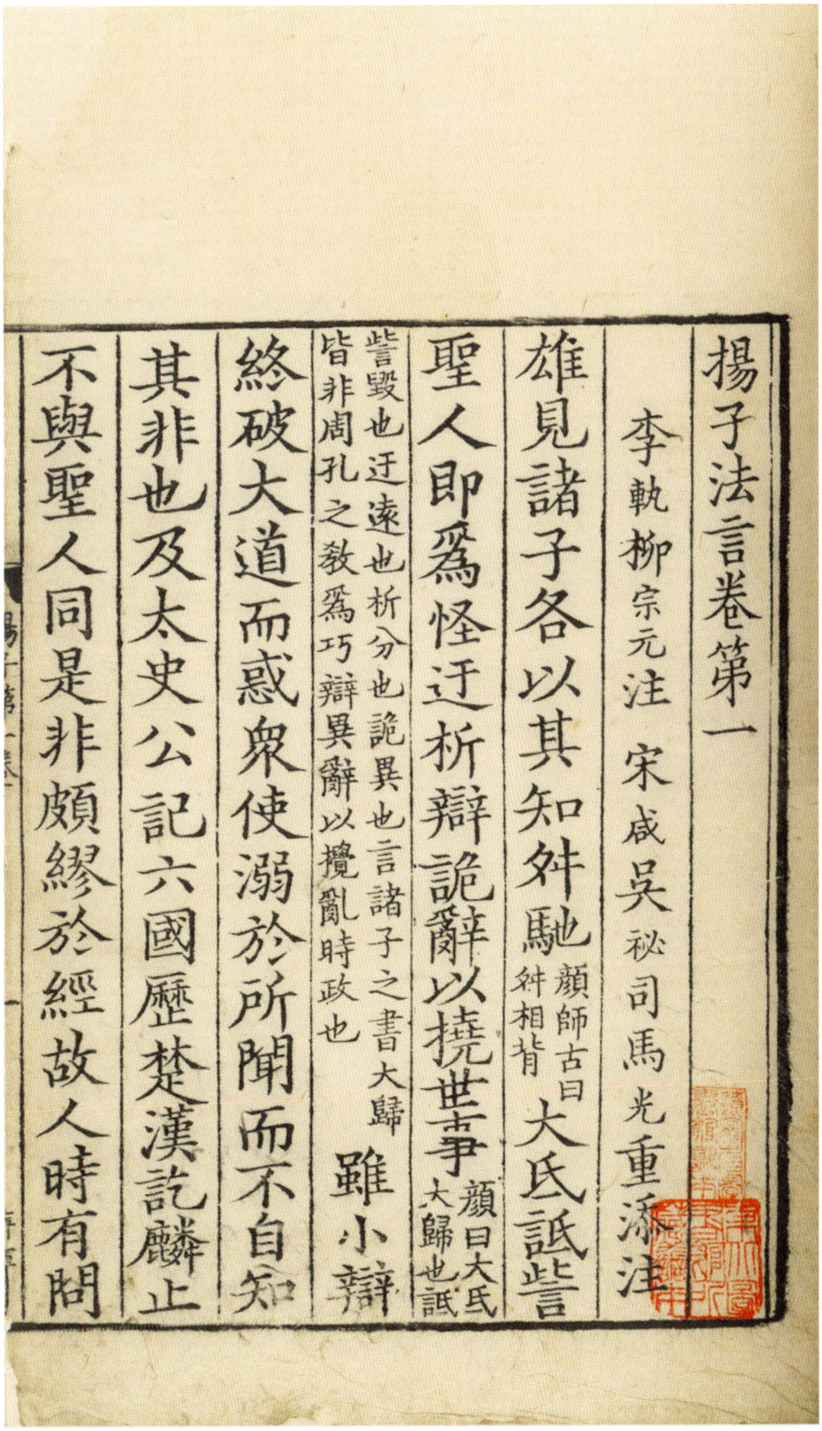
揚子法言卷第一

李軌柳宗元注　宋咸吴祕司馬光重添注

雄見諸子各以其知舛馳顔師古曰舛相背大氐詆訾聖人即爲怪迂析辯詭辭以撓世事顔曰大氐大歸也詆訾毁也迂遠也析分也詭異也言諸子之書大歸皆非周孔之教爲巧辯異辭以攪亂時政也雖小辯終破大道而惑衆使溺於所聞而不自知其非也及太史公記六國歷楚漢訖麟止不與聖人同是非頗繆於經故人時有問

揚子法言十三卷音義一卷　名録號02895　（漢）揚雄撰（晉）李軌　（唐）柳宗元　（宋）宋咸　吴祕　司馬光注　宋淳熙八年（1181）刻本　遼寧省圖書館

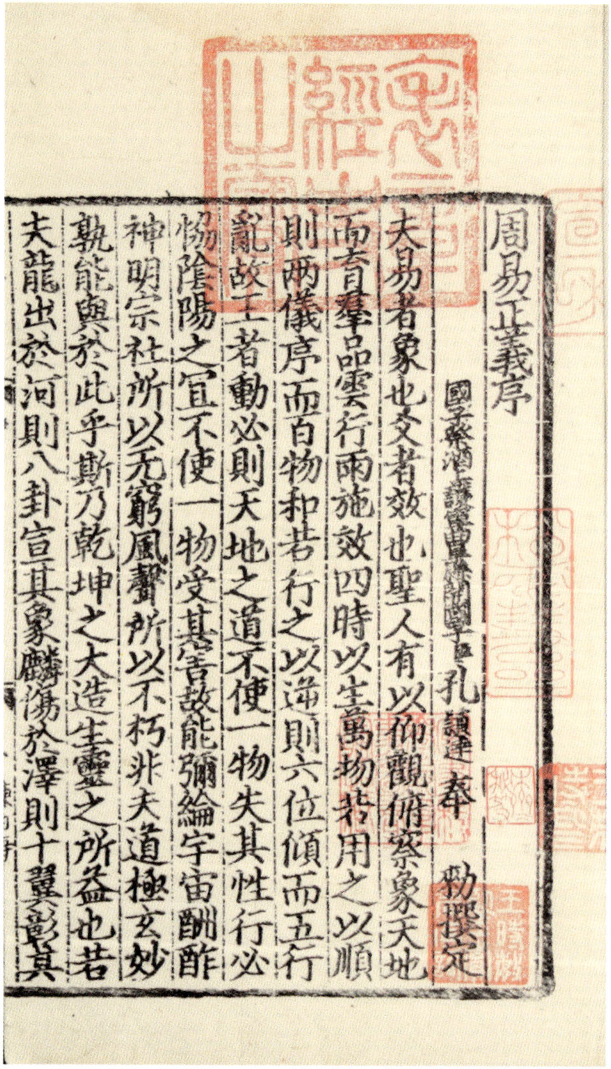

周易正義序

國子祭酒上護軍曲阜縣開國子臣孔穎達奉　勅撰定

夫易者象也爻者效也聖人有以仰觀俯察象天地而育羣品雲行雨施效四時以生萬物若用之以順則兩儀序而百物和若行之以逆則六位傾而五行亂故王者動必則天地之道不使一物失其性行必協陰陽之宜不使一物受其害故能彌綸宇宙酬酢神明宗社所以无窮風聲所以不朽非夫道極玄妙孰能與於此乎斯乃乾坤之大造生靈之所益也若夫龍出於河則八卦宣其象麟傷於澤則十翼彰其

十三經注疏四百一十六卷　名錄號00189　元刻明修本　存三百四十一卷　軍事科學院軍事圖書資料館

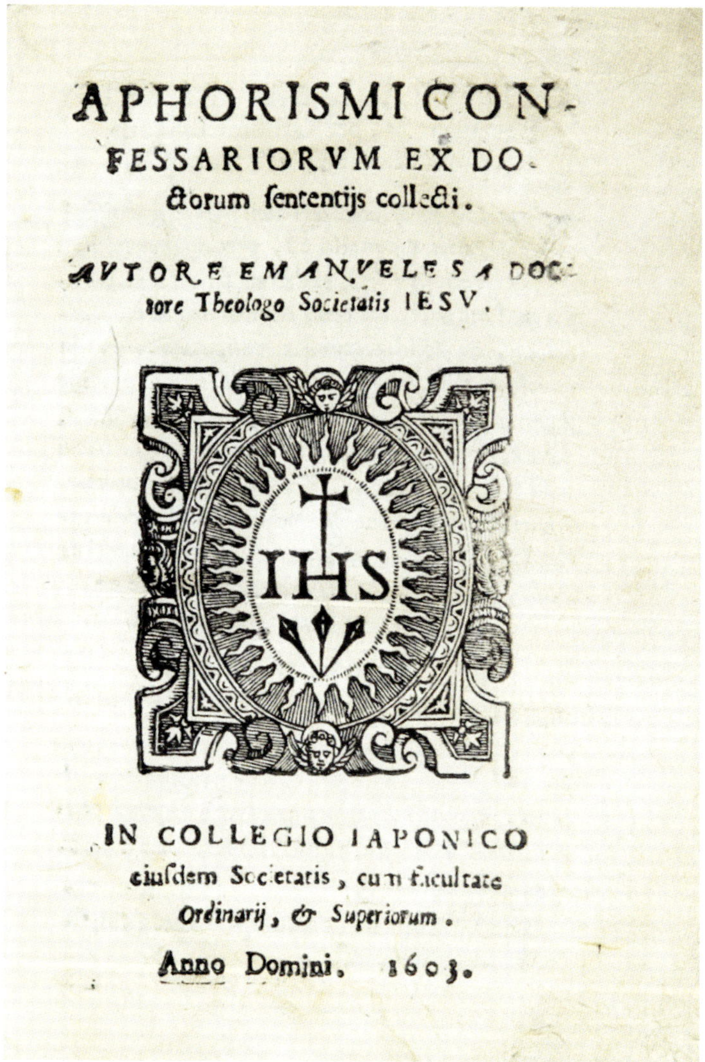

APHORISMI CONFESSARIORVM EX DOctorum sententijs collecti.

AVTORE EMANVELE SA DOCtore Theologo Societatis IESV.

IN COLLEGIO IAPONICO eiusdem Societatis, cum facultate Ordinarij, & Superiorum.

Anno Domini. 1603.

金言集　名錄號09859　（葡萄牙）曼努埃爾・德・薩著　拉丁文　1603年日本長崎印本　國家圖書館

全國古籍普查登記與全國可移動文物普查工作對接

2012年國務院下發《國務院關於開展第一次全國可移動文物普查的通知》（國發〔2012〕54號），對我國境内（不包括港澳臺地區）各級國家機關、事業單位、國有企業和國有控股企業、中國人民解放軍和武警部隊等各類國有單位所收藏保管的國有可移動文物，進行普查。

古籍是可移動文物的有機組成部分，本着“工作對接，成果共享”的原則，文化部和國家文物局合作，將共同開展全國古籍普查工作。

2012年12月18日，在全國古籍普查工作座談會上，國家古籍保護中心與國家文物局可移動文物普查辦公室討論全國古籍普查與國有可移動文物普查對接工作事宜。

命名“全國古籍重點保護單位”

2007年9月，文化部印發了《“全國古籍重點保護單位”申報評定暫行辦法》，規定古籍數量在10萬册件以上或古籍善本數量在3000册件以上的重要古籍收藏機構，可申報“全國古籍重點保護單位”。截至目前，由國務院批准命名的“全國古籍重點保護單位”共有166家。這166家單位收藏古籍共計約3000萬册件，占我國全部古籍藏量的1/2以上。

批次	省份	單位
1	安徽	安徽省圖書館
1	北京	國家圖書館
1	北京	首都圖書館
1	北京	中國藝術研究院圖書館
1	北京	北京大學圖書館
1	北京	清華大學圖書館
1	北京	北京師範大學圖書館
1	北京	中國科學院國家科學圖書館
1	北京	中國社會科學院圖書館
1	北京	中國社會科學院文學所圖書館
1	北京	中國中醫科學院圖書館
1	北京	中國第一歷史檔案館
1	重慶	重慶圖書館
1	福建	福建省圖書館
1	甘肅	甘肅省圖書館
1	廣東	廣東省立中山圖書館
1	廣東	中山大學圖書館
1	貴州	貴州省圖書館
1	貴州	貴州省荔波縣檔案館
1	河南	河南省圖書館
1	河南	河南大學圖書館
1	黑龍江	黑龍江省圖書館
1	湖北	湖北省圖書館
1	湖北	湖北省武漢圖書館
1	湖南	湖南圖書館
1	吉林	東北師範大學圖書館
1	江蘇	南京圖書館
1	江蘇	江蘇省蘇州圖書館
1	江蘇	江蘇省常熟圖書館
1	江蘇	南京大學圖書館
1	江蘇	南京師範大學圖書館
1	江蘇	南京中醫藥大學圖書館
1	江蘇	蘇州大學圖書館
1	江蘇	南京博物院
1	遼寧	遼寧省圖書館

批次	省份	單位
1	遼寧	遼寧省大連圖書館
1	內蒙古	內蒙古自治區圖書館
1	山東	山東省圖書館
1	山東	山東省青島市圖書館
1	山西	山西省圖書館
1	山西	山西博物院
1	陝西	陝西省圖書館
1	上海	上海圖書館
1	上海	复旦大學圖書館
1	上海	上海博物館
1	天津	天津圖書館
1	雲南	雲南省圖書館
1	浙江	浙江圖書館
1	浙江	浙江省寧波市天一閣博物館
2	安徽	安徽大學圖書館
2	安徽	安徽師範大學圖書館
2	安徽	中國徽州文化博物館
2	北京	中國民族圖書館
2	北京	中國社會科學院歷史研究所圖書館
2	北京	中國人民解放軍軍事科學院軍事圖書資料館
2	重慶	重慶市北碚圖書館
2	重慶	西南大學圖書館
2	福建	福建師範大學圖書館
2	福建	廈門大學圖書館
2	甘肅	蘭州大學圖書館
2	甘肅	甘肅省甘南藏族自治州夏河縣拉卜楞寺圖書館（藏經樓）
2	廣東	華南師範大學圖書館
2	廣東	暨南大學圖書館
2	廣西	廣西壯族自治區圖書館
2	廣西	廣西師範大學圖書館
2	貴州	貴州師範大學圖書館
2	河北	河北大學圖書館

批次	省份	單位
2	河南	河南省新鄉市圖書館
2	河南	鄭州大學圖書館
2	黑龍江	黑龍江省齊齊哈爾市圖書館
2	湖北	武漢大學圖書館
2	湖北	湖北大學圖書館
2	湖南	湖南師範大學圖書館
2	湖南	湖南省社會科學院圖書館
2	吉林	吉林省圖書館
2	吉林	吉林省長春市圖書館
2	吉林	吉林大學圖書館
2	江蘇	江蘇省無錫市圖書館
2	江蘇	江蘇省南通市圖書館
2	江蘇	江蘇省鎮江市圖書館
2	江蘇	江蘇省吳江市圖書館
2	江蘇	揚州大學圖書館
2	江西	江西省圖書館
2	江西	江西省萍鄉市圖書館
2	山東	山東省煙臺市圖書館
2	山東	山東大學圖書館
2	山東	山東師範大學圖書館
2	山東	山東省博物館
2	山東	山東省青島市博物館
2	山東	山東省曲阜市文物管理委員會孔府文物檔案館
2	山西	山西省祁縣圖書館
2	陝西	陝西師範大學圖書館
2	上海	上海師範大學圖書館
2	上海	華東師範大學圖書館
2	上海	上海中醫藥大學圖書信息中心
2	四川	四川省成都市圖書館
2	四川	四川省瀘州市圖書館
2	四川	四川省南充市圖書館
2	四川	四川大學圖書館
2	四川	四川省成都杜甫草堂博物館

批次	省份	單位
2	天津	南開大學圖書館
2	新疆	新疆維吾爾自治區圖書館
2	浙江	浙江省杭州圖書館
2	浙江	浙江省溫州市圖書館
2	浙江	浙江省嘉興市圖書館
2	浙江	浙江省紹興圖書館
2	浙江	浙江大學圖書館
2	浙江	浙江省瑞安市文物館（玉海樓）
3	安徽	安徽中醫學院圖書館
3	安徽	安徽省博物館
3	重慶	中國三峽博物館
3	甘肅	天水市圖書館
3	廣西	桂林圖書館
3	廣西	柳州市圖書館
3	河北	石家莊市圖書館
3	河北	河北省保定市圖書館
3	河北	河北省圖書館
3	河南	鄭州市圖書館
3	黑龍江	黑龍江大學圖書館
3	湖北	華中師範大學圖書館
3	湖北	浠水縣博物館
3	湖北	湖北省博物館
3	吉林	吉林省社會科學院圖書館
3	江蘇	徐州市圖書館
3	江蘇	常州市圖書館
3	江蘇	南京市博物館
3	江蘇	徐州師範大學圖書館
3	江蘇	蘇州博物館
3	江蘇	金陵圖書館
3	江蘇	揚州市圖書館
3	江西	贛州市圖書館
3	遼寧	遼寧大學圖書館
3	遼寧	沈陽市圖書館
3	寧夏	寧夏圖書館
3	山東	泰安市博物館
3	山東	曲阜師範大學圖書館

批次	省份	單位
3	山東	淄博市圖書館
3	山東	文登市圖書館
3	山西	太原市圖書館
3	山西	山西大學圖書館
3	陝西	西安博物院
3	陝西	西北大學圖書館
3	上海	上海社會科學院圖書館
3	雲南	雲南省社會科學院圖書館
3	浙江	浙江省博物館
4	北京	中國人民大學圖書館
4	山西	山西師範大學圖書館
4	遼寧	遼寧省博物館
4	山東	山東省蓬萊慕湘藏書館

批次	省份	單位
4	浙江	浙江省西泠印社
4	江西	江西省廬山圖書館
4	江西	江西省樂平市圖書館
4	江西	江西省博物館
4	河南	河南省洛陽市圖書館
4	河南	中國嵩山少林寺
4	湖北	湖北省襄陽市圖書館
4	四川	四川師範大學圖書館
4	西藏	西藏自治區博物館
4	西藏	西藏自治區布達拉宮
4	西藏	西藏自治區羅布林卡
4	西藏	西藏自治區檔案館

改善古籍保護條件

據國家古籍保護中心調查統計，2007年“中華古籍保護計劃”實施以後，全國古籍公藏單位大都不同程度地改善了庫房條件，完善了庫房管理各項制度。其中有84家古籍收藏單位新建或改建了古籍書庫。

古籍書庫、閱覽室情況統計

省份/單位	古籍書庫量（個）	古籍書庫總面積（m^2）	古籍閱覽室數量（個）	古籍閱覽室總面積（m^2）
國家圖書館	5	9852	2	1310
北京	56	13035	29	4724.5
天津	24	3747.4	10	1005
山西	35	5047.51	25	2447
內蒙古	4	600	3	480
遼寧	30	11528.16	20	1371.05
吉林	16	5113	8	1858
黑龍江	34	4941	10	1488.7
上海	18	7029	10	1370
江蘇	110	22358	62	9843.3
安徽	16	5736.24	17	2377.44

福建	15	4141	14	855
江西	46	5730.64	31	3127
山東	109	18000	72	4708
河南	40	8990.17	25	2336
湖北	52	9654.5	34	2978.75
湖南	69	9619	38	3553
廣東	46	13915	26	4515
廣西	24	3342	11	1264
海南	5	976.8	2	90
重慶	46	6627.12	23	2208.8
四川	69	9107	26	1586.7
貴州	16	2055.5	12	789
陝西	32	6721	19	1210
青海	4	1135	1	100
寧夏	11	2096	9	1042
新疆	10	2000	5	500

注：截至2012年9月，共收到全國26個省份754家古籍收藏單位的統計數據

各地古籍書庫

開展全國古籍普查登記工作

國家古籍保護中心先後研製了《古籍定級標準》《古籍普查規範》《全國古籍普查登記手册》，研發並部署覆蓋全國的古籍普查登記平臺。2011年，《文化部辦公廳關於加快推進全國古籍普查登記工作的通知》發佈，全國古籍普查登記工作全面展開。

全國古籍普查登記範圍爲我國境内各收藏機構或個人所藏的古代文獻典籍，包括漢文古籍和少數民族文字古籍，以及甲骨文、簡帛古籍、敦煌遺書、碑帖拓本、古地圖等文獻。

全國古籍普查登記工作是通過對古籍基本信息的登記，建立古籍登記制度，摸清全國古籍收藏底數，爲進一步開展古籍保護工作、加强對文化遺産的管理創造條件。

截至2012年底，全國已有200多個單位上交普查登記數據70餘萬條。

完整提交普查登記數據的省級公共圖書館：内蒙古自治區圖書館、陝西省圖書館、新疆維吾爾自治區圖書館、天津圖書館、海南省圖書館、黑龍江省圖書館、安徽省圖書館、湖南圖書館。

率先完成古籍普查登記並完整提交普查登記數據的縣級圖書館：山東省萊陽市圖書館、沂水縣圖書館等三十家。

第一個完整提交古籍普查登記數據的民族地區：西藏阿里地區。

第一個完整提交普查登記數據的宗教單位：河南嵩山少林寺。

第一個完成普查登記工作的專業藏書單位：中國中醫科學院。

第一個完成古籍普查登記並完整提交普查登記數據的高等院校圖書館：皖西學院圖書館。

培養古籍保護人才

“中華古籍保護計劃”啓動前，全國古籍修復專業人員不足百人，没有大學本科以上學歷的人才，没有高級職稱人才，面對上千萬册破損古籍，古籍修復人才嚴重不足。“中華古籍保護計劃”啓動後，從2007年到2012年，國家古籍保護中心共舉辦古籍修復、普查、鑒定、管理等各類培訓班102期，培訓學員5885人次，覆蓋全國1594家古籍收藏單位。全國有多所高等院校建立古籍保護專業，培養古籍保護專業人才。全國古籍修復專業人員增至近700人，近半數以上人員具有大學本科以上學歷，多位修復人員擁有高級職稱。國家圖書館研究館員杜偉生被評爲古籍修復技藝國家級非物質文化遺産代表性傳承人。

2007年至2012年國家古籍保護中心舉辦古籍保護培訓班一覽

名　　稱	期數（期）	人數（人次）	涉及單位數量（個）
全國古籍普查培訓班	30	2036	846
全國古籍修復技術培訓班	15	610	342
全國古籍普查管理人員培訓班	12	987	652
全國古籍普查平臺培訓班	8	356	102
全國古籍鑒定與保護高級研修班	6	452	182
全國古籍編目培訓班	5	333	207
全國碑帖鑒定與保護研修班	4	297	152
全國中醫古籍保護工作培訓班	4	217	56
全國民族文字古籍鑒定與保護研修班	3	163	129
全國古籍普查與分省卷編纂研修班	3	81	44
全國西方文獻修復技術培訓班	4	47	30
藏文古籍普查培訓班	1	56	39
全國傳拓技術培訓班	1	40	35

第十期全國古籍普查管理人員培訓班現場

第一期全國傳拓技術培训班現場

承擔國家古籍保護中心古籍保護課程的專家學者名錄

教師	單位職務
阿華·阿旺華丹	中國藏學研究院研究員
艾爾肯·伊明尼牙孜	新疆維吾爾自治區古籍辦編審
艾思仁	美國漢學家
巴桑旺堆	西藏社會科學院研究員
白化文	北京大學教授
包菊香	國家古籍保護中心館員
鮑國強	國家圖書館副研究館員
才讓太	中央民族大學教授
曹　方	南京藝術學院教授
曹　之	武漢大學教授
唱春蓮	國家圖書館副研究館員
陳　浮	遼寧省圖書館高級美術師
陳　力	國家圖書館研究館員
陳　琳	貴州省圖書館研究館員
陳　為	國家圖書館副研究館員
陳　誼	浙江省圖書館副研究館員
陳春秀	安徽省圖書館研究館員
陳紅彥	國家圖書館研究館員
陳先行	上海圖書館研究館員
陳緒軍	南京圖書館館員
陳妍晶	雲南省圖書館館員
陳豔軍	大連圖書館研究館員
陳智超	中國社會科學院研究員
程焕文	中山大學圖書館研究館員
程淩峰	華中師範大學軟件工程師
程學軍	江西省圖書館研究館員
程毅中	中華書局編審
程有慶	國家圖書館研究館員
崔　蒙	中國中醫科學院研究員
崔　為	長春中醫藥大學教授
戴　群	雲南省圖書館館員
刀承華	雲南民族大學教授

教師	單位職務
董金海	魯迅美術學院教授
董紹傑	黑龍江省圖書館研究館員
杜偉生	國家圖書館研究館員
杜雲虹	山東省圖書館研究館員
杜澤遜	山東大學教授
段逸山	上海中醫藥大學教授
范月珍	山西省圖書館研究館員
范正紅	山東財政學院教授
方楚娟	中山大學傳播與設計學院視覺文化研究中心編審
方廣錩	中國社會科學院研究員
符永馳	中國中醫科學院研究員
耿世民	中央民族大學教授
龔鵬程	北京大學教授
龔延明	浙江大學教授
郭莉珠	中國人民大學教授
郭立暄	上海圖書館研究館員
韓錫鐸	遼寧省圖書館研究館員
郝永利	國家古籍保護中心館員
何振作	江西省圖書館研究館員
侯藹奇	陝西省圖書館副研究館員
胡　泊	國家圖書館館員
胡　超	華中師範大學軟件工程師
胡海帆	北京大學圖書館研究館員
胡銀仿	湖北省圖書館研究館員
胡玉清	國家圖書館館員
黄龍祥	中國中醫科學院研究員研究員
黄明信	國家圖書館研究館員
黄潤華	國家圖書館研究館員
黄正儀	復旦大學圖書館館員
吉文輝	南京中醫藥大學圖書館教授
計思成	雲南省圖書館研究館員
冀亞平	國家圖書館研究館員
賈二強	陝西師範大學文化學院院長、教授

教師	單位職務
賈曉東	浙江圖書館研究館員
金　鳳	黑龍江省圖書館副研究館員
孔方恩	天津圖書館研究館員
來新夏	南開大學教授
蘭　旻	廣西圖書館館員
雷樹德	湖南圖書館研究館員
李　英	國家圖書館館員
李德範	國家圖書館副研究館員
李剛田	《中國書法》雜誌主編
李國慶	天津圖書館研究館員
李國文	雲南民族大學教授
李鴻濤	中國中醫科學院圖書館主治醫師
李際寧	國家圖書館研究館員
李金光	雲南藝術學院講師
李景文	中山大學圖書館館員
李勇慧	山東省圖書館研究館員
李友仁	雲南省圖書館研究館員
李致忠	國家圖書館研究館員
廖子南	華中師範大學軟件工程師
林　明	中山大學圖書館副研究館員
林煥盛	臺灣修復專家
林豔紅	桂林圖書館副研究館員
林永祥	福建省圖書館研究館員
林子雄	廣東省立中山圖書館副研究館員
劉　冰	遼寧省圖書館副研究館員
劉　丹	華中師範大學軟件工程師
劉　瑛	甘肅省圖書館研究館員
劉家真	武漢大學教授
劉建明	國家圖書館館員
劉錦宏	山西省圖書館館員
劉培生	中國中醫科學院圖書館副研究館員
劉尚義	貴陽中醫學院教授
劉曉東	山東大學教授
劉心明	山東大學教授
劉雪平	湖南圖書館館員
劉豔驕	中醫科學院研究生院主任醫師

教師	單位職務
劉振遠	中國中醫科學院圖書館副研究館員
柳長華	中國醫史文獻所研究員
盧芳玉	國家圖書館副研究館員
羅　琳	中科院國家科學圖書館研究館員
馬　寧	江蘇省文化廳副廳長
馬　威	華中師範大學軟件工程師
馬國慶	傳拓名家
孟憲鈞	古籍專家
米海萍	青海師範大學教授
莫　鵬	廣東省博物館副館長
倪俊明	廣東省立中山圖書館研究館員
倪曉建	首都圖書館研究館員
牛亞華	中國中醫科學院研究員
歐薇薇	廣西古籍辦編審
潘朝霖	貴州民族學院研究員
潘美娣	上海圖書館副研究館員
彭邦明	四川省圖書館研究館員
彭衛國	上海圖書公司
邱　浩	北京中醫藥大學圖書館副研究館員
裘　儉	中國中醫科學院研究館員
全　勤	南京圖書館研究館員
阮婭菲	湖北省圖書館副研究館員
薩仁高娃	國家圖書館副研究館員
邵正春	甘肅省圖書館館員
沈乃文	北京大學圖書館研究館員
沈培方	《書法研究》副主編
施安昌	故宫博物院研究館員
石　菲	黑龍江省圖書館副研究館員
史　睿	北京大學研究館員
史金波	中國社科院研究員
宋　輝	國家圖書館館員
宋紀蓉	故宫博物院研究館員
宋平生	中國人民大學研究館員
蘇品紅	國家圖書館研究館員
蘇文珠	河北省圖書館研究館員

教師	單位職務
索南航旦	西藏布達拉宮研究員
唐桂豔	山東省圖書館研究館員
童聖江	浙江圖書館副研究館員
童世華	湖北省圖書館副研究館員
童正倫	浙江省圖書館研究館員
萬　群	天津圖書館副研究館員
汪桂海	國家圖書館研究館員
汪自強	書畫裝裱與修復專家
王　沛	國家古籍保護中心館員
王　軒	華中師範大學軟件工程師
王　堯	中央民族大學教授
王　瑛	貴州師範大學教授
王承略	山東大學教授
王紅蕾	國家圖書館副研究館員
王華南	貴陽中醫學院副研究館員
王嘉陵	四川省圖書館研究館員
王菊華	中國製漿造紙研究院高級工程師
王連起	故宫博物院研究館員
王清源	遼寧省圖書館研究館員
王世英	雲南麗江東巴文化研究院
王水喬	雲南省圖書館研究館員
王偉章	青海省古籍保護中心副研究館員
王曉紅	貴州省圖書館館員
王亞榮	文物修復專家
韋　力	古籍收藏家
魏　清	山西省圖書館館員
烏力吉	中央民族大學教授
吳　格	復旦大學圖書館研究館員
吳　傑	華中師範大學軟件工程師
吳愛雲	吉林省圖書館研究館員
吳貴飆	中國民族圖書館館長、研究館員
吳澍時	國家圖書館副研究館員
吳煜銓	中山大學圖書館館員
吳元豐	中國第一歷史檔案館研究館員
西熱桑布	西藏大學教授
肖曉梅	中山大學圖書館館員
辛　欣	大連圖書館副館長

教師	單位職務
邢雅梅	山西省圖書館館員
邢躍華	上海圖書館館員
徐　蜀	國家圖書館出版社編審
徐大平	陝西省圖書館副館長研究館員
徐建華	故宫博物院副研究員
徐曉軍	浙江圖書館研究館員
徐欣祿	廣西圖書館研究館員
徐憶農	南京圖書館研究館員
許春芳	國家圖書館館員
許建平	福建省圖書館研究館員
許逸民	中華書局編審
薛崇昀	中國製漿造紙研究院高級工程師
薛清錄	中國中醫科學院研究館員
尋　霖	湖南圖書館研究館員
閆靜書	浙江省圖書館館員
楊　凡	河南省圖書館館員
楊　梅	雲南省圖書館研究館員
楊邦禮	桂林圖書館研究館員
楊成凱	中國社會科學院研究員
楊利群	雲南省圖書館館員
伊斯拉菲爾	新疆維吾爾自治區博物館教授
易向軍	安徽省圖書館研究館員
尹光華	寧夏圖書館館員
尤德豔	南京圖書館館員
于海英	大連圖書館副研究館員
袁佳紅	重慶圖書館副研究館員
曾燕娟	桂海碑林博物館副研究館員
詹長法	中國文化遺產研究院研究員
詹福瑞	國家圖書館教授
張　靖	中山大學副教授
張　亮	中山大學圖書館館員
張　平	國家圖書館副研究館員
張　旺	天津大學教授
張　維	廣西大學副教授
張本義	大連圖書館館長、研究館員
張純德	雲南民族大學教授

教師	單位職務
張公瑾	中央民族大學教授
張家瑋	北京中醫藥大學副教授
張建國	天津圖書館館員
張君超	新疆自治區圖書館研究館員
張欣毅	寧夏圖書館研究館員
張志斌	中國中醫科學院研究員
張志清	國家圖書館研究館員
趙　前	國家圖書館研究館員
趙海雲	天津圖書館館員
趙嘉福	上海圖書館副研究館員
趙建忠	國家圖書館館員
鄭金生	中國中醫科學院研究員
鄭智明	福建省圖書館研究館員
鍾海珍	貴州省圖書館研究館員
仲　威	上海圖書館副研究館員
周　越	遼寧省圖書館研究館員
周崇潤	國家圖書館副研究館員

教師	單位職務
周建文	江西省圖書館研究館員
周蘇陽	南京圖書館館員
周新鳳	河南圖書館研究館員
朱崇先	中央民族大學教授
朱海閔	浙江圖書館研究館員
朱開忠	安徽省圖書館研究館員
朱賽虹	故宮博物院研究員
朱振彬	國家圖書館館員
Agnieszka Helman-Wazny	意大利古籍保護專家
Mr. Reinhard Feldmann	德國西文修復專家
Ms. Monika Schneidreit-Gast	德國西文修復專家

注：按姓名拼音排序。

設立國家級古籍修復中心，修復珍貴古籍

古籍修復是古籍保護工作的重要內容。多年來，各圖書館十分重視古籍修復，挽救和延長了許多瀕於滅絕的古籍的生命，如國家圖書館《趙城金藏》《永樂大典》、西夏文獻、敦煌遺書的修復，上海圖書館家譜和珍貴檔案的修復，清華大學燼餘書和彝文古籍的修復等等，都是著名的古籍修復項目。爲進一步提高古籍修復能力，加强古籍修復工作，文化部於

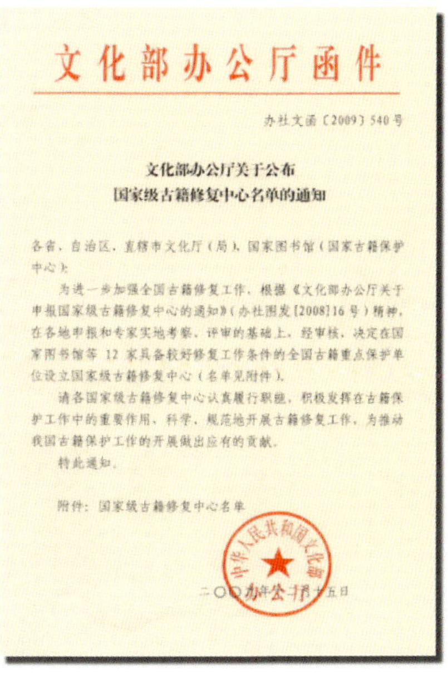
文化部办公厅函件

办社文函〔2009〕540号

文化部办公厅关于公布
国家级古籍修复中心名单的通知

各省、自治区、直辖市文化厅（局），国家图书馆（国家古籍保护中心）：

为进一步加强全国古籍修复工作，根据《文化部办公厅关于申报国家级古籍修复中心的通知》（办社图发〔2008〕16号）精神，在各地申报和专家实地考察、评审的基础上，经审核，决定在国家图书馆等12家具备较好修复工作条件的全国古籍重点保护单位设立国家级古籍修复中心（名单见附件）。

请各国家级古籍修复中心认真履行职能，积极发挥在古籍保护工作中的重要作用，科学、规范地开展古籍修复工作，为推动我国古籍保护工作的开展做出应有的贡献。

特此通知。

附件：国家级古籍修复中心名单

二〇〇九年十二月十五日

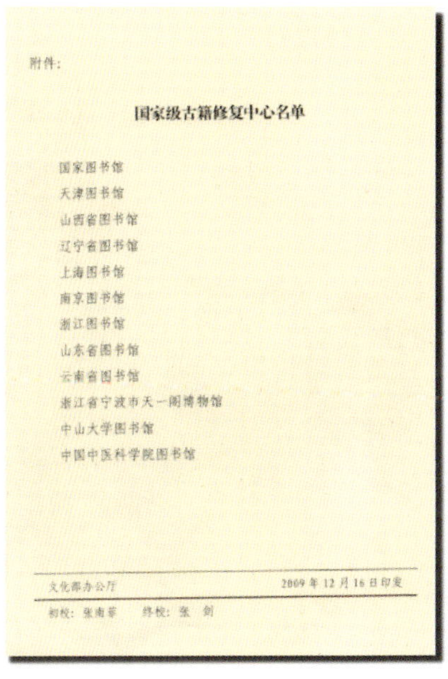
附件：

国家级古籍修复中心名单

国家图书馆
天津图书馆
山西省图书馆
辽宁省图书馆
上海图书馆
南京图书馆
浙江图书馆
山东省图书馆
云南省图书馆
浙江省宁波市天一阁博物馆
中山大学图书馆
中国中医科学院图书馆

文化部办公厅　　2009年12月16日印发

初校：张南芽　　终校：张　剑

2009年12月15日公佈首批12家“國家級古籍修復中心”。其主要功能爲組織實施古籍修復項目及古籍修復人才培養等。各古籍修復中心按照“中華古籍保護計劃”總體要求，積極發揮在古籍保護工作中的重要作用，科學、規範地開展古籍修復工作。四年來，國家級古籍修復中心修復場地面積不斷擴大，修復環境有了明顯改善，古籍修復人員增加三分之一以上，逐步形成了一支老中青相結合，年齡、學歷結構比較科學合理的修復隊伍，古籍修復數量累計達110萬葉以上。

十二家國家級古籍修復中心基本情況

單位名稱	古籍修復場地面積（m^2）	古籍修復人員數量（人）	2009年以來修復古籍數量（葉）
國家圖書館	500	20	105000
天津圖書館	1000	10	24450
山西省圖書館	210	10	17300
遼寧省圖書館	300	8	30000
上海圖書館	380	26	737481
南京圖書館	380	9	46000
浙江圖書館	351	8	45019
山東省圖書館	260	9	6838
雲南省圖書館	600	8	19000
浙江寧波天一閣博物館	250	14	31130
中山大學圖書館	450	12	36449
中國中醫科學院圖書館	100	8	30000
總　計	4781	142	1128667

古籍保護實驗室

國家圖書館古籍保護實驗室

爲國家級古籍保護實驗室，建築面積300平方米，擁有物理、化學、生物、耐久和精密儀器等五個實驗室，共有現代化儀器設備50餘臺。實驗室從2007年開始籌建，歷時3年完成。可以開展紙張物理、化學性能檢測、紙張纖維觀察、光譜分析、物理鑒別和老化研究等實驗。

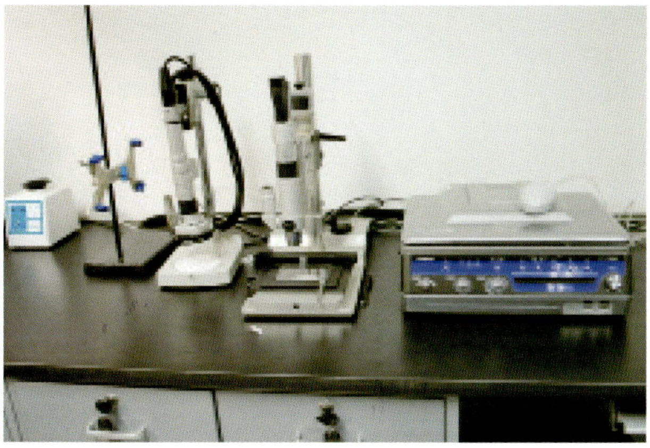 

國家圖書館古籍保護實驗室的相關設備

中國文化遺產研究院紙質文物保護修復實驗室

中國文化遺產研究院是國家文物局直屬的文化遺產保護科學技術研究機構，其下設的紙質文物保護修復實驗室專門從事對古籍、字畫、紙質檔案等有機質文物的保護修復研究實踐及培訓工作。自2007年以來，該實驗室承擔了多項紙質文物保護修復項目及科研課題，如海内孤本《明萬曆二十六年趙秉忠殿試卷》保護修復項目、院藏183件珍貴古籍及文物資料搶救保護修復及研究項目、院藏32册古籍《明實録》搶救性保護修復及研究項目等。

中國文化遺產研究院的專業人員在修復古畫

中山大學圖書館古籍修復實驗室

中山大學圖書館於2001年在美國嶺南基金會和新加坡校友捐贈，以及"985工程"資金資助下開始啓動古籍保護修復項目，並於2003年建立古籍修復實驗室。經過多年建設和發展，中山大學圖書館古籍修復實驗室

中山大學圖書館古籍修復中心

已經發展成爲擁有450平方米面積、12名全職修復人員的設備設施齊全、技術力量雄厚，集中文古籍修復、外文古籍修復、碑帖修復、字畫裝裱、人員培訓、教學實習、科學實驗和學術研究爲一體的功能較爲完善的古籍修復實驗室。2009年，中山大學圖書館古籍修復實驗室被文化部命名爲全國高校系統唯一的國家級古籍修復中心。

重要古籍保護修復項目

國家圖書館敦煌遺書修復

國家圖書館收藏敦煌遺書1.6萬餘號，約占現存總量的四分之一。該館在認真總結前人及國外修復敦煌遺書的經驗教訓後，邀請敦煌學專家和古籍保護專家進行反復論證，確定了敦煌文獻的修復原則。新方法摒棄以往修復中使用的全卷托裱的方式，採用“局部修補”、“最少干預”的原則。1991年3月敦煌遺書修復工作全面展開，目前已完成2000餘件。

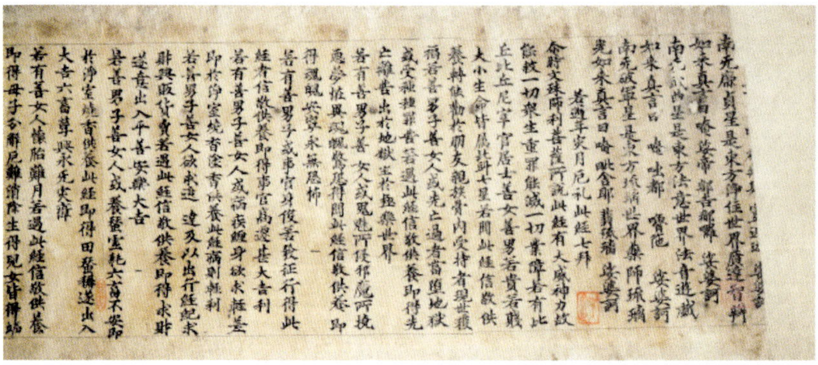

國家圖書館修復的敦煌遺書

上海圖書館古籍修復

近幾年上海圖書館文獻保護修復部，對館藏古籍修復進行不斷地探索，在實踐中摸索出了一套修復古籍文獻的方法，開展了館藏家譜、盛宣懷檔案和西文古籍的修復工作，使這些珍貴古籍得到保護。

上海圖書館古籍修復工作探討交流

天津圖書館周叔弢藏書修復和研究

該項目係天津古籍保護中心與國家古籍保護中心的合作項目。旨在實現對中國傳統古籍修復技術更深層次的認識與實踐，即將古籍修復技術與古籍版本鑒定、紙張檢測實驗分析、文獻裝幀藝術等相結合，進而以“本無畛域”的工作思路推進當今古籍修復工作從“經驗”到“科學”的邁進。

天津圖書館修復周叔弢藏書

山東省圖書館宋刻本《文選》修復

宋贛州州學刻本《文選》，入選《國家珍貴古籍名錄》。修復前書葉嚴重老化，四周及版心部位紙張變脆，版心斷裂，有書葉掉渣的現象；由於年久漿糊失效，書葉多以單頁形式存在，已失裝幀原貌。山東省古籍保護中心先後兩次召開專家論證會，確定修復方案。修復人員在前期修復用紙檢測和試修的基礎上，嚴格按照專家論證會的具體方案進行修復，順利完成了這一具有示範性的修復項目。

宋刻本《文選》修復論證會

古籍修復師

杜偉生

國家圖書館研究館員，裝裱修復技藝（古籍修復技藝）國家級非物質文化遺産代表性傳承人。從事古籍修復工作37年，參與文化行業標準《古籍修復技術規範與質量要求》的制定和“古籍修復檔案管理系統”軟件的研製。1989年以來，爲全國各省市圖書館及國外古籍修復機構培訓古籍修復人員近800名。

杜偉生

趙嘉福

上海圖書館副研究館員，從事古籍修復工作40餘年。曾任上海圖書館古文獻保護研究所副所長。師從張士達、黄懷覺，是國内掌握古籍修復、碑刻傳拓、碑帖書畫裝裱等技藝的全面人才之一。上海圖書館爲其開設“趙嘉福工作室”。2004年退休後，擔任國家古籍保護中心“古籍修復技術培訓班”授課教師。

趙嘉福

潘美娣

上海圖書館副研究館員，從事古籍修復工作40餘年。曾經修復過嘉定明墓出土的成化年間唱本以及江蘇太倉明墓出土古籍。在國家古籍保護中心舉辦的“古籍修復技術培訓班”初級班、提高班中擔任授課教師。

潘美娣

張平

國家圖書館研究館員。從事古籍修復工作25年。曾參加《永樂大典》、“西夏文獻”、“樣式雷”等著名的修復項目。2007年至今在國家古籍保護中心舉辦的“古籍修復技術培訓班”初級班、提高班中擔任授課教師。

張　平

楊利群

雲南省圖書館古籍修復人員。從事古籍修復工作30餘年，修復幾百種漢文古籍及彝文古籍。由於在古籍修復工作中不斷創新，於2009年和2010年獲得了雲南省圖書館創新獎。現擔任國家古籍保護中心“古籍修復技術培訓班”授課教師。

楊利群

邱曉剛

南京大學圖書館古籍修復人員，南京藝術學院人文學院文化遺産保護專業兼職教授。從事古籍修復工作33年。師從古籍修復專家張士達先生，在國内較早採用紙漿修復古籍，較早在全日制職業教育課堂設立古籍修復課程。

邱曉剛

開展古籍法規、制度和標準規範建設

隨着“中華古籍保護計劃”的深入開展，古籍保護法規、制度和標準規範不斷完善，我國古籍保護制度體系初步形成。

2011年，文化部委託國家古籍保護中心起草《古籍保護條例》。《古籍保護條例》（徵求意見稿）共列九章四十三條，其篇章分爲總則、工作機構及職責、古籍普查與登記、古籍分級保護制度、古籍重點保護單位制度、古籍保管與修復、古籍展示與利用、法律責任、附則等九章。《古籍保護條例》已編製完成。

全國古籍保護工作所依據的主要法律法規、規章政策、標準規範

性質類別	名稱	實施時間	發佈主體
法律	中華人民共和國文物保護法	1982年11月	全國人大常務委員會
行政法規	中華人民共和國文物保護實施條例	2003年7月	國務院
	國務院實施《中華人民共和國民族區域自治法》若干規定	2005年5月	國務院
部門規章	文物拍賣管理暫行規定	2003年7月	國家文物局
行政規範性文件	國務院辦公廳轉發國家民委關於搶救、整理少數民族古籍的請示的通知	1984年4月	國務院
	國家“十一五”時期文化發展規劃綱要	2006年9月	中共中央、國務院
	文化建設“十一五”規劃	2006年9月	文化部
	國務院辦公廳關於進一步加強古籍保護工作的意見	2007年1月	國務院
	國務院辦公廳關於印發少數民族事業“十一五”規劃的通知	2007年2月	國務院
	國務院關於同意建立全國古籍保護工作部際聯席會議制度的批復	2007年4月	國務院

性質類別		名稱	實施時間	發布主體
行政規範性文件		文化部辦公廳關於成立全國古籍保護工作專家委員會的通知	2007年8月	文化部
		文化部關於印發《全國古籍普查工作方案》等文件的通知	2007年8月	文化部
		國家民委、文化部關於進一步加強少數民族古籍保護工作的實施意見	2008年1月	國家民族事務委員會 文化部
		國務院關於進一步繁榮發展少數民族文化事業的若干意見	2009年7月	國務院
		文化部等八部委《關於支持西藏古籍保護工作的通知》	2009年11月	文化部、國家民委等八部委
		文化部等八部委《關於支持新疆維吾爾自治區古籍保護工作的通知》	2011年1月	文化部、國家民委等八部委
		文化部關於進一步加強古籍保護工作的通知	2011年3月	文化部
		國家"十二五"時期文化改革發展規劃綱要	2011年12月	中共中央、國務院
		文化部"十二五"時期文化改革發展規劃	2012年5月	文化部
		關於印發《2011—2020年國家古籍整理出版規劃》的通知	2012年7月	國務院
		國務院辦公廳關於印發少數民族事業"十二五"規劃的通知	2012年7月	國務院
標準	國家標準	古籍修复技術規範與質量要求	2008年	文化部
	行業標準	古籍定級標準	2006年	文化部
		古籍特藏破損定級標準	2006年	文化部
		古籍普查規範	2006年	文化部
		圖書館古籍特藏書庫基本要求	2006年	文化部
		古籍修复技術規範與質量要求	2006年	文化部

新疆古籍保護工作

新疆維吾爾自治區地處祖國西北邊陲，占國土面積的六分之一，保存着約50萬册件漢文及多種民族文字古籍。2011年1月，文化部、國家民委等八部委聯合發佈《關於支持新疆維吾爾自治區古籍保護工作的通知》，正式啓動新疆維吾爾自治區古籍保護工作。國家古籍保護中心先後投入1000餘萬元，新疆維吾爾自治區財政每年也劃撥30萬元，用於新疆古籍普查、申報《國家珍貴古籍名錄》和"全國古籍重點保護單位"、古籍保護人才培養、古籍整理出版、古籍保存條件改善、展覽宣傳等工作。2010年和2011年，國家古籍保護中心和新疆文化廳先後在新疆和北京承辦“西域遺珍——新疆歷史文獻暨古籍保護成果展”，展出了24種文字的350多種新疆古籍。這些古籍文獻充分描繪了新疆與祖國水乳交融的歷史畫卷。黨和國家領導人賈慶林、李長春、周永康及150多位部級領導幹部分別參觀了展覽，並給予充分肯定。參觀人數逾20萬人次，引起社會的巨大反響。

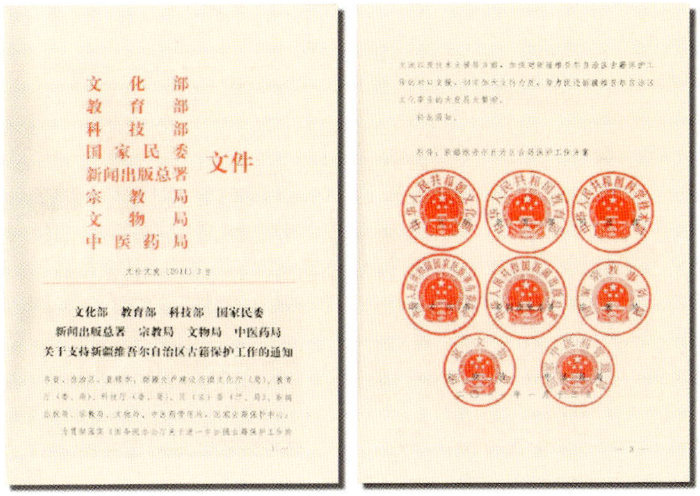

文化部
教育部
科技部
国家民委
新闻出版总署
宗教局
文物局
中医药局
文件

文社文发〔2011〕3号

文化部 教育部 科技部 国家民委 新闻出版总署 宗教局 文物局 中医药局 关于支持新疆维吾尔自治区古籍保护工作的通知

2011年1月，文化部、國家民委等八部委聯合發佈《關於支持新疆維吾爾自治區古籍保護工作的通知》。

領導參觀“西域遺珍——新疆歷史文獻暨古籍保護成果展”

領導視察新疆民委古籍辦資料室

2009年，文化部、國家民委等八部委聯合出臺了《關於支持西藏古籍保護工作的通知》（文社文發〔2009〕44號），針對西藏古籍保護工作現狀，制定了《西藏自治區古籍保護工作方案》，西藏古籍保護工作全面啓動。國家古籍保護中心先後投入資金350萬元，初步建

文化部
教育部
科技部
国家民委
新闻出版总署
宗教局
文物局
中医药局
文件

文社文发〔2009〕44号

文化部、教育部、科技部、国家民委、新闻出版总署、宗教局、文物局、中医药局关于支持西藏古籍保护工作的通知

附件：《西藏自治区古籍保护工作方案》

十一世班禪爲藏醫學院圖書館題詞

西藏珍貴古籍

立了西藏自治區古籍保護工作體系，開展藏區古籍保護人才培訓、古籍保護和西藏歷史文化宣傳，爲保護西藏珍貴文化遺産、建設中華民族共同精神家園作出了貢獻。目前，西藏古籍普查登記工作全面展開，位於世界屋脊的阿里地區在全國率先完成了全地區7縣73座寺廟和檔案館、藏醫院共計75個古籍收藏單位以及20位私人收藏者的古籍普查工作。

海外中華文獻典籍合作保護

海外公私收藏機構收藏大量中華珍貴典籍，是中華民族寶貴的精神財富。“中華古籍保護計劃”實施以來，國家古籍保護中心積極利用影印、縮微、數字化等方式復製海外中華典籍，先後發佈了“中華古籍善本國際聯合書目系統”、“東京大學東洋文化研究所漢籍全文影像數據庫”和“哈佛燕京圖書館藏中文善本特藏資源庫”，廣受好評。2012年，國家古籍保護中心在“中華古籍保護計劃”框架下，設立“海外中華文獻典籍合作保護項目”，積極開展海外中華文獻典籍存藏情况調查、目錄編纂出版、文獻數字化回歸、文獻整理出版研究、人才交流與培養等工作，先後與英國、美國相關古籍收藏單位建立合作關係，開展工作。

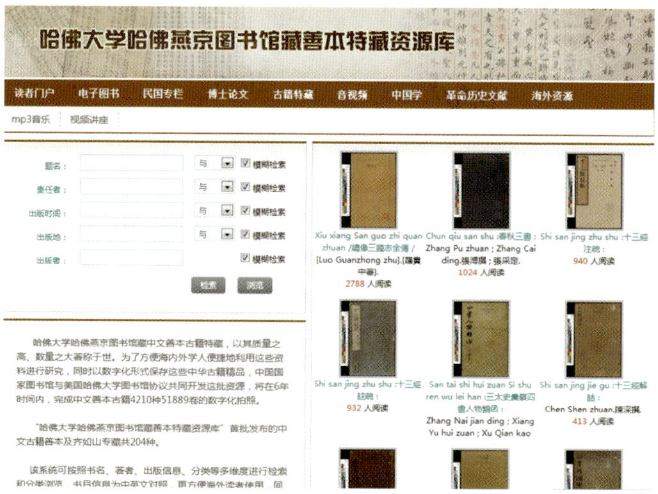

哈佛大學哈佛燕京圖書館善本特藏資源庫

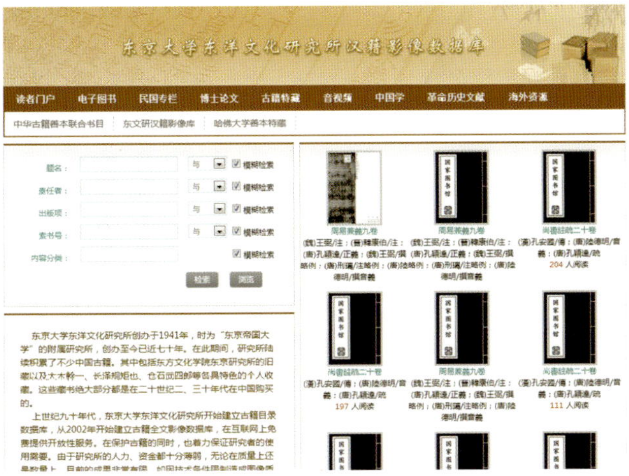

東京大學東洋文化研究所漢籍全文影像數據庫

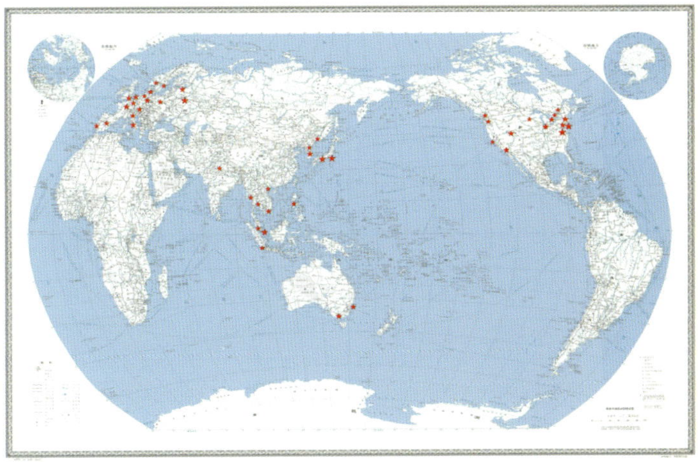

據國家古籍保護中心初步調查，海外100餘個古籍收藏單位收藏中國古籍善本數量數以百萬册件計。

2012年5月，由芝加哥大學東亞圖書館、中國國家圖書館等聯合在芝加哥召開“文本中國：中國古文獻的寫作、流傳與保護國際研討會”，來自北美、歐洲和亞洲的學者共同商討中文古籍保護與數字化工作，102歲高齡的著名學者錢存訓先生（中坐輪椅者）參加此次會議。

編纂出版《中華再造善本》

該項目是利用現代出版印刷技術，將現存於世的中華古籍善本複製出版，合理地進行保護、開發和利用的國家重點文化工程。中華再造善本工程以“唐宋編”、“金元編”爲主。自2002年開始實施，截至2008年9月底，共計出版787種9129册。《中華再造善本》（續編）工作於2008年9月正式啓動。續編涵蓋“明代編”、“清代編”、“少數民族文字編”三部分，共580餘種選目。截至2012年12月已完成31家收藏單位450種3226册件的善本底本拍照，完成312種出版，撰寫完成續編提要156篇。《中華再造善本》通過對珍稀善本的“再造”，使之化身千百，分藏於各地，從而確保珍貴文獻的傳承安全並擴大流通，促進古籍善本最大限度的傳播和利用。這是弘揚優秀傳統文化、堅持中國先進文化前進方向、促進文化藝術的繁榮和中華民族偉大復興的一項重要舉措。在財政部、教育部、文化部等上級領導機構的支持下，陸續走入國家圖書館、100所高等院校、31家省級圖書館以及國内外學術機構，贏得學界廣泛好評，取得了良好的社會效益。2011年8月18日，在香港訪問的中共中央政治局常委李克强同志出席香港大學百年校慶典禮，向香港大學贈送一套《中華再造善本》。

國家圖書館館長周和平（左）與香港大學校長徐立之在品鑒《中華再造善本》

編纂出版《中華醫藏》

2010年，中國社會科學院中醫藥事業國情調研組提出編纂《中華醫藏》的建議，得到中央領導同志的高度重視，劉延東同志作了重要批示。文化部積極組織落實，決定在“中華古籍保護計劃”的框架下開展這項工作。兩年來，國家古籍保護中心和全國中醫行業古籍保護中心組織圖書館界、中醫界的古籍文獻專家就《中華醫藏》編纂工作指導思想、任務規模、運作機制、書目篩選等核心問題進行了認真廣泛的調研與論證，完成中醫書目2065種基本選目、少數民族醫書目錄初選近300種，製定《中華醫藏》編纂工作方案。2012年8月24日，《中華醫藏》編纂工作會議在北京召開，正式成立了《中華醫藏》規劃指導委員會、編纂委員會和專家委員會，討論了《中華醫藏編纂工作方案》和《選目》，正式啓動了《中華醫藏》編纂出版工作。

2012年8月24日，《中華醫藏》編纂工作會議在京召開

中醫古籍編目專家薛清錄（2012中國圖書館榜樣人物）

2011年5月18日，中華珍貴醫藥典籍展開幕

《中華醫藏》專家委員會會議現場

編輯出版《中國珍貴典籍史話叢書》

爲使人們更加深入全面瞭解歷史上的中國珍貴典籍，2012年，國家古籍保護中心在“中華古籍保護計劃”的框架下設立《中國珍貴典籍史話叢書》項目，本着爲典籍寫信史、爲學者提供資料、爲公衆提供讀物的宗旨，挖掘中華民族珍貴典籍的主要内容、重要價值和文化内涵，生動再現其産生和流傳的歷史。目前，該項目已正式立項啓動。

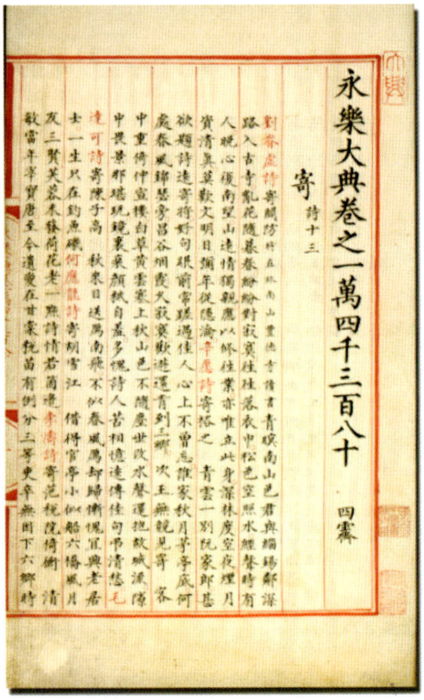

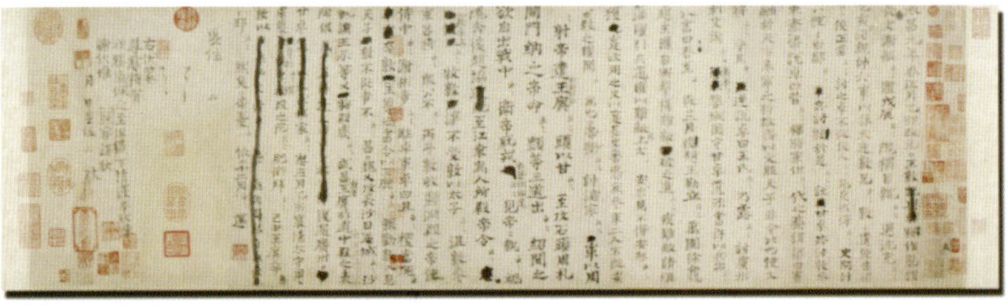

國家圖書館藏珍貴古籍

啓動國家珍貴古籍題跋整理項目

古籍題跋是關於古籍内容、刻印、流傳及其他信息的重要資料，向被視爲珍貴古籍的重要組成部分而得到歷代藏家、學者的重視。其豐富的内容，對版本目録學、藏書史、文化史等相關學術研究都有重要價值。爲更好地揭示珍貴古籍的文獻價值，培養古籍整理和研究人才，進一步推動古籍普查登記工作和保護工作的開展，國家古籍保護中心特設立“國家珍貴古籍題跋整理項目”，對入選前三批《國家珍貴古籍名録》的古籍藏書題跋進行全面整理。

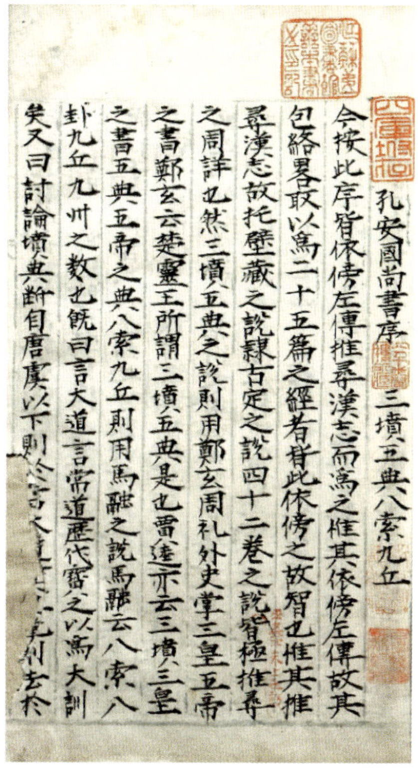
孔安國尚書序 三墳五典八索九丘
今按此序皆依傍左傳推尋漢志而為之惟其依傍左傳故其
包絡畧取以為二十五篇之經者皆此依傍之故智也惟其推
尋漢志故托壁藏之説隸古定之説四十二卷之説皆極推尋
之周詳也然三墳五典之説則用鄭玄周礼外史掌三皇五帝
之書鄭玄云楚靈王所謂三墳五典是也賈逵亦云三墳三皇
之書五典五帝之典八索九丘則用馬融之説馬融云八索八
卦九丘九州之數也既曰言大道言常道歷代寶之以為大訓
矣又曰討論墳典斷自唐虞以下則

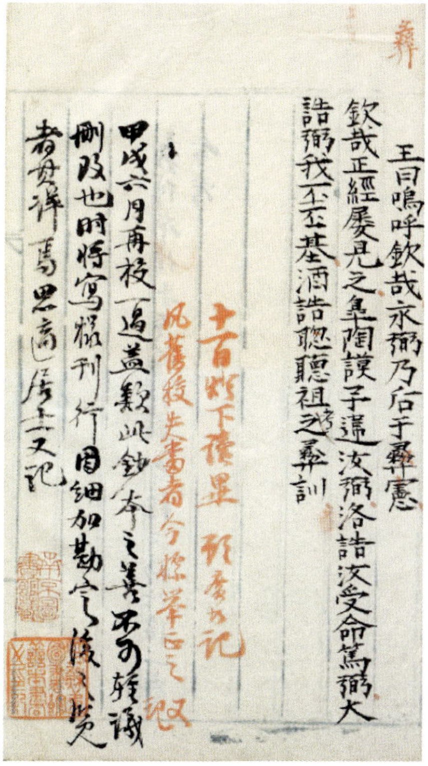
王曰嗚呼欽哉永觀乃后于彝憲
欽哉正經屢見之皋陶謨子還汝觀洛誥汝受命篤弼大
誥弼我丕丕基酒誥聰聽祖之彝訓
甲戌六月再校一過蓋數此鈔本之善不可殫識
刪改也時將寫樣刊行因細加勘定以俟

尚書譜不分卷　名錄號07285　（明）梅鷟撰　明鈔本　顧廣圻校並跋　南京圖書館

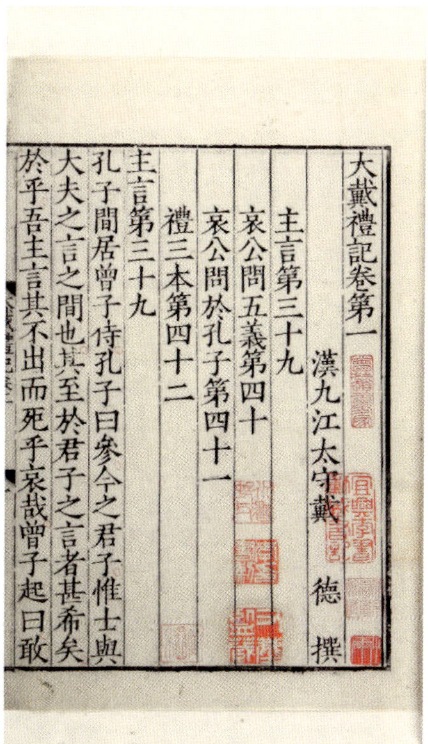
大戴禮記卷第一
漢九江太守戴　德　撰
主言第三十九
哀公問五義第四十
哀公問於孔子第四十一
禮三本第四十二
主言第三十九
孔子閒居曾子侍孔子曰參今之君子惟士與
大夫之言之聞也其至於君子之言者甚希矣
於乎吾主言其不出而死乎哀哉曾子起曰敢

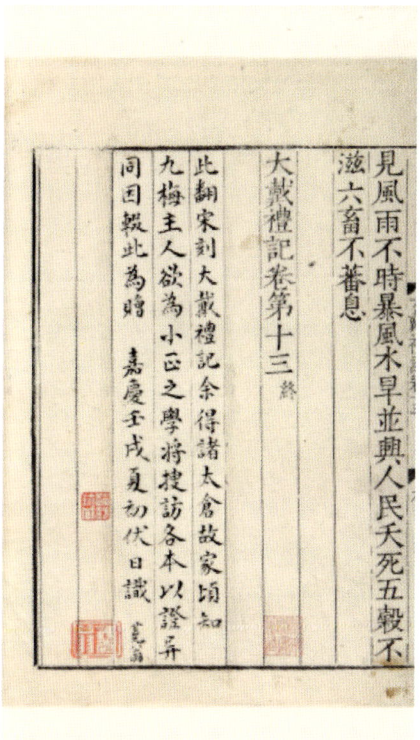
見風雨不時暴風水旱並興人民夭死五穀不
滋六畜不蕃息
大戴禮記卷第十三 終
此翻宋刻大戴禮記余得諸太倉故家頃知
九梅主人欲為小正之學將搜訪各本以證异
同因輟此為贈　嘉慶壬戌夏初伏日識　蕘翁

大戴禮記十三卷　名錄號07340　（漢）戴德撰（北周）盧辯注　明嘉靖十二年（1533）袁氏嘉趣堂刻本　黃丕烈跋　國家圖書館

啓動國家珍貴古籍數字化項目

古籍數字化作爲保護與傳承珍貴古籍的重要手段之一，可以真實、清晰地反映古籍原貌，藉助互聯網等媒介提供大衆使用，極大地促進了古籍傳播，開創了古籍服務的新模式。古籍原件可以得到長期保存和更妥善的保護，有效解决了古籍保護和利用的矛盾。國家古籍保護中心已啓動國家珍貴古籍數字化項目，該項目計劃把入選《國家珍貴古籍名録》的古籍進行數字化，按照“統一規劃、統一標準、合作共建、資源共享、逐步建設”的方針，在全國範圍内開展數字化工作。國家古籍保護中心已研製《古籍數字化工作手册》（試用本），在全國範圍内實施。

首批參加“中國珍貴典籍資源庫”建設的單位

國家古籍保護中心	山東省古籍保護中心
北京市古籍保護中心	河南省古籍保護中心
天津市古籍保護中心	湖南省古籍保護中心
河北省古籍保護中心	廣東省古籍保護中心
山西省古籍保護中心	廣西壯族自治區古籍保護中心
内蒙古自治區古籍保護中心	重慶市古籍保護中心
遼寧省古籍保護中心	四川省古籍保護中心
吉林省古籍保護中心	貴州省古籍保護中心
上海市古籍保護中心	雲南省古籍保護中心
江蘇省古籍保護中心	西藏自治區古籍保護中心
浙江省古籍保護中心	陝西省古籍保護中心
安徽省古籍保護中心	甘肅省古籍保護中心
福建省古籍保護中心	新疆維吾爾自治區古籍保護中心
江西省古籍保護中心	全國中醫行業古籍保護中心

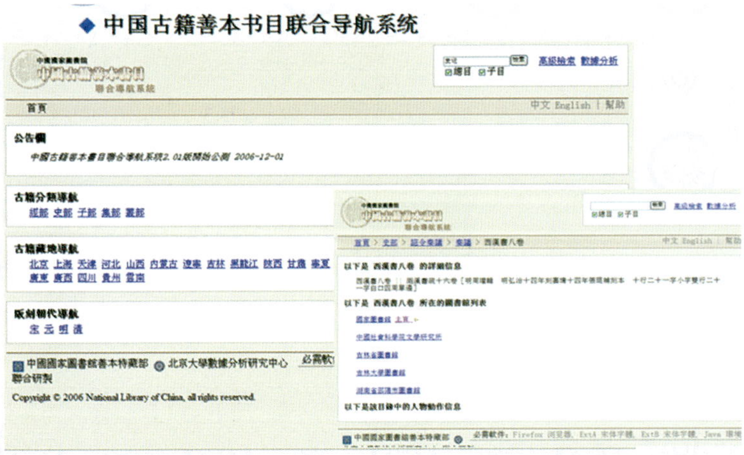

中國古籍善本書目聯合導航系統

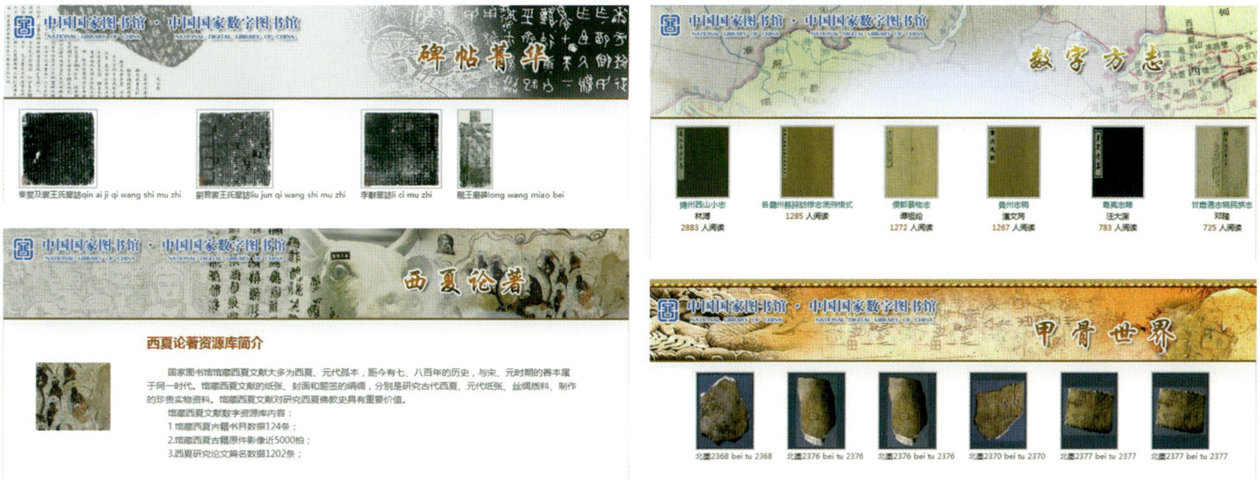

國家圖書館古籍數字資源庫

開展古籍保護宣傳，普及古籍保護知識

“中華古籍保護計劃”啓動以來，國家古籍保護中心積極策劃組織形式多樣的古籍保護宣傳工作，普及古籍保護知識、增强古籍保護意識。各地也開展了多樣化的宣傳活動，這些活動内容豐富、形式新穎，與民衆的生活息息相關，取得了良好的宣傳效果，使古籍保護工作成爲全民共同關注的事業。

領導參觀山西省圖書館館藏珍品展

學者參觀國家珍貴古籍特展

曹洪欣教授主講"《黄帝内經》《本草綱目》選讀會"

國家級非物質文化遺産傳統醫藥項目代表性傳承人技能展示暨現場諮詢活動

新疆桑皮紙手工製作工藝展示

西域遺珍——新疆歷史文獻暨古籍保護成果展

舉辦展覽、講座

近年主要文獻展覽一覽表

展覽名稱	時間	舉辦地點
文明的守望——國家圖書館珍貴文獻暨古籍保護成果展	2006年5月26日—6月25日	國家圖書館
第一批國家珍貴古籍特展	2008年6月14日—7月20日	國家圖書館
第二批國家珍貴古籍特展	2009年6月14日—7月3日	國家圖書館
第三批國家珍貴古籍特展	2010年6月11日—7月12日	國家圖書館
新疆歷史文獻暨古籍保護成果展	2010年8月20日—10月19日	新疆維吾爾自治區博物館
西域遺珍——新疆歷史文獻暨古籍保護成果展	2011年1月26日	國家圖書館
中華珍貴醫藥典籍展	2011年5月18日—6月30日	國家圖書館
功在當代，利澤千秋——上海市古籍保護工作成果展	2009年6月11日—6月20日	上海圖書館

展覽名稱	時間	舉辦地點
琅函鴻寶——上海圖書館藏宋本展	2010年9月15日—24日	上海圖書館
儒家經典古籍善本展	2010年9月28日—10月7日	上海文廟尊經閣
尋根稽譜——上海圖書館藏家譜精品展	2009年7月14日—27日	上海圖書館
典冊琳琅——慶祝上海圖書館建館60周年文獻特展	2012年7月20日—30日	上海圖書館
古籍修復技藝暨中國書史展	2010年6月11日—12日	山東省圖書館
海源遺珍暨《文選》蝶變大展	2012年1月11日—15日	山東省圖書館
第二批《山東省珍貴古籍名錄》珍品聯展	2012年6月8日—9日	山東省圖書館
品真鑒奇，解難析疑——山東省首屆古籍鑒寶活動	2012年6月9日	山東省圖書館
《論語》回故里——歷代《論語》珍本展	2012年9月26日—28日	山東曲阜孔子研究院
西山事業——《中華再造善本》展	2008年5月28日	浙江圖書館
芸香百年，求是珍秘——浙江大學珍貴古籍展	2012年3月12日	浙江大學圖書館
湖南圖書館館藏革命歷史文獻展覽	2011年7月6日—13日	湖南圖書館
湖南圖書館館藏敦煌遺珍展覽	2011年9月7日—13日	湖南圖書館
湖南圖書館大型古籍叢書展覽	2012年3月28日—4月25日	湖南圖書館
山西省圖書館館藏珍品展	2009年7月9日	山西省圖書館
山西省圖書館古籍保護初步成果展	2008年6月1日	山西省圖書館
福建省圖書館藏珍品特展	2011年9月23日	福建省圖書館
遼寧省圖書館慶祝建館六十周年館藏精品展	2008年8月21日	遼寧省圖書館
首都圖書館古籍修復成果展	2008年5月26日—6月1日	首都圖書館
江蘇省“十一五”古籍保護成果展	2011年1月19日—24日	南京圖書館
南京圖書館“玄覽堂珍籍合璧展”	2012年10月18日	南京圖書館
安徽省圖書館“珍罕《中華再造善本》展”	2007年5月28日	安徽省圖書館
安徽省圖書館古籍保護成果圖片展	2009年5月25日—31日	安徽省圖書館
大連圖書館館藏古籍珍品暨保護成果展	2009年12月5—15日	大連圖書館白雲美術館
無錫入選《國家珍貴古籍名錄》書展	2012年2月	無錫市圖書館
金陵圖書館特色館藏古籍珍品展	2012年8月	金陵圖書館
蘇州市“十一五”古籍保護成果展	2011年3月29日	蘇州圖書館

展覽名稱	時間	舉辦地點
“古籍展覽校園行”活動	2012年4月	鎮江市圖書館
中華古籍保護計劃成果展	2012年11月22日—24日	廣東東莞

國家珍貴古籍特展系列講座

時間	主講人	講座題目
2009.6.18	李鴻濤	從《國家珍貴古籍名錄》中的中醫古籍走進中醫文化
2009.6.22	劉　薔	清皇室的天祿琳琅藏書
2009.6.29	蘇品紅	輿圖漫談
2009.6.30	田曉春	蘇州的藏書家和藏書
2009.7.1	陳紅彥	宋元善本賞析
2010.6.12	李致忠	第三批國家珍貴古籍名錄與特展
2010.6.14	王　堯	藏傳佛教與藏文典籍
2010.6.18	冀亞平、盧芳玉、袁玉紅	中國的傳拓技術
2010.6.19	楊成凱	古書的版本和印本
2010.6.22	史金波、黄潤華、薩仁高娃	民族文字古籍——中華古籍的瑰寶
2010.6.24	（韓）朴在淵、（日）住吉朋彥	朝鮮漢籍與日本漢籍的刊刻
2010.6.26	林世田、史　睿、劉　波	敦煌——一個永恒的話題
2010.7.2	李際寧	三批國家珍貴名錄入選佛教文獻述評
2010.7.2	孫　俊	稿鈔本覽賞
2010.7.6	蘇品紅	珍貴輿圖與避暑山莊
2010.7.6	陳紅彥	宋元古籍之美

開展報刊、網絡宣傳活動

2007年至今，國家古籍保護中心在《人民日報》《光明日報》《中國文化報》等主流媒體上通過新聞報導、專欄、專版等形式開展宣傳。這些報導展示了我國古籍保護工作進展和最新成果，受到黨和國家領導人的重視和好評，取得了良好的社會反響。

人民日報

RENMIN RIBAO

吴邦国会见斯里兰卡总统

深化走转改 喜迎十八大

群众看十年变迁

钓鱼岛自古以来就属于中国

国图馆藏文献证明

国图网站发布东北抗联专题资源

揭示我国抗日战争和世界反法西斯战争众多历史细节

中华全国新闻工作者协会声明

《人民日報》2012年9月18日 第1版

光明日報

书林

宋刊元槧 纸润墨香

——令人欢欣鼓舞的古籍普查新发现

浙江省古籍普查回眸

《中华古籍总目·天津卷》编纂刍议

《光明日報》2012年2月8日 第7版

书林

光明日報

再造经典 传承文明

——记《中华再造善本》及续编工作

弘扬优秀传统文化 增强民族凝聚力

展示民族古籍精品 彰显民族文化内涵

记唐咸通九年刻《金刚般若波罗蜜经》

传本扬学 历久弥珍

——再谈《中华再造善本》

琳琅满目 美不胜收

《光明日報》2011年12月8日 第16版

中国文化報

专题

推进古籍普查 加强古籍保护

《中國文化報》2012年1月13日 第7版

編印《中華古籍保護計劃簡報》

2007年以來，國家古籍保護中心共組織編製了54期《中華古籍保護計劃簡報》，及時報送給全國古籍保護工作部級聯席會議十個成員單位、各省級文化主管部門、各省級古籍保護中心、全國古籍保護工作專家委員會委員、國內主要古籍收藏機構等，傳達國家古籍保護新政策，報道古籍保護行業新動態，受到廣泛好評。各省、自治區、直轄市也有30家古籍收藏機構建立了簡報制度。

各省編發的古籍保護工作簡報情況

地區	簡報名稱	出版期數
北京	《北京市古籍保護中心工作專刊》	2
天津	《天津市古籍保護中心工作簡報》	8
河北	《河北省古籍保護中心工作簡報》	8
山西	《山西省古籍保護中心簡報》	38
內蒙古	《內蒙古自治區古籍保護中心工作簡報》	2
遼寧	《遼寧省古籍保護工作簡報》	19
吉林	《吉林省古籍保護工作簡報》	1
黑龍江	暫無	
上海	《上海市古籍保護中心工作簡報》	19
江蘇	《江蘇省古籍保護中心工作簡報》	20
	《常熟古籍保護簡報》	20
浙江	《浙江省古籍保護工作簡報》	33
	《天一閣博物館古籍保護工作簡報》	9
安徽	《安徽省古籍保護工作簡報》	17
福建	《福建省古籍保護工作簡報》	6
江西	《江西省古籍保護中心工作簡報》	6
山東	《山東省古籍保護工作簡報》	21
河南	《河南省古籍保護工作簡報》	22
湖北	《湖北省古籍保護中心工作簡報》	20
湖南	《湖南省古籍保護工作簡報》	6
廣東	《廣東省古籍保護工作簡報》	17
廣西	《廣西古籍保護工作簡報》	11

地區	簡報名稱	出版期數
海南	暫無	
重慶	《重慶市古籍保護工作簡報》	10
四川	《四川省古籍保護中心工作簡報》	3
貴州	《貴州省古籍保護工作簡報》	5
雲南	《雲南古籍》	9
西藏	暫無	
陝西	《陝西省古籍保護中心工作簡報》	9
甘肅	《甘肅省古籍保護工作簡報》	4
青海	暫無	
寧夏	暫無	
新疆	《新疆維吾爾自治區古籍保護中心工作簡報》	19
	《新疆維吾爾自治區圖書館工作簡報》	
中醫行業	《國家中醫藥管理局中醫藥古籍保護工作與利用能力建設項目簡報》	5

建設“中國古籍保護網”和各地古籍保護網

“中國古籍保護網”是“中華古籍保護計劃”的門户網站，是古籍保護工作的重要宣傳陣地。“中國古籍保護網”不斷更新全國古籍保護工作動態，還通過不同專欄介紹古籍普查、人才培養、專項保護、古籍修復、古籍知識等內容。國家古籍保護中心建立了全國各省級保護中心通訊員制度。目前已有25家省級古籍保護中心建立了自己的專題網站，並與“中國古籍保護網”建立互鏈，形成了全國古籍保護工作宣傳網絡。

國家古籍保護中心	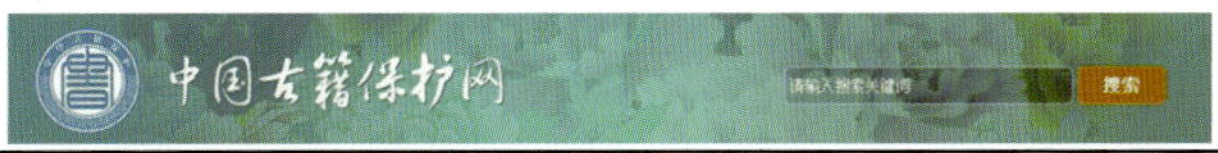
北京市古籍保護中心	
山西省古籍保護中心	
內蒙古自治區古籍保護中心	
遼寧省古籍保護中心	
吉林省古籍保護中心	

黑龍江省古籍保護中心	
上海市古籍保護中心	
江蘇省古籍保護中心	
浙江省古籍保護中心	
安徽省古籍保護中心	
福建省古籍保護中心	
江西省古籍保護中心	
山東省古籍保護中心	
河南省古籍保護中心	
湖北省古籍保護中心	
湖南省古籍保護中心	
廣東省古籍保護中心	
桂林市古籍保護中心	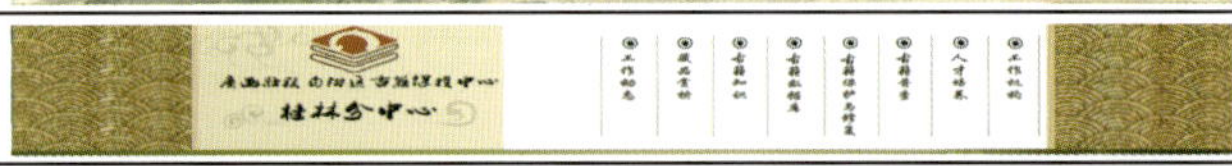
重慶市古籍保護中心	
四川省古籍保護中心	
雲南省古籍保護中心	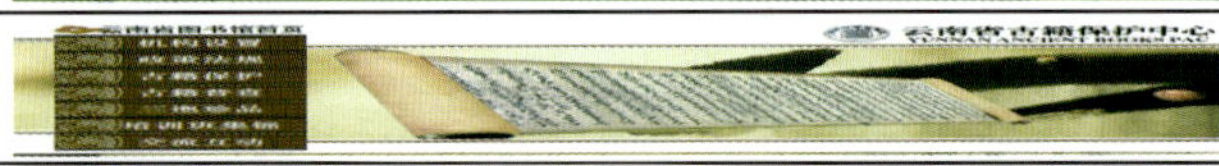
陝西省古籍保護中心	
甘肅省古籍保護中心	
寧夏回族自治區古籍保護中心	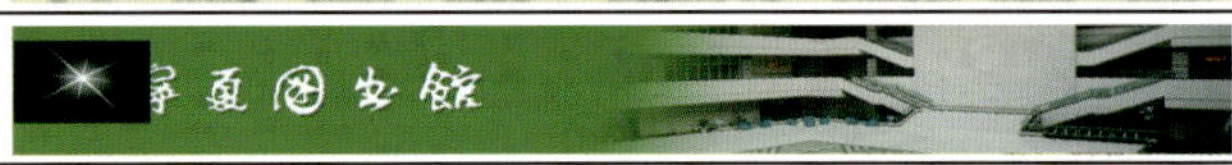
新疆維吾爾自治區古籍保護中心	

第四批《國家珍貴古籍名錄》入選珍貴古籍選萃

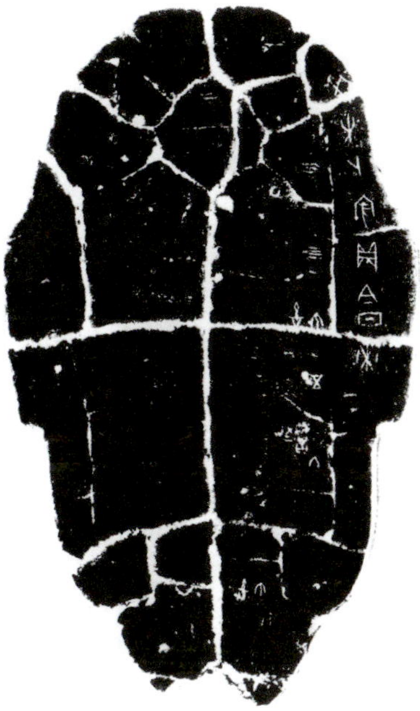

北圖4453

舊藏：胡厚宣

實物尺寸：16.7×9.8釐米

質料：龜甲

字數：20字

著録：《甲骨文合集》15556

主題：祭祀

時代：商武丁時期

分組：賓組

釋文：癸未卜，賓貞：今日燎。一 二 三 四 不啎［黽］ 五 二告 六 不啎［黽］

國家圖書館藏 名録09860－1

北圖4495

舊藏：胡厚宣

實物尺寸：18×2.5 釐米

質料：獸骨

字數：41字

著錄：《甲骨文合集》23155

主題：祭祀

時代：商祖庚祖甲時期

分組：出組

釋文：（1）甲申卜，行貞：翌［乙酉］其又（侑）［于毓祖乙］。

（2）貞：弜又（侑）。

（3）甲申卜，行貞：翌乙酉毓祖乙歲宰。

（4）貞：二宰。

（5）貞：三宰。

（6）辛卯卜，行貞：翌日不雨。

（7）其雨。

北圖5459

舊藏：劉體智

實物尺寸：13.5 × 3.1 釐米

質料：獸骨

字數：20字（合文1）

著錄：《甲骨文合集》27622

主題：祭祀

時代：商廩辛康丁時期

分組：何組

釋文：（1）弜。

（2）叀歲。

（3）叀[illegible]。吉

（4）其又（侑）兄辛叀牛，王受又（祐）。

（5）其牢，王受又（祐）。

國家圖書館藏 名錄09860—1

北圖5560

舊藏：劉體智

實物尺寸：7.6 × 5.5釐米

質料：獸骨

字數：正面28字，骨臼1字

著錄：《甲骨文合集》5522

主題：祭祀

時代：商武丁時期

分組：賓組

釋文：正面：（1）己卯卜，賓貞：取岳……

（2）甲申［卜］，□［貞］：王…… 二

（3）乙酉卜，賓貞：使人于河，沉三羊，𠬝三牛。三月。

國家圖書館藏 名錄09860—1

北圖6006

舊藏：劉體智

實物尺寸：6×3.3釐米

質料：獸骨

字數：12字（合文1）

著錄：《甲骨文合集》32384（部分）

主題：祭祀

時代：商武乙文丁時期

分組：歷組

釋文：［乙未彡蕬品上甲十、報乙三、報丙三、報丁三、示壬三、示癸三］、大乙十、［大丁十、大甲十］、大庚七、小甲三……三、祖乙……

國家圖書館藏 名錄09860－1

北圖6299

舊藏：劉體智

實物尺寸：12×2.1 釐米

質料：獸骨

字數：27字

著錄：《甲骨文合集》32807

主題：祭祀

時代：商武乙文丁時期

分組：歷組

釋文：（1）己未貞：王其告，其比[illegible]侯。

（2）庚申貞：王其告于大示。

（3）庚申貞：王于父丁告。

國家圖書館藏 名錄09860－1

北圖2335+北圖2532

舊藏：羅振玉

實物尺寸：28.7×18釐米

質料：獸骨

字數：61字（合文5）

著錄：《甲骨文合集》6567

主題：軍事

時代：商武丁時期

分組：賓組

釋文：（1）丙戌卜，箙貞：其用征。

（2）丁亥卜，亘貞：乎（呼）取呂。

（3）貞：勿乎（呼）取呂。王固曰：吉，其取。

（4）［丁亥卜］，□貞：受王。

（5）□□［卜］，［亘］貞：戉其伐湔方𢦏。

（6）貞：戉弗其𢦏湔［方］。一 二 三 二告

一 一 小告 一 二告 二 二告 三 小告

國家圖書館藏 名錄09860－1

北圖5067

舊藏：張仁蠡

實物尺寸：14.4 × 8.3釐米

質料：獸骨

字數：21字

著錄：《甲骨文合集》6518

主題：軍事

時代：商武丁時期

分組：賓組

釋文：辛丑卜，㱿貞：今者勿乎（呼）比望乘伐下危，弗其受㞢（有）又（祐）。二（“望”字未刻全）

國家圖書館藏 名錄09860－1

北圖5144

舊藏：張仁蠡

實物尺寸：15.4×4釐米

質料：獸骨

字數：23字

著錄：《甲骨文合集》9824

主題：農業

時代：商武丁時期

分組：賓組

釋文：（1）［貞］……［年］……河。

（2）受黍年。

（3）受年。一月

（4）貞：不其受年。二 二告

（5）貞：勿登人。

（6）登人。二

國家圖書館藏 名錄09860－1

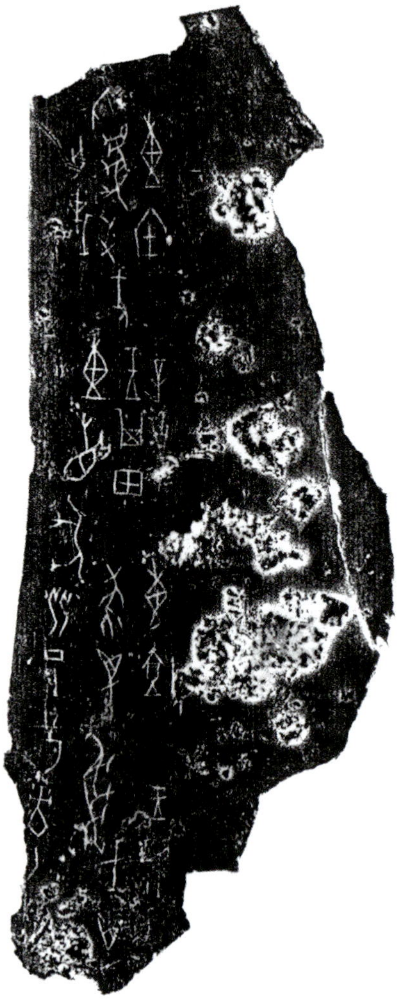

北圖11935

舊藏：劉體智

實物尺寸：14.2×4.7釐米

質料：獸骨

字數：33字

著錄：《甲骨文合集》33378

主題：田獵

時代：商廩辛康丁時期

分組：無名組

釋文：（1）王其乎（呼）戈毕（擒）虎夸录（麓），亡（無）［𢦏］（災）。

（2）叀殻希，毕（擒），比丁十。

（3）辛酉卜，王其田，叀省虎。

（4）叀牢虎𡜊，亡（無）𢦏（災）。

（5）……卜……隹……

國家圖書館藏 名錄09860－1

北圖12003

舊藏：劉體智

實物尺寸：15.3×2.3釐米

質料：獸骨

字數：23字

著錄：《合集》29031

主題：田獵

時代：商廩辛康丁時期

分組：無名組

釋文：（1）叀束……西麋，从。

（2）王其田雞。

（3）敍𣦵。

（4）翌日辛王其迖于喪。（“日”字缺刻豎畫）

（5）于向。

（6）于宮。

國家圖書館藏 名錄09860－1

北圖12009

舊藏：劉體智

實物尺寸：17.6×1.8釐米

質料：獸骨

字數：68字

著錄：《甲骨文合集》33542

主題：田獵

時代：商廩辛康丁時期

分組：無名組

釋文：（1）辛巳［卜］，貞：王［其］田向，亡（無）𢦏（災）。

（2）壬午卜，貞：王其田喪，亡（無）𢦏（災）。

（3）乙酉卜，貞：王其田向，亡（無）𢦏（災）。

（4）戊子卜，貞：王其田盂，亡（無）𢦏（災）。

（5）辛卯卜，貞：王其田喪，亡（無）𢦏（災）。

（6）壬辰卜，貞：王其田向，亡（無）𢦏（災）。

（7）乙未卜，貞：王其田喪，亡（無）𢦏（災）。

國家圖書館藏 名錄09860—1

北圖2354

舊藏：羅振玉

實物尺寸：12.3×6.2釐米

質料：獸骨

字數：39字（合文1）

著錄：《甲骨文合集》7803

主題：方域

時代：商武丁時期

分組：賓組

釋文：（1）庚午卜，爭貞：乎（呼）子商。

（2）甲戌卜，爭貞：翌乙亥……

（3）庚辰卜，爭貞：乇自成一牛。

（4）乙未卜，爭貞：王其入于商。

（5）叀小宰。

國家圖書館藏 名録09860－1

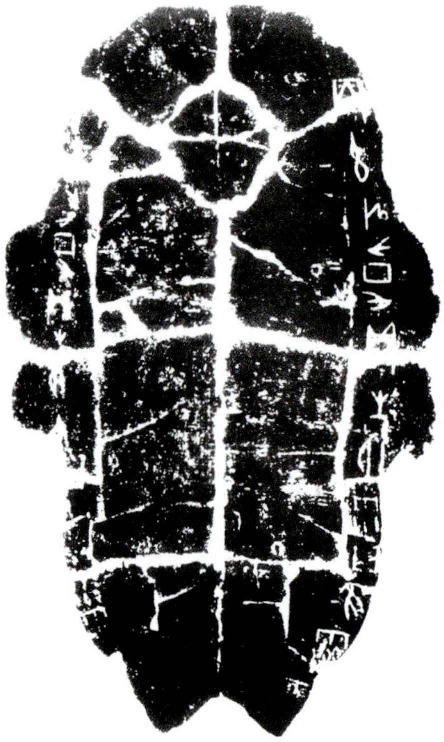

北圖4454

舊藏：胡厚宣

實物尺寸：16.8×10.3釐米

質料：龜甲

字數：33字（合文3）

著錄：《甲骨文合集》12628

主題：氣象

時代：商武丁時期

分組：賓組

釋文：（1）丙午卜，韋貞：生十月雨，其隹（惟）霝。一 二 三 二告 四 五

（2）丙午卜，韋貞：生十月不其霝雨。一 二

國家圖書館藏 名錄09860—1

北圖12832

舊藏：劉體智

實物尺寸：10.5×7.3釐米

質料：獸骨

字數：28字

著錄：《甲骨文合集》33410

主題：氣象

時代：商武乙文丁時期

分組：歷組

釋文：（1）乙巳卜：［叀］今日不雨。一 三

（2）乙卯貞：王往田，亡（無）𢦔（災）。

（3）兹雨。

（4）不雨。一

（5）兹雨。一

（6）不雨。一

國家圖書館藏 名錄09860－1

北圖12870

舊藏：劉體智

實物尺寸：19.2×3.8釐米

質料：獸骨

字數：25字

著録：《甲骨文合集》33868

主題：氣象

時代：商武乙文丁時期

分組：歷組

釋文：（1）今日雨。

（2）甲子卜：今日至戊辰雨。

（3）癸酉雨。三

（4）癸酉卜：乙亥雨。三 三 三

國家圖書館藏 名録09860—1

北圖10728＋北圖10794

舊藏：劉體智

實物尺寸：7.3×6.5釐米

質料：龜甲

字數：37字

著錄：《甲骨文合集》21795＋21793；《甲骨文合集補編》6823

主題：生育

時代：商武丁時期

分組：子組。

釋文：（1）辛亥，子卜，貞：帚（婦）妥子曰孥，若。一

（2）乙巳卜，貞：帚（婦）妥子亡（無）若。一

（3）乙卯，子卜，貞：……其壱，若。一

（4）貞：帚（婦）徂又（有）子。一

國家圖書館藏　名錄09860－1

北圖15327

舊藏：劉體智

實物尺寸：26×8.8釐米

質料：獸骨

字數：36字

著錄：《甲骨文合集》35071

主題：吉凶

時代：商武乙文丁時期

分組：歷組

釋文：（1）癸亥貞：旬亡（無）囙（禍）。三

（2）癸酉貞：旬亡（無）囙（禍）。三

（3）癸未貞：旬亡（無）囙（禍）。三

（4）癸巳貞：旬亡（無）囙（禍）。

（5）癸卯貞：旬亡（無）囙（禍）。

（6）癸［丑貞］：旬［亡（無）］囙（禍）。

國家圖書館藏 名錄09860－1

北圖15389

舊藏：劉體智

實物尺寸：19 × 2.2 釐米

質料：獸骨

字數：40字

著錄：《甲骨文合集》31393

主題：吉凶

時代：商廩辛康丁時期

分組：何組

釋文：（1）癸丑卜，狄貞：旬亡（無）囚（禍）。

（2）癸亥卜，狄貞：旬亡（無）囚（禍）。

（3）癸酉卜，狄貞：旬亡（無）囚（禍）。

（4）癸未卜，狄貞：旬亡（無）囚（禍）。

（5）癸巳卜，狄貞：旬亡（無）囚（禍）。

國家圖書館藏 名錄09860—1

北圖16802

舊藏：劉體智

實物尺寸：7.8×8釐米

質料：獸骨

字數：37字

著錄：《甲骨文合集》38012（部分）

主題：干支

時代：商帝乙帝辛時期

分組：黄組

釋文：（1）甲子。乙丑。丙寅……

（2）甲戌。乙亥。丙子。丁［丑］……

（3）甲申。乙酉。丙戌……

（4）甲子。乙丑。丙寅……

（5）甲戌。乙亥。丙子……

（6）甲申。乙酉。丙戌……

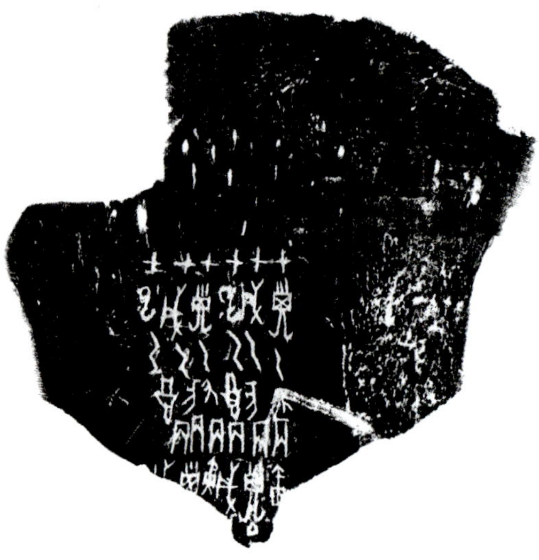

國家圖書館藏 名録09860－1

敦煌吐魯番文獻

敦煌遺書指敦煌地區出土的古代文獻，主體部分是1900年出土於莫高窟藏經洞的文獻。其年代起自晉末，迄於宋初。除寫本外，還有少量刻本和拓本。其中90%以上爲佛教典籍，其他文書典籍涉及政治、經濟、軍事、文學、歷史、宗教、科技等方面。語種包括漢文、藏文、回鶻文、于闐文、粟特文等。敦煌遺書是文物典籍的一次重大發現，爲學術研究提供了多方面的珍貴文獻資料，並已形成一門以敦煌遺書和敦煌藝術爲主要研究對象的世界性學科——敦煌學。

吐魯番文書指19世紀末20世紀初以來我國新疆吐魯番一帶出土的古代文書，它們記錄了古代先民們的各種活動和思維，也記錄了歷代官府在這裏的施政政策及其行政運轉，並滲透了不少外來文化的因素，推動了學術界對我國新疆地區的歷史和文化的研究。

入選第四批《名錄》的敦煌遺書26件、吐魯番文書2件，包括佛教經、律、論、注疏，亦有道教講經文和一些世俗文書，《文選》、《蒙求》等也因其重要的文獻價值入選。

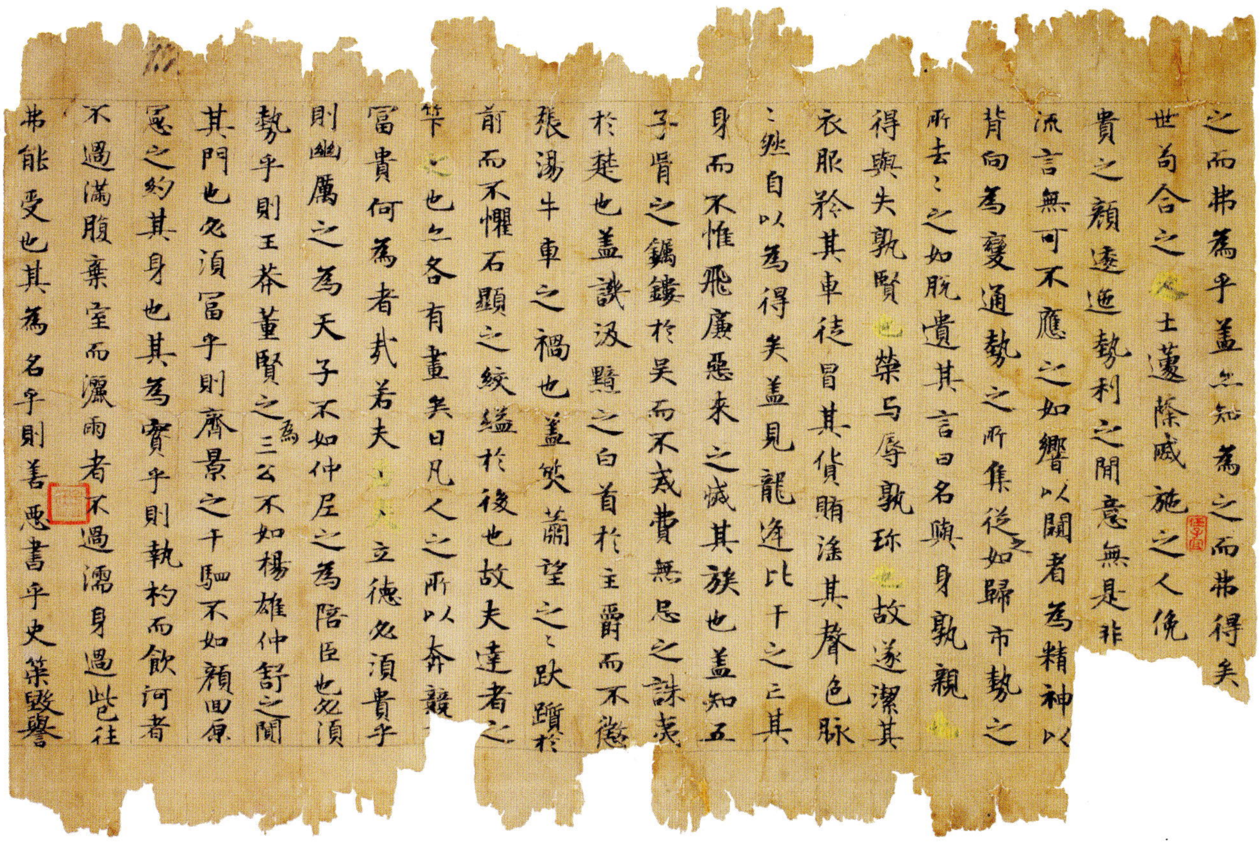

文選・運命論　（魏）李康撰

隋寫本

《文選》傳世多爲五臣注及李善注本，此本白文無注，爲早期傳本。

敦煌研究院藏　名錄09912

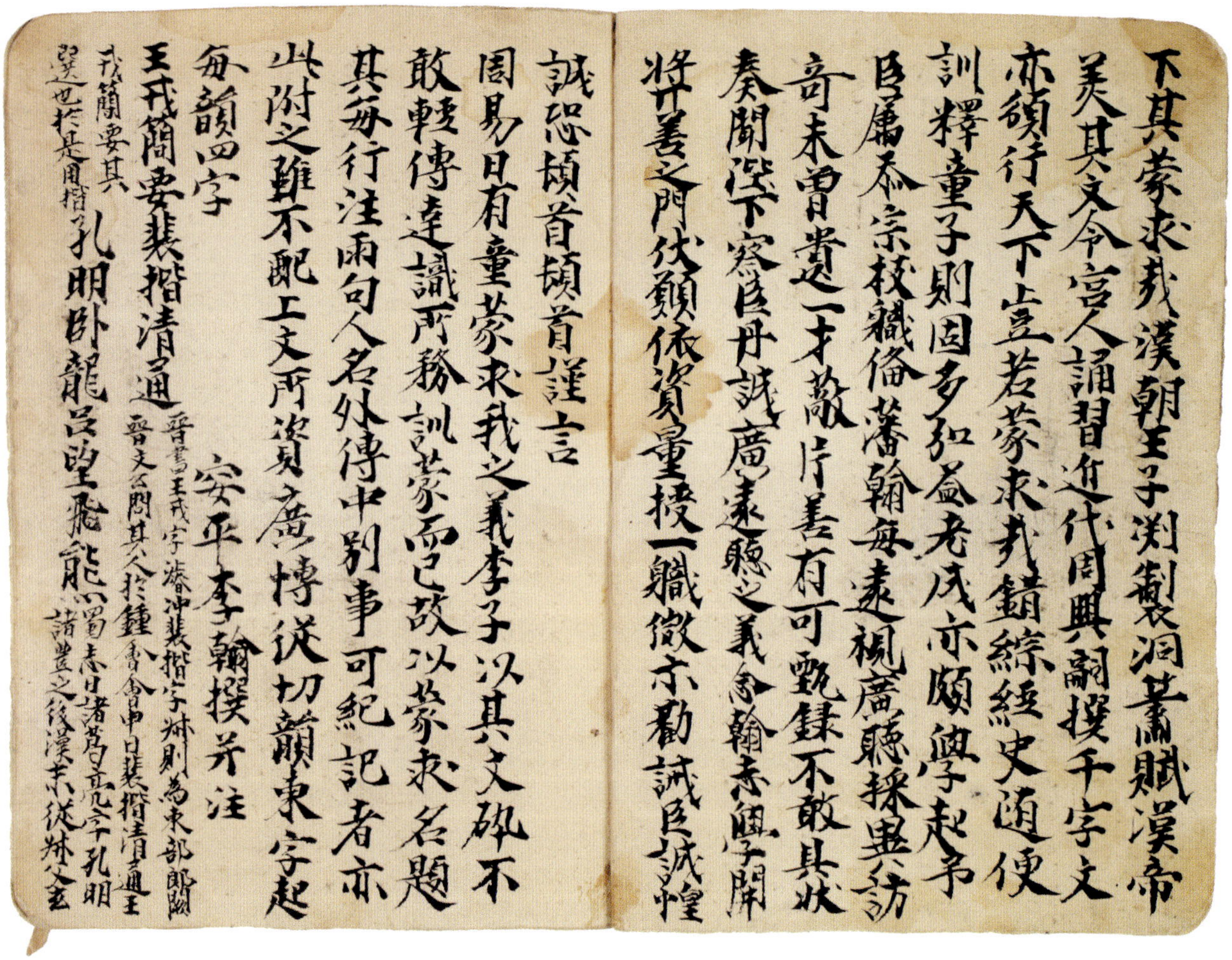
下其蒙求哉漢朝王子淵製洞簫賦漢帝美其文令宮人誦習近代周興嗣撰千字文亦頒行天下豈若蒙求哉錯綜經史隨便訓釋童子則固多弘益老成亦頗覽起予臣屬忝宗枝職備藩翰每遠視廣聽採異訪奇未曾遺一才藝片善有可甄錄不敢具狀奏聞陛下察臣丹誠廣達聰之義念翰志學開將來善之門伏願依資量授一職微示勸誡臣誠惶誠恐頓首頓首謹言

周易曰有童蒙求我之義李子以其文碎不敢輕傳達識所務訓蒙而已故以蒙求名題其每行注兩句人名外傳中別事可紀記者亦此附之雖不配上文所資廣博從切韻東字起每韻四字

安平李瀚撰并注

王戎簡要　裴楷清通　晉書王戎字濬沖裴楷字叔則為吏部郎闕晉文帝問其人於鍾會會曰裴楷清通王戎簡要其人選也於是用楷

孔明臥龍　呂望飛熊　蜀志曰諸葛亮字孔明

蒙求　（唐）李翰撰

宋寫本

《蒙求》流傳於唐宋，後漸散失，僅存輯佚本。此本存正文25韻50句，及較完整序言三百餘字，可供輯佚本校訂研究。

敦煌研究院藏　名錄09915

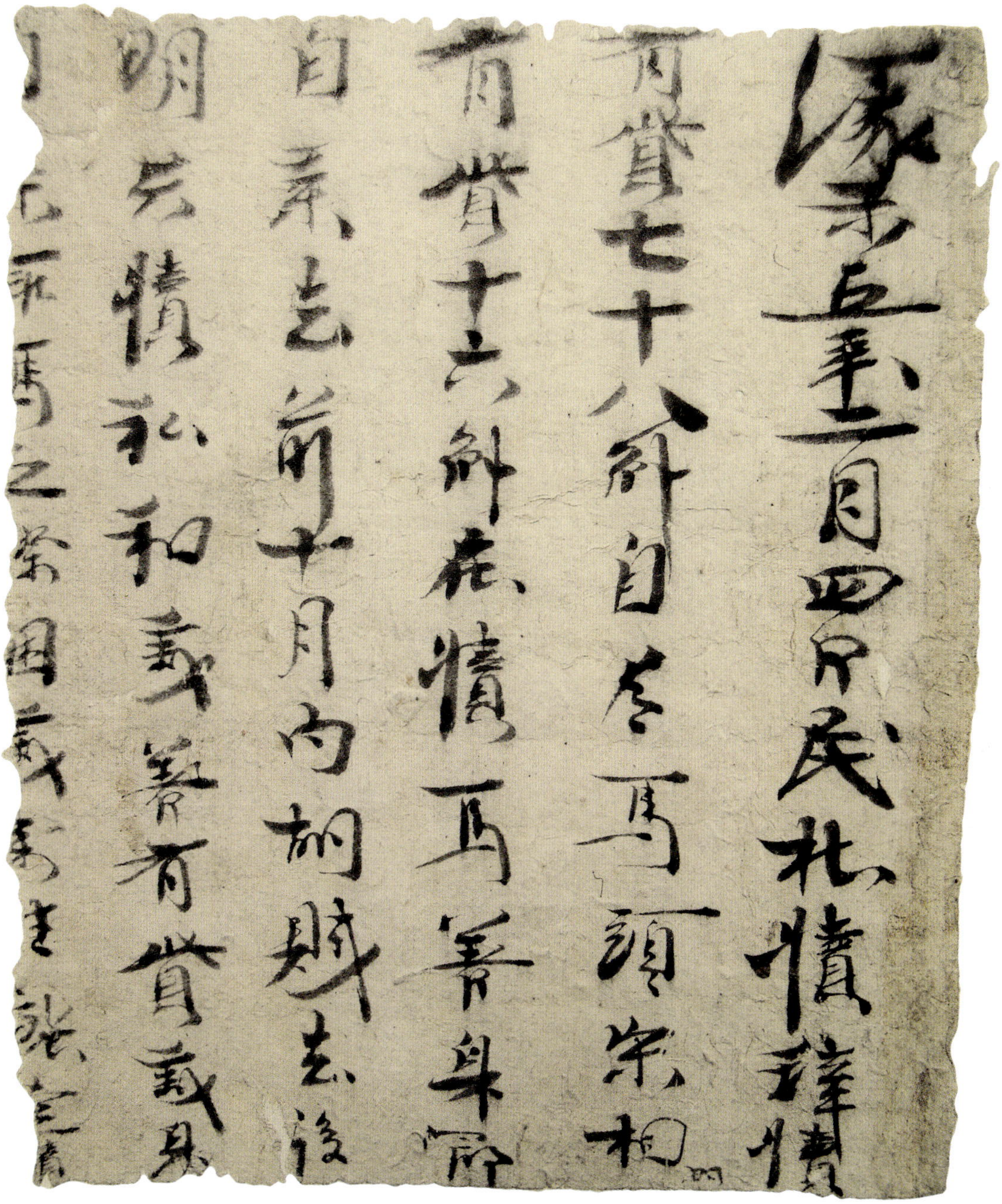

北凉緣禾五年民杜犢辭

北凉寫本

1979年出土於吐魯番阿斯塔納古墓，爲馬頭杜犢養馬的呈辭。文書使用北凉沮渠氏政權年號，是研究當時民間社會經濟的重要史料。

吐魯番博物館藏　名録09914

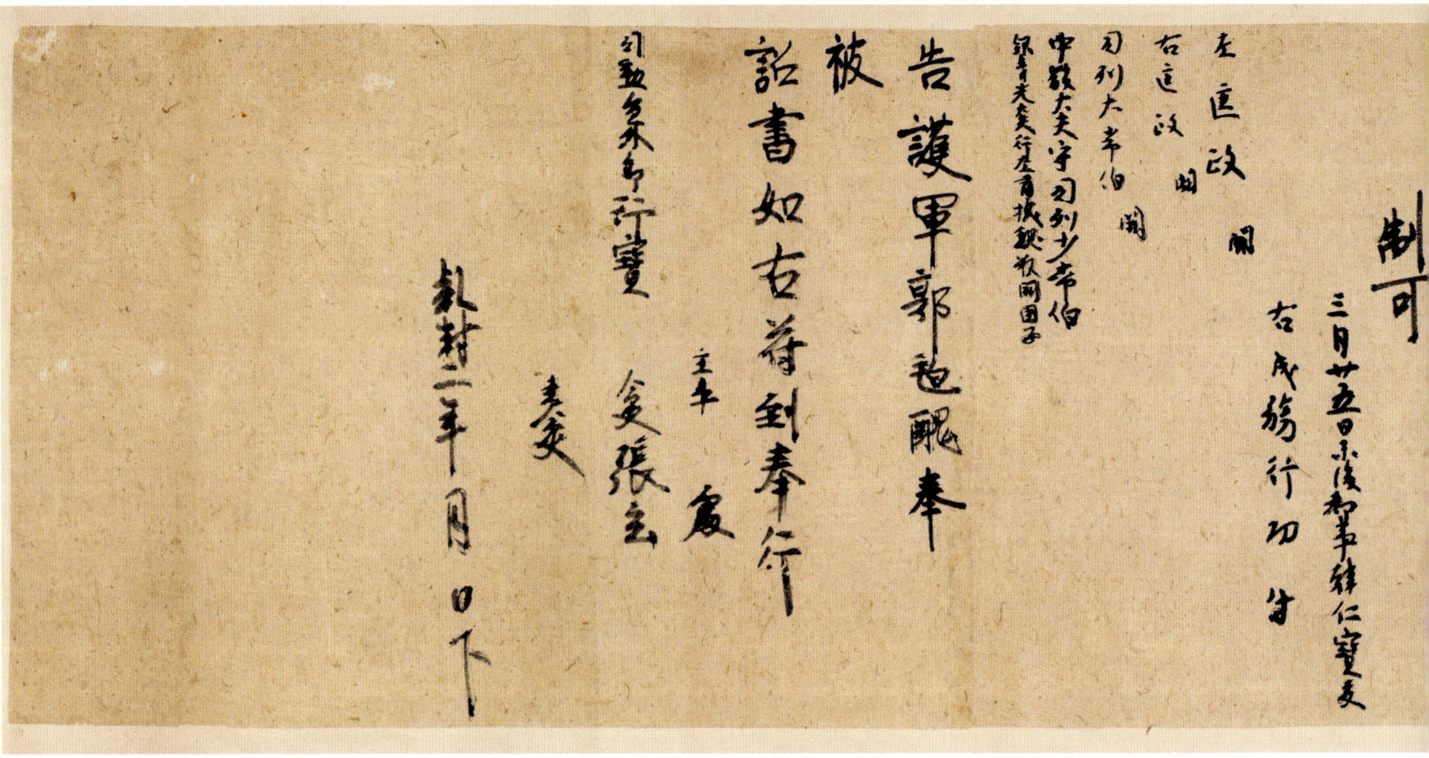
制可
告護軍郭毡醜奉
被
詔書如右符到奉行
乾封二年 月 日下

郭毡醜勛告身

唐寫本

1965年吐魯番阿斯塔那古墓考古發掘所得，存墨書35行，記錄了郭毡醜的戰功，是唐乾封二年（667）官方頒佈勛告的鈔本。

吐魯番博物館藏 名錄09913

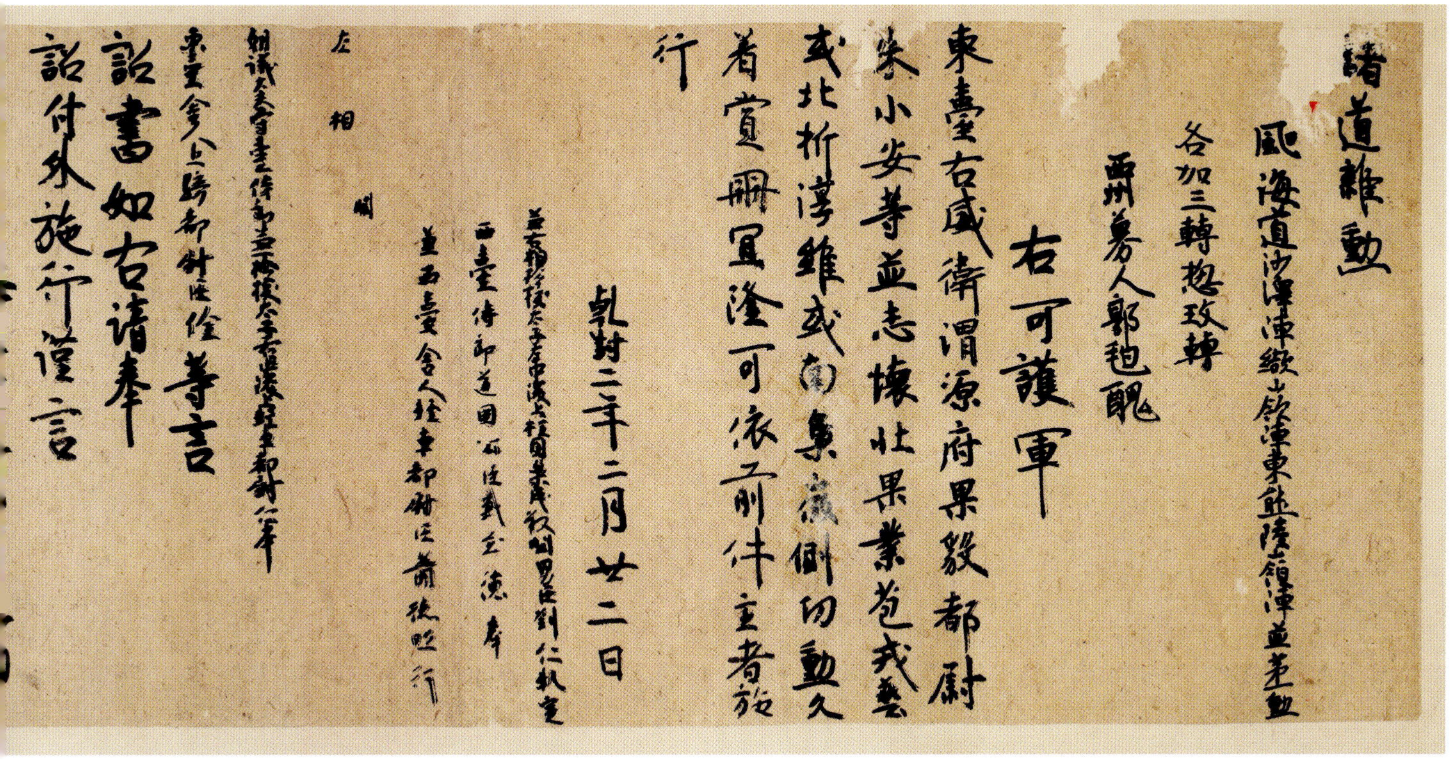

諸道雜勳
臨海道沙津津鎮山鈐津東臨陵山嶺津並準勳
各加三轉總玖轉
西州募人郭毡醜
右可護軍
東臺右威衛渭源府果毅都尉
㮚小安等並志懷壯果業苞戎藝
或北折淳維或南集瀛側功勳久
着賞册冝隆可依前件主者施
行
乾封二年二月廿二日
兼右相檢校太子左中護上柱國樂城縣開國男臣劉仁軌宣
西臺侍郎道國公臣戴至德奉
兼西臺舍人輕車都尉臣蕭德昭行
左相　闕
朝議大夫守東臺侍郎上柱國兼檢校太子右中護臣郝處俊
東臺舍人上騎都尉臣詮　等言
詔書如右請奉
詔付外施行謹言

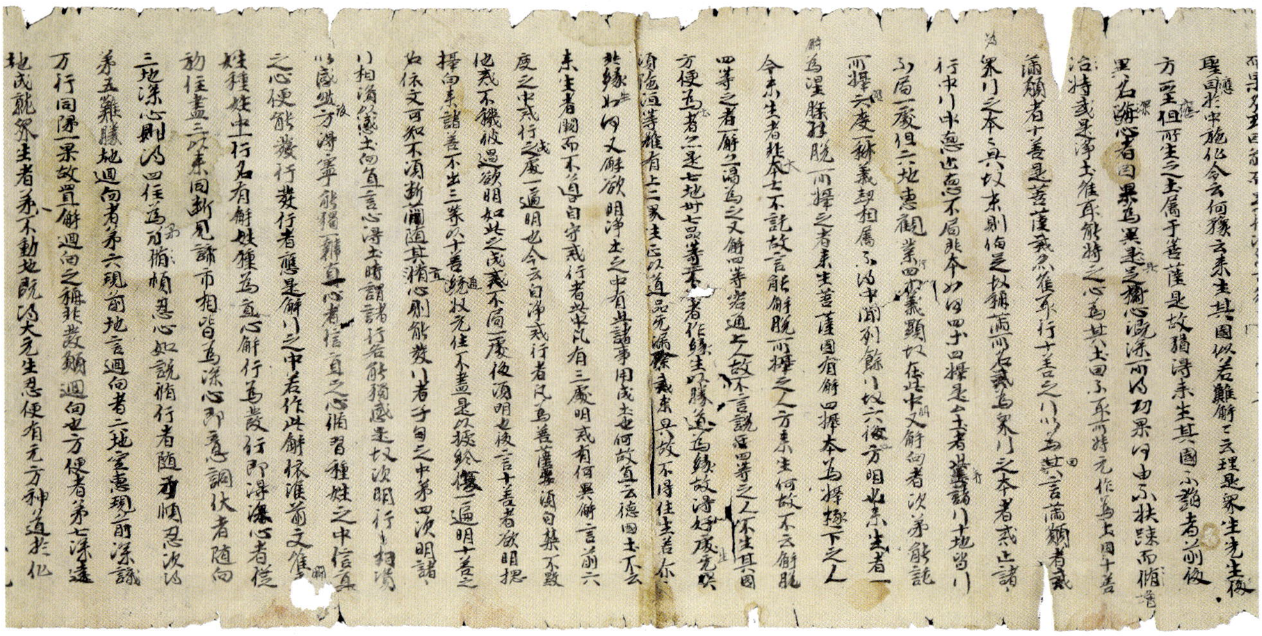

維摩詰經疏

南北朝寫本

鳩摩羅什所譯《維摩詰所説經》流傳最廣，此爲第一至第三品經文的疏釋，歷代大藏經未收，有重要文獻價值。

國家圖書館藏　名録09900

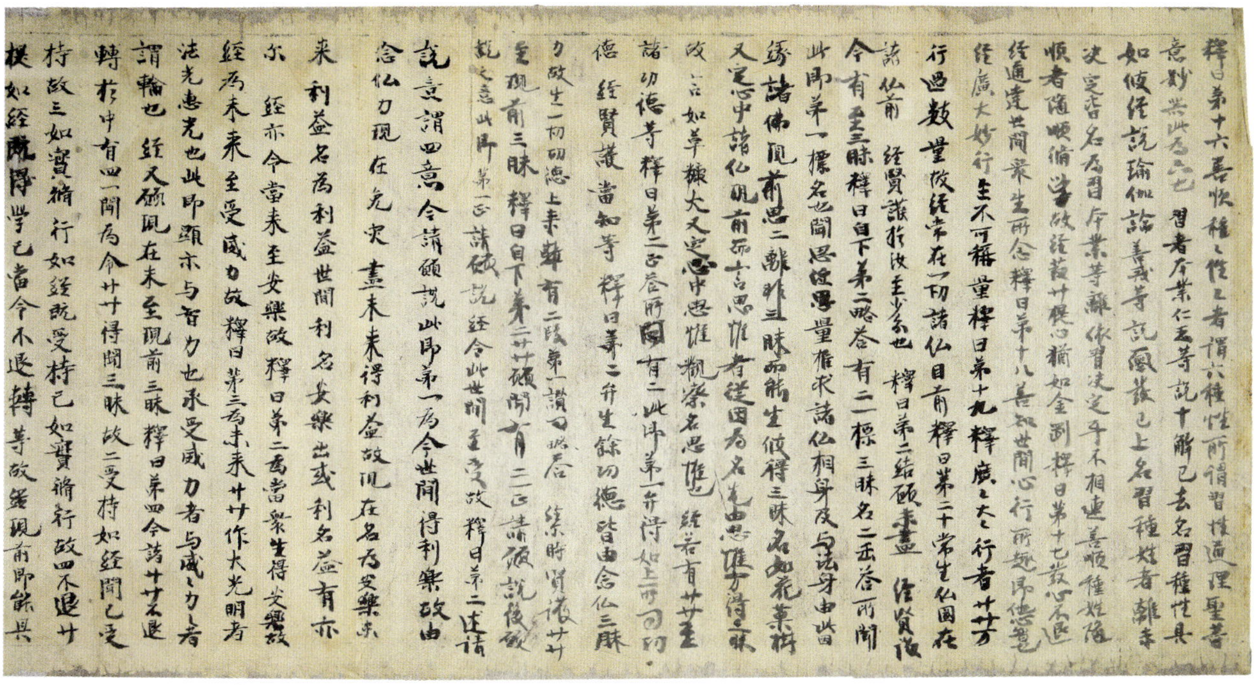

大方等大集經賢護分疏

唐寫本

對《大方等大集經賢護分》依經文逐句疏釋，歷代大藏經未收，有重要的文獻價值。

國家圖書館藏　名錄09899

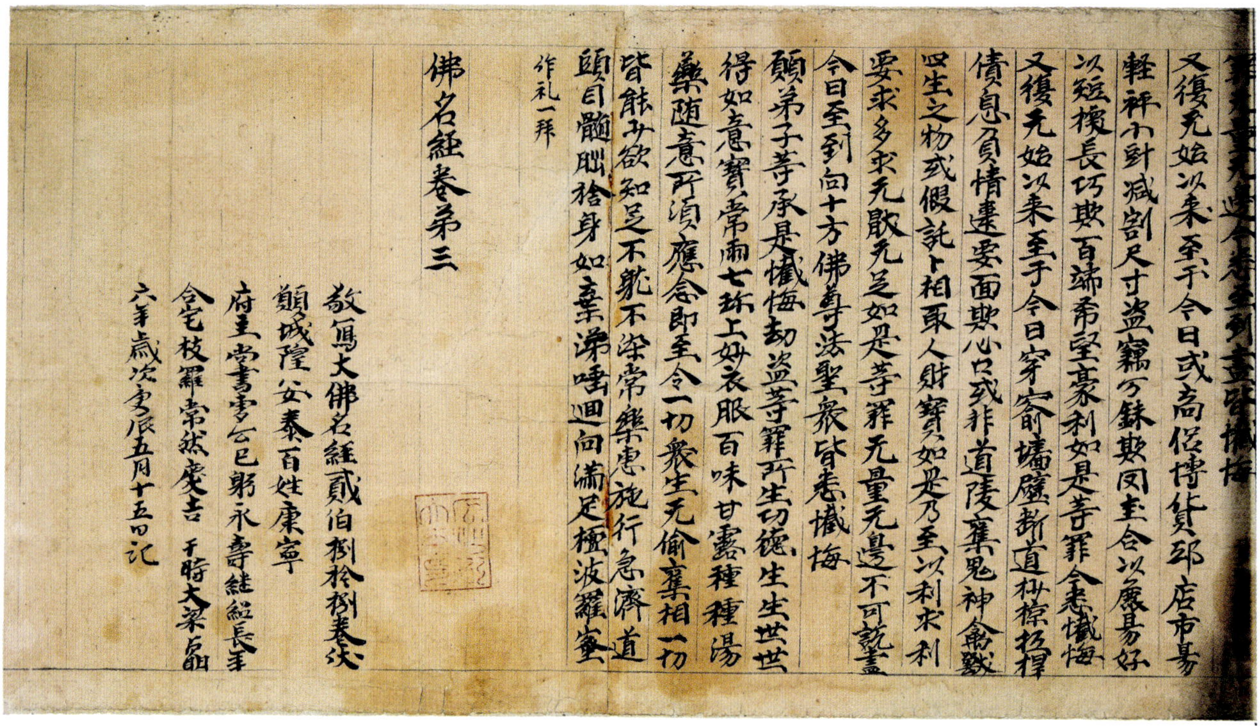

[illegible]皆懺悔
又復無始以來至于今日或高估博貨邸店市易
輕秤小斗減割尺寸盜竊分銖欺罔圭合以麤易好
以短換長巧欺百端希望豪利如是等罪今悉懺悔
又復無始以來至于今日穿窬墻壁斷道抄掠抵捍
債息負情違要面欺心口或非道陵奪鬼神禽獸
四生之物或假託卜相取人財寶如是乃至以利求利
要求多求無厭無足如是等罪無量無邊不可說盡
今日至到向十方佛尊法聖眾皆悉懺悔
願弟子等承是懺悔劫盜等罪所生功德生生世世
得如意寶常雨七珍上妙衣服百味甘露種種湯
藥隨意所須應念即至令一切眾生無偷奪相一切
皆能少欲知足不耽不染常樂惠施行急濟道
頭目髓腦捨身如棄涕唾迴向滿足檀波羅蜜
作礼一拜
佛名經卷第三
敬寫大佛名經貳佰捌拾捌卷伏
願城隍安泰百姓康寧
府主尚書曹公己躬永壽繼紹長年
合宅枝羅常然慶吉 于時大梁貞明
六年歲次庚辰五月十五日記

佛名經十六卷

後梁貞明六年（920）寫本　存一卷（三）

此爲《佛名經》在晚唐五代民間廣泛流傳的實證，卷尾題記對研究歸義軍歷史有重要價值。

國家圖書館藏 名錄09893

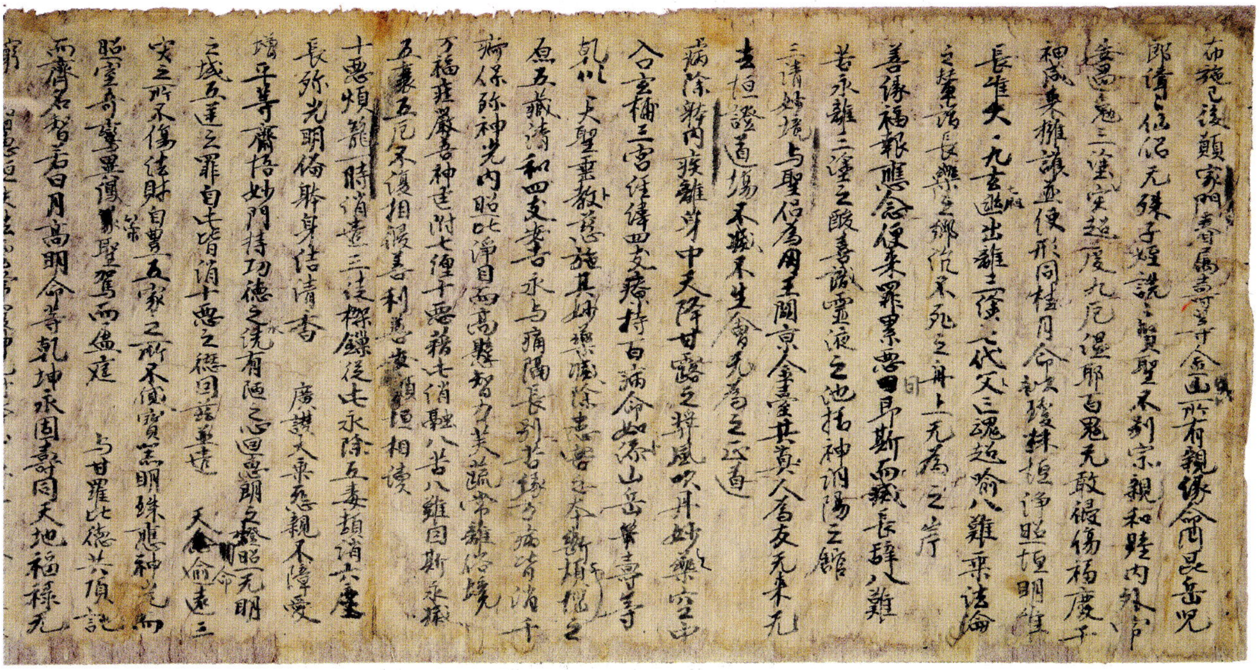

道教布施發願講經文

唐寫本

前爲道教布施發願文，後爲道場通俗講經文。文字通俗，是研究當時道教活動的珍貴資料。

國家圖書館藏　名錄09911

善本古籍

雕版印刷術在宋代得到廣泛應用，此後歷代均有創新發展，先後出現活字、彩色套印和餖版拱花等印刷技術，極大地促進了書籍的傳播和生産。雕版印刷流行之後，鈔本與刻本並行不廢，其中不乏精品。

本部分展品主要是宋、元、明、清四朝的刻本和稿本、鈔本。宋元刻本作爲早期印刷品，傳世不多，具有重要的文物價值。鈔稿本中有明毛氏汲古閣精鈔本、清乾隆文溯閣《四庫全書》鈔本及衆多名家鈔校題跋本，還有彩鈔、彩繪本以及清代著名小説家蒲松齡的手稿本等，種類豐富。這些書籍不僅寫刻精緻、校勘精審，而且多經名家遞藏，更增文化内涵。

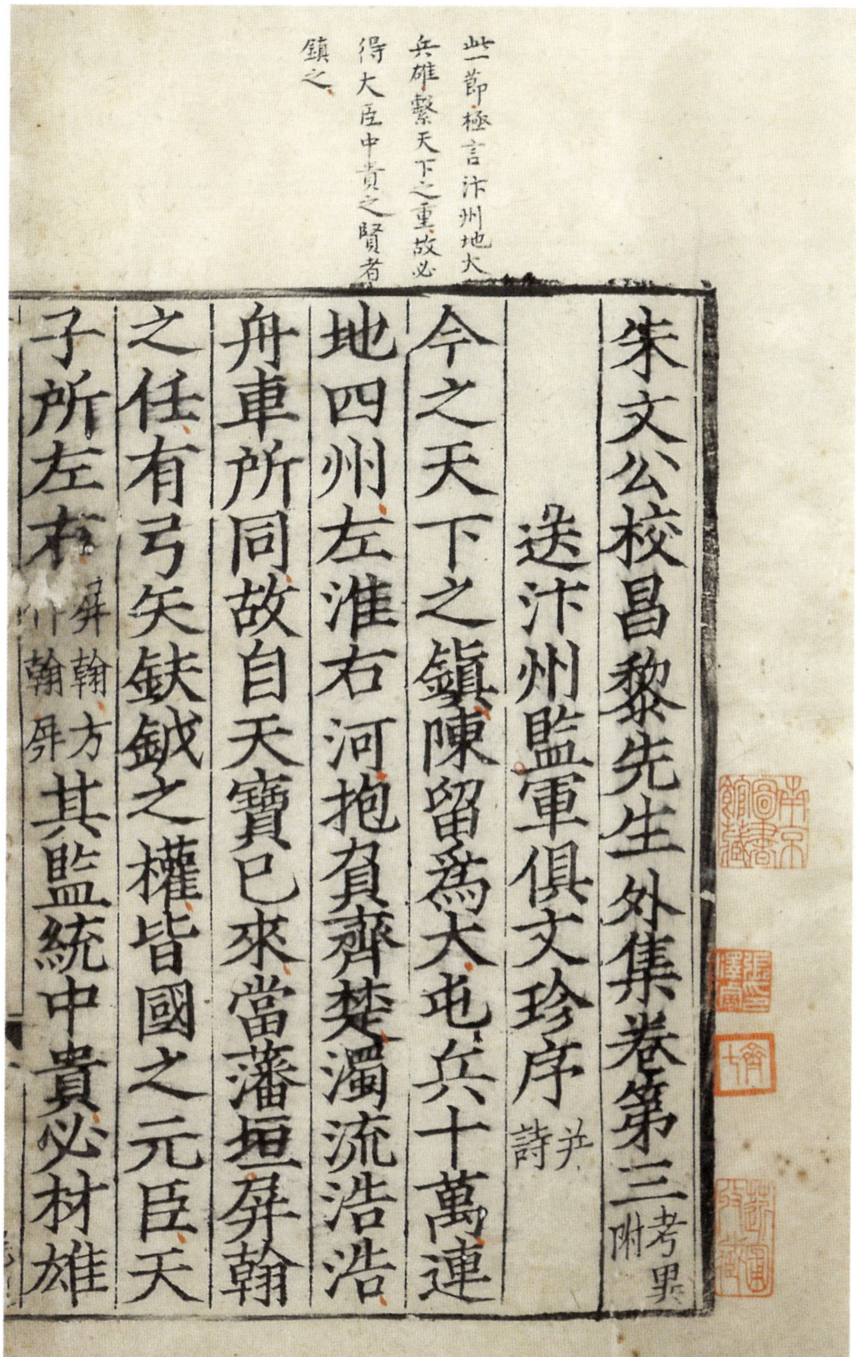

此一節極言汴州地大兵雄繫天下之重故必得大臣中貴之賢者鎮之

朱文公校昌黎先生外集卷第三 附考異

送汴州監軍俱文珍序 并詩

今之天下之鎮陳留爲大屯兵十萬連地四州左淮右河抱負齊楚濁流浩浩舟車所同故自天寶已來當藩垣屛翰之任有弓矢鈇鉞之權皆國之元臣天子所左右 屛翰方作翰屛 其監統中貴必材雄

朱文公校昌黎先生集四十卷外集十卷　（唐）韓愈撰　（宋）朱熹考異

宋紹定六年（1233）臨江軍學刻本　存二卷（外集三至四）

南宋江西刻大字本，屬朱熹校昌黎先生集之佳本。張乃熊舊藏。

南京圖書館藏　名錄09981

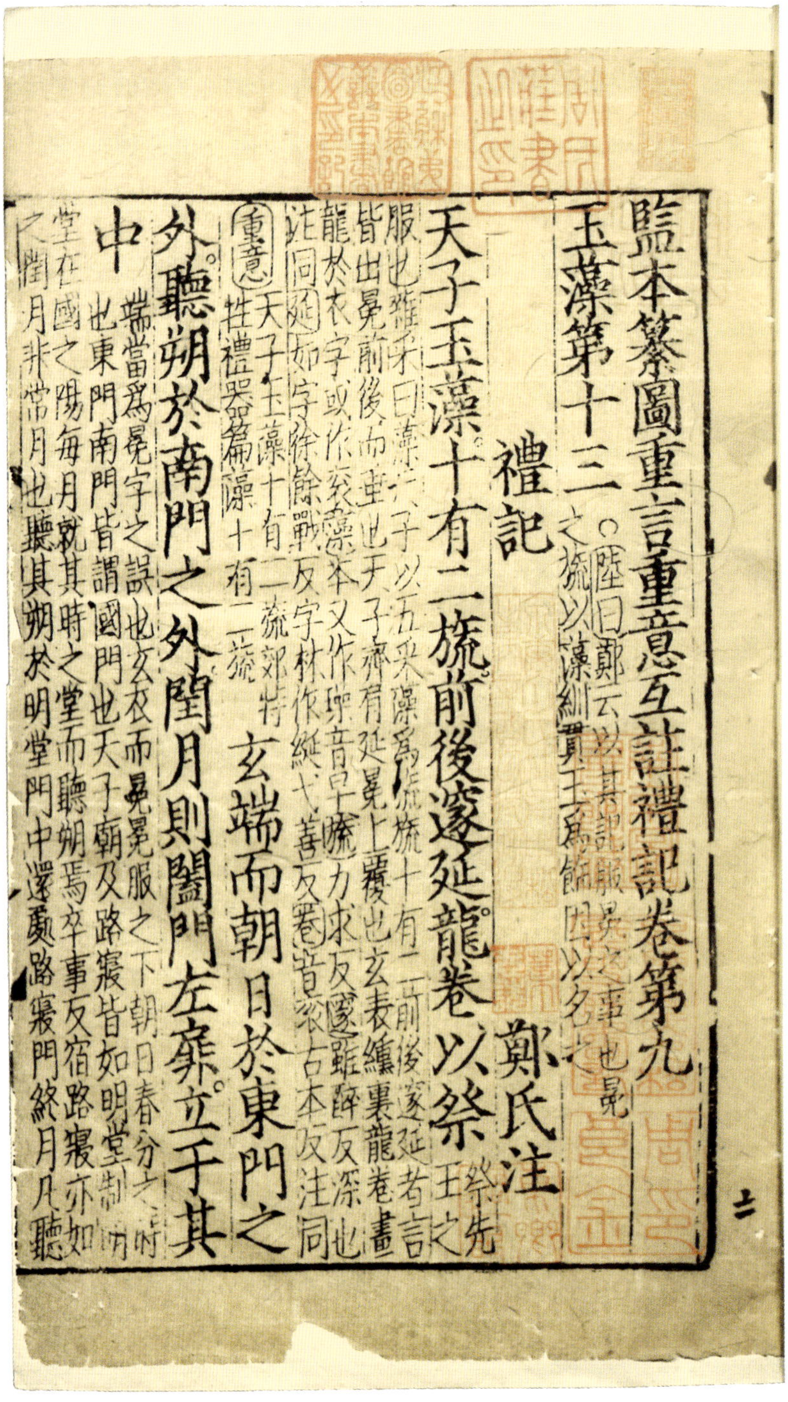

監本纂圖重言重意互註禮記卷第九

玉藻第十三 ○陸曰鄭云以其記服冕之事也冕之旒以藻紉貫玉爲飾因以名之

禮記 鄭氏注

天子玉藻十有二旒前後邃延龍卷以祭 祭先王之服也雜采曰藻天子以五采藻爲旒旒十有二前後邃延者言皆出冕前後而垂也天子齊肩延冕上覆也玄表纁裏龍卷畫龍於衣字或作袞藻本又作璪音早旒力求反邃雖醉反深也延同綖如字徐餘戰反字林作綖弋善反卷音袞古本反注同

重意 天子玉藻十有二旒郊特牲禮器篇藻十有二旒

玄端而朝日於東門之外聽朔於南門之外閏月則闔門左扉立于其中 端當爲冕字之誤也玄衣而冕冕服之下朝日春分之時也東門南門皆謂國門也天子廟及路寢皆如明堂制明堂在國之陽每月就其時之堂而聽朔焉卒事反宿路寢亦如之閏月非常月也聽其朔於明堂門中還處路寢門終月凡聽

監本纂圖重言重意互注禮記二十卷　（漢）鄭玄注　（唐）陸德明音義

宋刻本　存二卷（九至十）　丁丙跋　佚名校

此本與存世監本纂圖重言重意互注本《毛詩》、《尚書》行款相同，皆福建書坊所刻，爲當時士子帖括之書，流傳稀少。明周良金舊藏。

南京圖書館藏 名錄09921

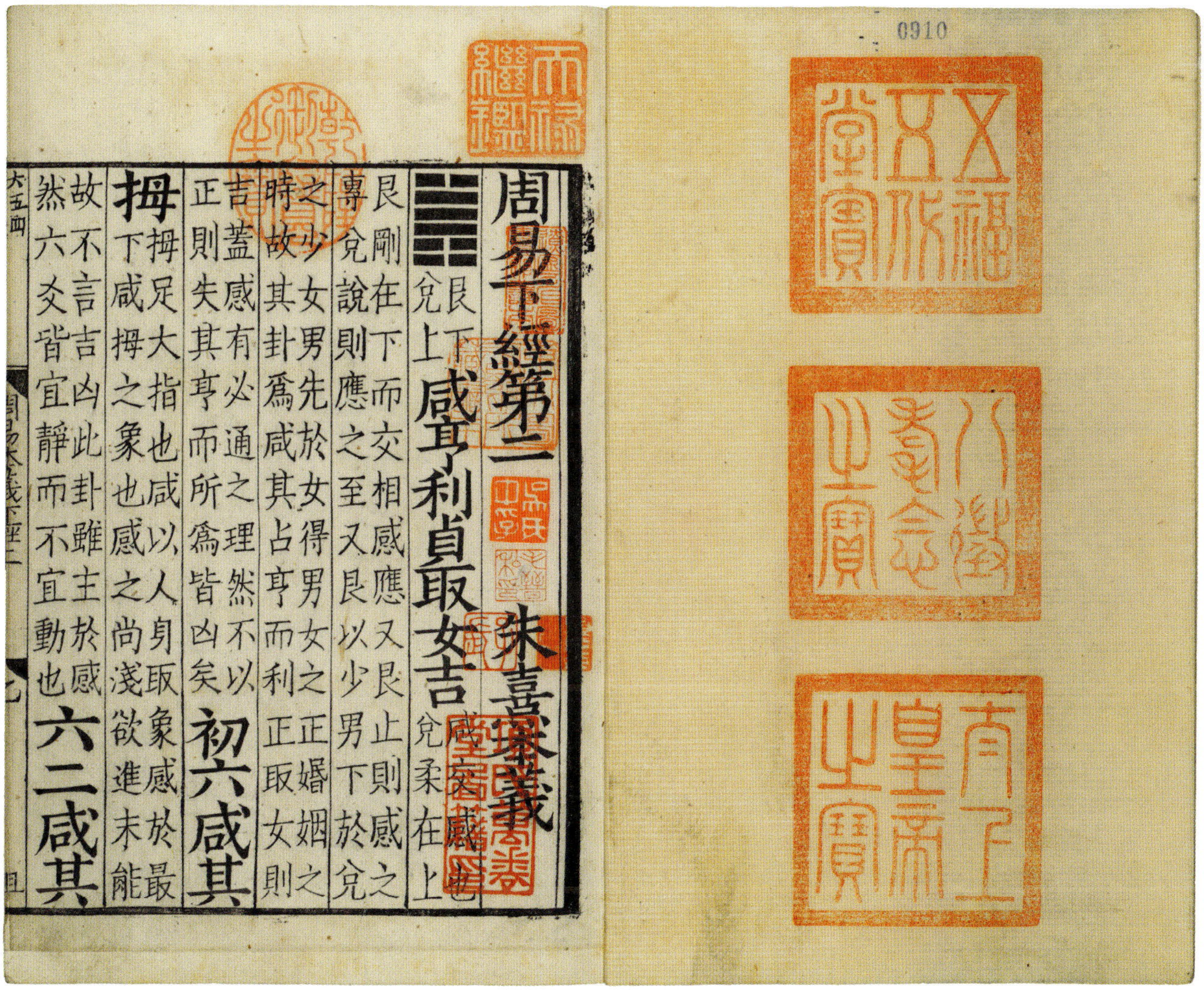

周易本義十二卷五贊一卷筮儀一卷　（宋）朱熹撰

宋刻本　存一卷（下經）

浙刻七行本，字體端莊疏朗。清宮天禄琳琅舊藏。

遼寧省圖書館藏 名錄09916

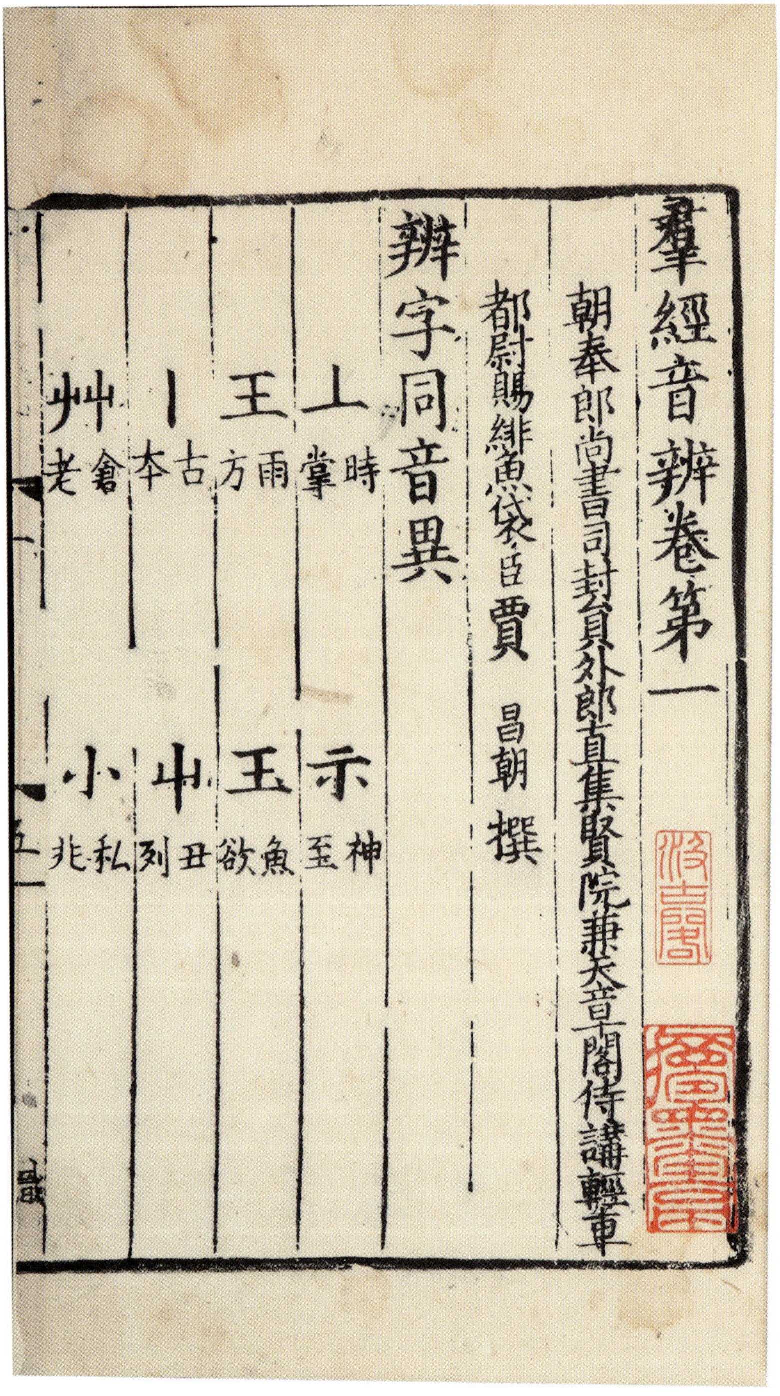

羣經音辨卷第一

朝奉郎尚書司封員外郎直集賢院兼天章閣侍講輕車

都尉賜緋魚袋臣賈　昌朝撰

辨字同音異

丄時掌　示神至

王雨方　玉魚欲

丨古本　屮丑列

艸倉老　小私兆

群經音辨七卷　（宋）賈昌朝撰

宋紹興十二年（1142）汀州寧化縣學刻本

紙墨精美，宋刻上乘，宣綾包角藏經箋，爲毛氏汲古閣舊裝。後入藏清宮天禄琳琅。

國家圖書館藏　名錄09936

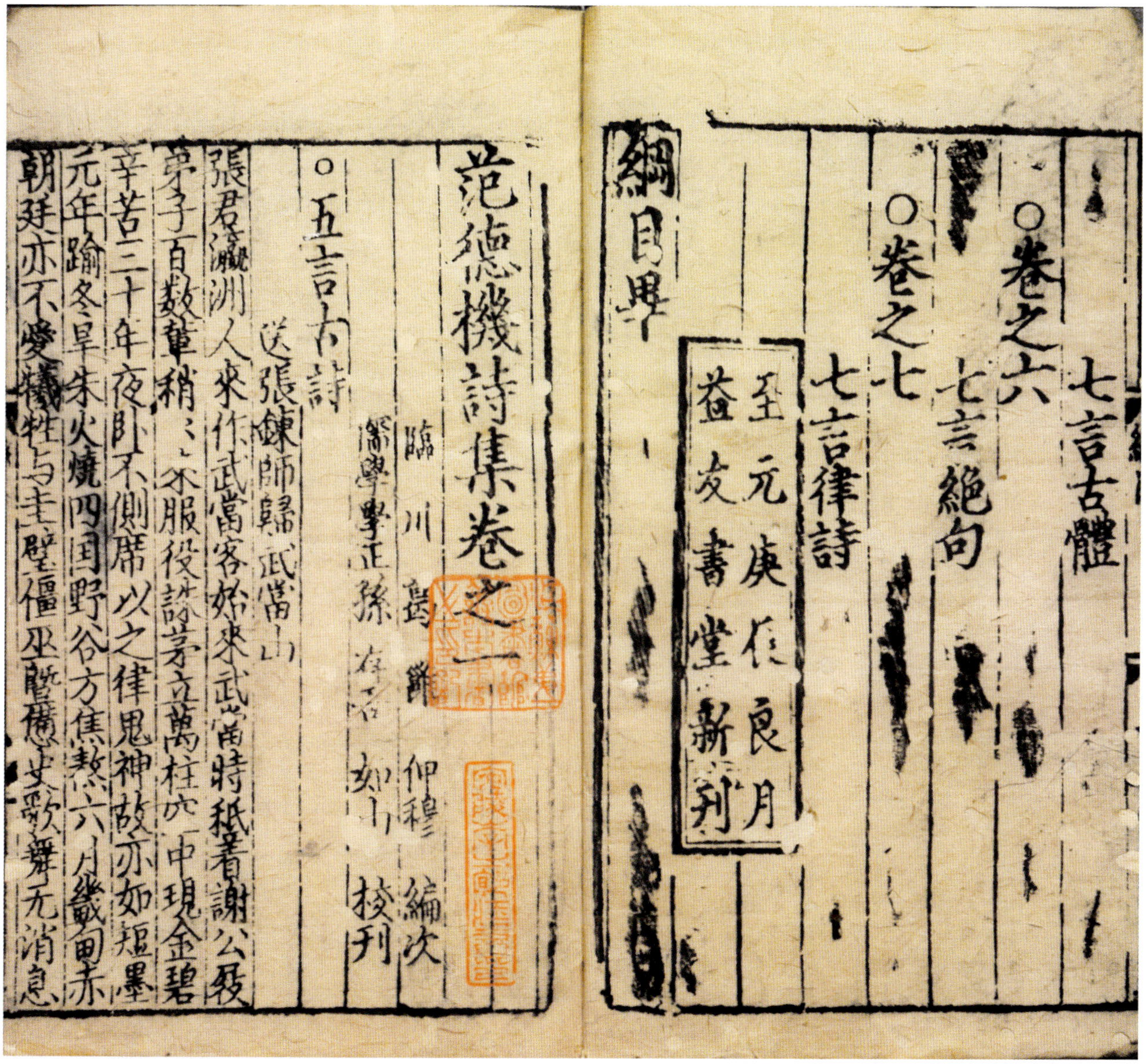

范德機詩集七卷　（元）范梈撰

元後至元六年（1340）益友書堂刻本　丁丙跋

范梈爲“元詩四大家”之一。詩風豪放超邁，好爲歌行古體，五律學杜甫，沉鬱凝煉。此書乃范梈詩作的彙編本。清怡親王府舊藏，後歸丁氏八千卷樓。

南京圖書館藏　名錄09989

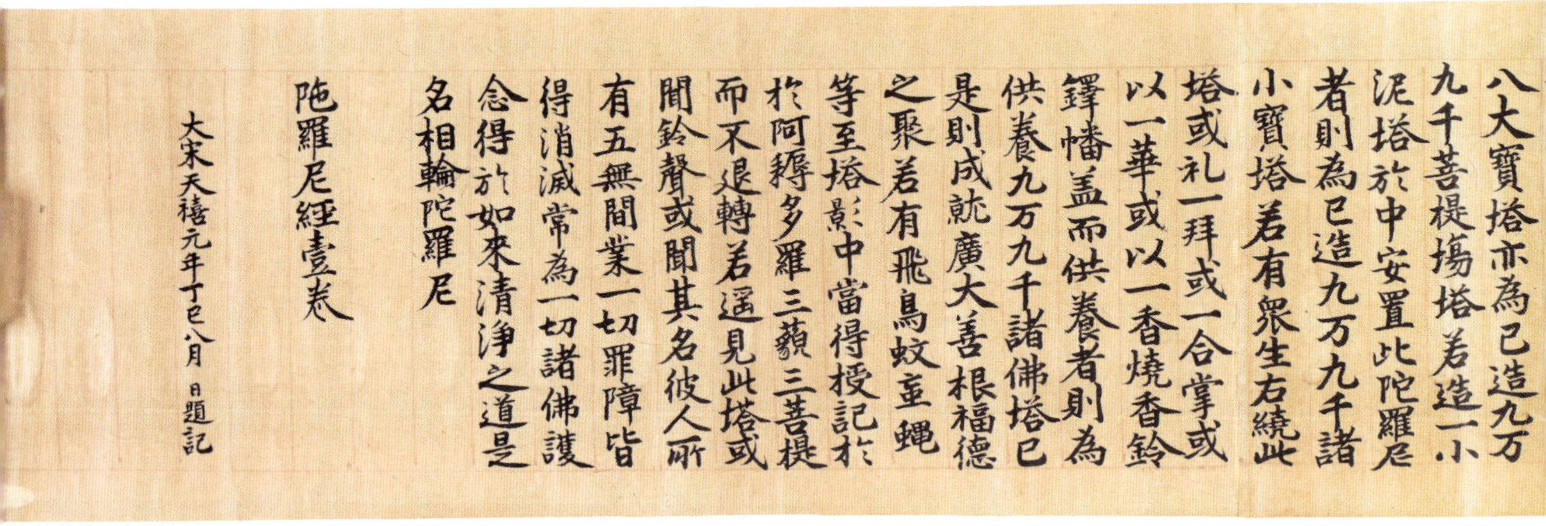
八大寶塔亦為已造九万
九千菩提場塔若造一小
泥塔於中安置此陀羅尼
者則為已造九万九千諸
小寶塔若有衆生右繞此
塔或礼一拜或一合掌或
以一華或以一香燒香鈴
鐸幡蓋而供養者則為
供養九万九千諸佛塔已
是則成就廣大善根福德
之聚若有飛鳥蚊虻蝇
等至塔影中當得授記於
於阿耨多羅三藐三菩提
而不退轉若遥見此塔或
聞鈴聲或聞其名彼人所
有五無間業一切罪障皆
得消滅常為一切諸佛護
念得於如來清淨之道是
名相輪陀羅尼
陀羅尼經壹巻
大宋天禧元年丁巳八月　日題記

佛説相輪陀羅尼

北宋天禧元年（1017）寫本

出自蘇州瑞光塔，存105件，卷後有發願題記“佛弟子某某書寫此經，舍入瑞光寶塔永充供養”字樣。北宋典籍存世很少，有年款者尤罕，此爲北宋初年寫本，更可寶貴。

蘇州博物館藏　名錄09975

無垢淨光經造㙮相輪陀羅尼
佛言善男子今為汝說陀
羅尼法即說呪曰
唵一引 薩婆怛他揭多毗
補羅弍移熱反下同 瑟檄竹几反下同二 末
尼羯諾迦冬佉反 曷喇祈哆三
毗菩瑟哆弍瑟檄四杜嚕
杜嚕五 三曼哆毗嚕吉
帝六 薩囉薩囉播跛輸達
尼七 菩達尼三菩達尼八
鉢囉上伐囉上 瑟檄伐囇九
末尼脫誓十 鶻嚕止囉上
末羅毗太第十一 吽引 吽
牛鳴音合口 薩訶
善男子應當如法書寫
此呪九十九本於相輪
幢四周安置又寫此呪及
功能法於幢相心竅覆
安匭如是作已則為建立
九萬九千相輪幢已亦為
安置九万九千佛舍利已
亦為已造九万九千佛舍

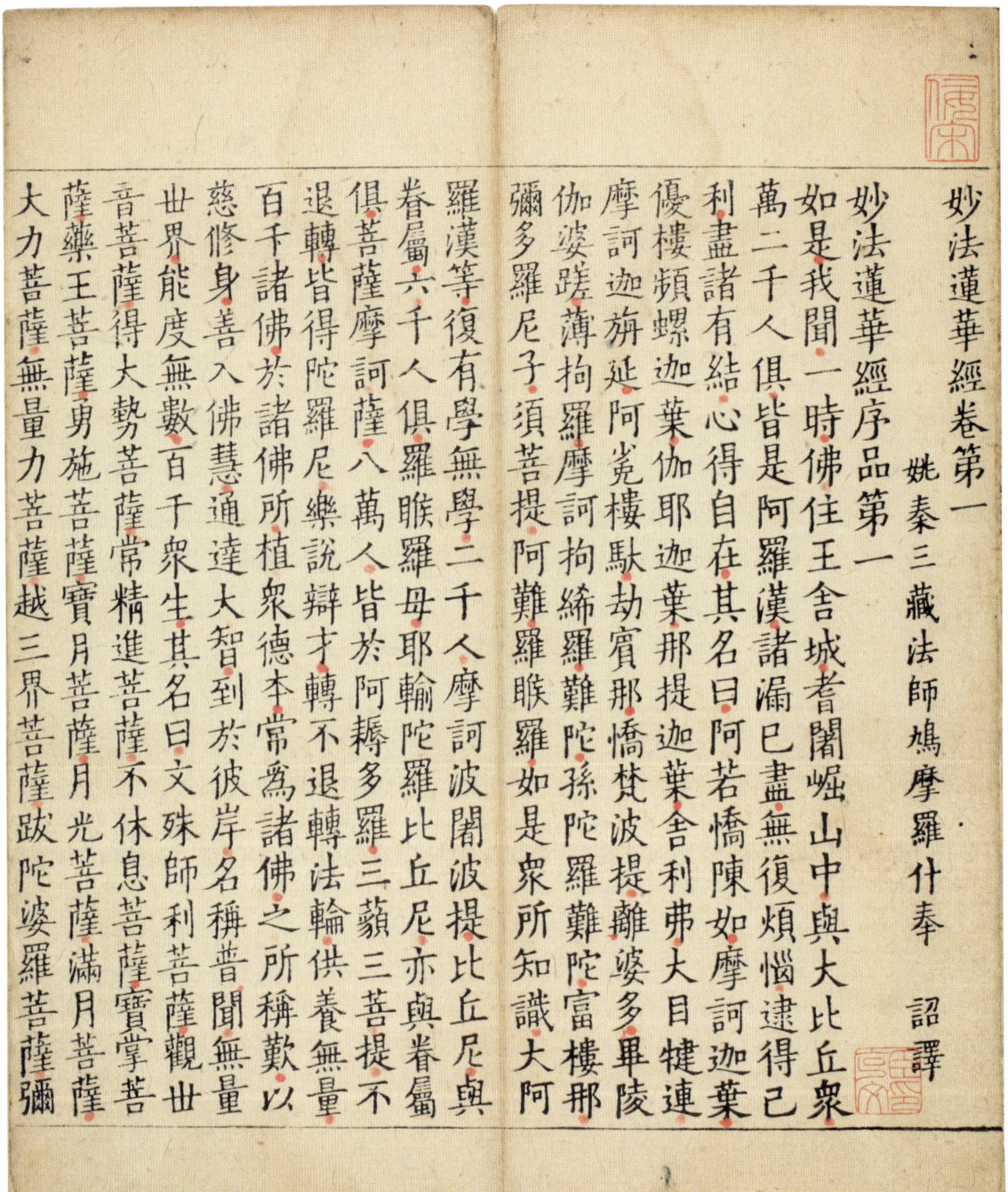

妙法蓮華經卷第一
姚秦三藏法師鳩摩羅什奉　詔譯
妙法蓮華經序品第一
如是我聞一時佛住王舍城耆闍崛山中與大比丘衆
萬二千人俱皆是阿羅漢諸漏已盡無復煩惱逮得己
利盡諸有結心得自在其名曰阿若憍陳如摩訶迦葉
優樓頻螺迦葉伽耶迦葉那提迦葉舍利弗大目揵連
摩訶迦旃延阿㝹樓馱劫賓那憍梵波提離婆多畢陵
伽婆蹉薄拘羅摩訶拘絺羅難陀孫陀羅難陀富樓那
彌多羅尼子須菩提阿難羅睺羅如是衆所知識大阿
羅漢等復有學無學二千人摩訶波闍波提比丘尼與
眷屬六千人俱羅睺羅母耶輸陀羅比丘尼亦與眷屬
俱菩薩摩訶薩八萬人皆於阿耨多羅三藐三菩提不
退轉皆得陀羅尼樂說辯才轉不退轉法輪供養無量
百千諸佛於諸佛所植衆德本常爲諸佛之所稱歎以
慈修身善入佛慧通達大智到於彼岸名稱普聞無量
世界能度無數百千衆生其名曰文殊師利菩薩觀世
音菩薩得大勢菩薩常精進菩薩不休息菩薩寶掌菩
薩藥王菩薩勇施菩薩寶月菩薩月光菩薩滿月菩薩
大力菩薩無量力菩薩越三界菩薩跋陀婆羅菩薩彌

妙法蓮華經七卷　（後秦）釋鳩摩羅什譯

宋刻本

宋刊巾箱本，手寫上板，書體清雋。袁克文舊藏。

國家圖書館藏　名錄09962

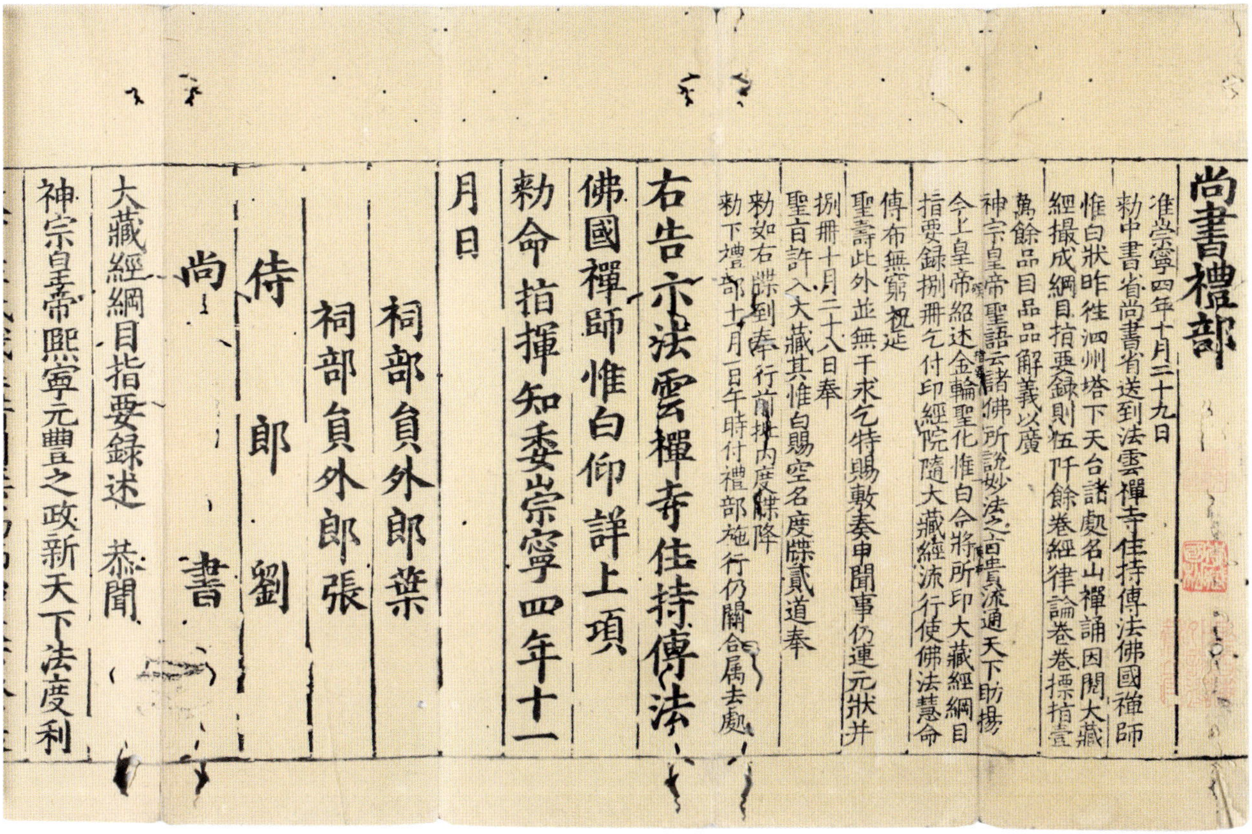
尚書禮部
准崇寧四年十月二十九日
勑中書省尚書省送到法雲禪寺住持傳法佛國禪師
惟白狀昨往泗州塔下天台諸處名山禪誦因閱大藏
經撮成綱目指要録則伍阡餘卷經律論卷卷標指壹
萬餘品目品品解義以廣
神宗皇帝聖語云諸佛所説妙法之旨貴流通天下助揚
今上皇帝紹述金輪聖化惟白今將所印大藏經綱目
指要録捌冊乞付印經院隨大藏經流行使佛法慧命
傳布無窮祝延
聖壽此外並無干求乞特賜敷奏申聞事仍連元狀并
捌冊十月二十八日奉
聖旨許入大藏其惟白賜空名度牒貳道奉
勑如右牒到奉行前批内度牒降
勑下禮部十一月一日午時付禮部施行仍關合屬去處
右告示法雲禪寺住持傳法
佛國禪師惟白仰詳上項
勑命指揮知委崇寧四年十一
月日
祠部員外郎葉
祠部員外郎張
侍郎劉
尚書
大藏經綱目指要録述 恭聞
神宗皇帝熙寧元豐之政新天下法度利

大藏經綱目指要錄八卷 （宋）釋惟白撰

宋刻本

此書成於北宋徽宗崇寧三年（1104），依《開元釋教錄·入藏錄》的分類和排列次序對各部經典做提要解説，在佛教界頗有影響。又名《大藏經指要錄》、《大藏綱目》、《綱目指要》。此爲最早版本，已入選《中華再造善本》。

國家圖書館藏 名錄09969

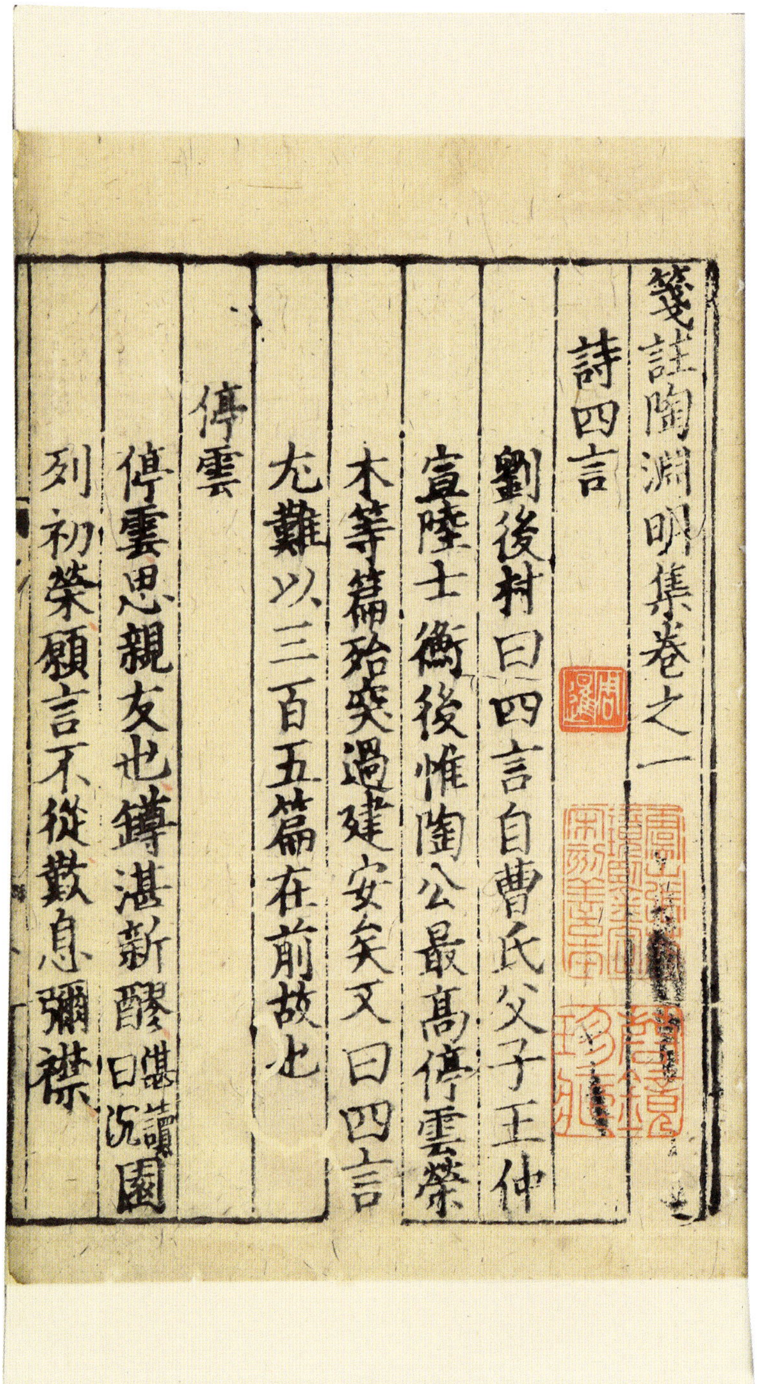
箋註陶淵明集卷之一

詩四言

劉後村曰四言自曹氏父子王仲宣陸士衡後惟陶公最高停雲榮木等篇殆突過建安矣又曰四言尤難以三百五篇在前故也

停雲

停雲思親友也罇湛新醪湛讀曰沉園列初榮願言不從歎息彌襟

箋注陶淵明集十卷　（晉）陶潛撰　（宋）湯漢等箋注　總論一卷　（宋）李公焕輯

元刻本（卷三至四抄配）　邵淵耀 宋康濟跋　傅增湘題款

收入陶淵明四言詩、五言詩、雜文、傳贊、疏祭文等作品，書中有朱藍筆圈點。清張蓉鏡、周叔弢等名家舊藏。

國家圖書館藏 名録09976

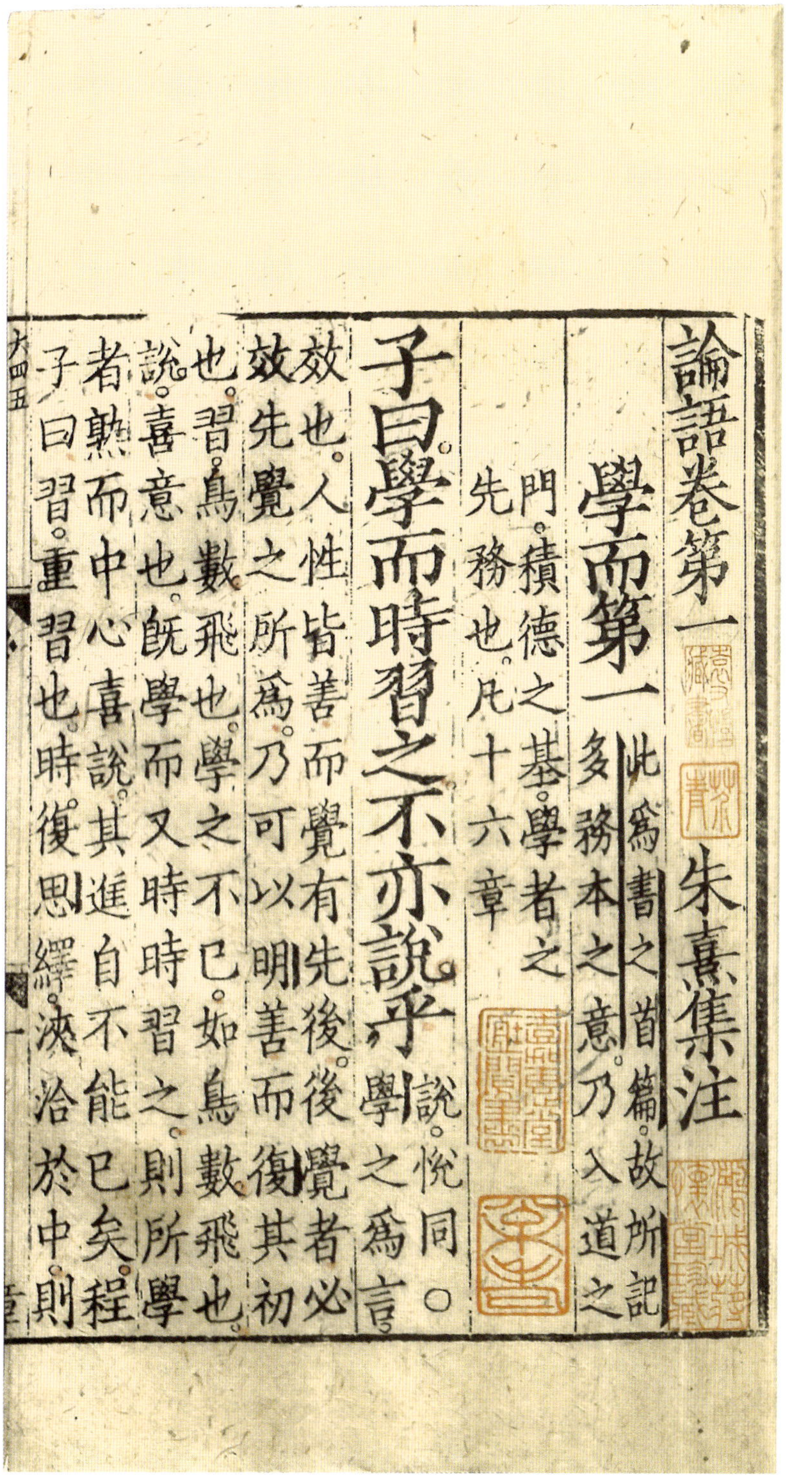

論語卷第一　朱熹集注

學而第一　此爲書之首篇故所記
多務本之意乃入道之
門積德之基學者之
先務也凡十六章

子曰學而時習之不亦說乎　說悅同○
學之爲言
效也人性皆善而覺有先後後覺者必
效先覺之所爲乃可以明善而復其初
也習鳥數飛也學之不已如鳥數飛也
說喜意也既學而又時時習之則所學
者熟而中心喜說其進自不能已矣程
子曰習重習也時復思繹浹洽於中則

四書章句集注二十八卷　（宋）朱熹撰

元刻本（孟子集注卷三至四配清咸豐九年鈔本）　蔣培澤　高望曾　丁丙跋

朱熹遍注群經，此書即其解經、講學著作之一。此本曾經明項篤壽父子，清袁廷檮、丁丙等收藏。

南京圖書館藏　名錄09935

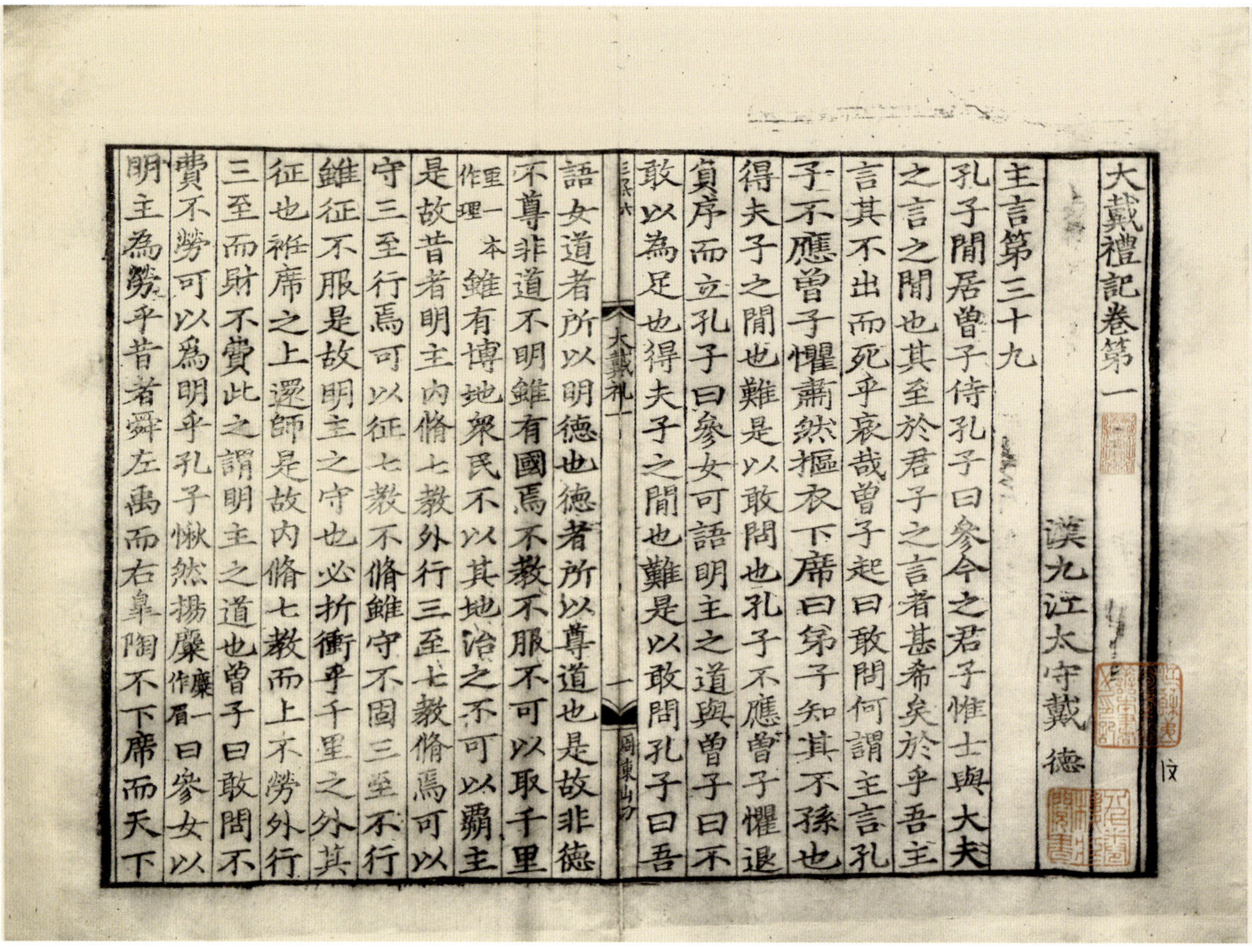

大戴禮記十三卷　（漢）戴德撰　（北周）盧辯注

元至正十四年（1354）嘉興路儒學刻本　丁丙跋

戴德、戴聖叔侄師從后蒼學《禮》，人稱“大戴”、“小戴”。大戴在后蒼《禮》基礎之上有所增益、調整充實。此書宋刻久佚，此爲傳世最早版本。明伊藩朱諟釪舊藏。

南京圖書館藏　名錄09924

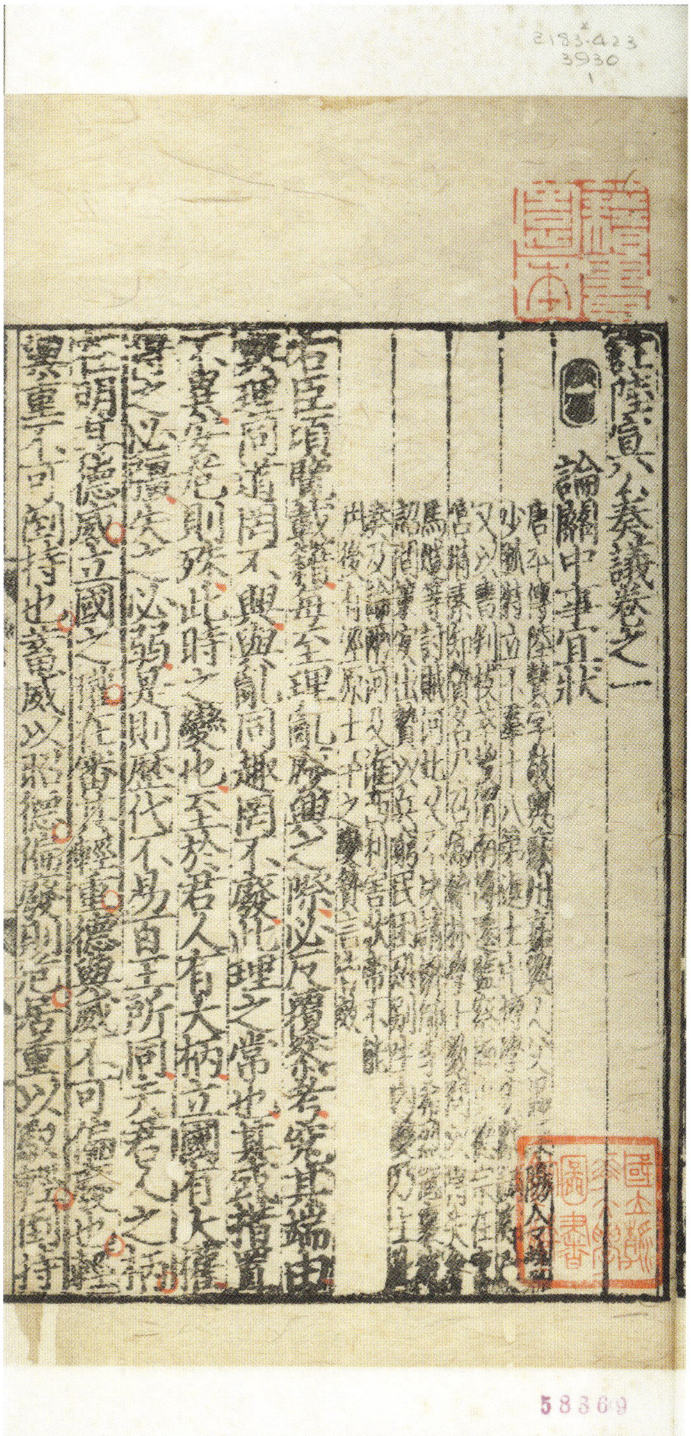

注陸宣公奏議十五卷　（唐）陸贄撰　（宋）郎曄注

元至正十四年（1354）劉氏翠巖精舍刻本

陸贄著述以奏議最爲懇切動人。此本爲傳世郎注最早的刻本。周永年藉書園舊藏。

清華大學圖書館藏　名錄09951

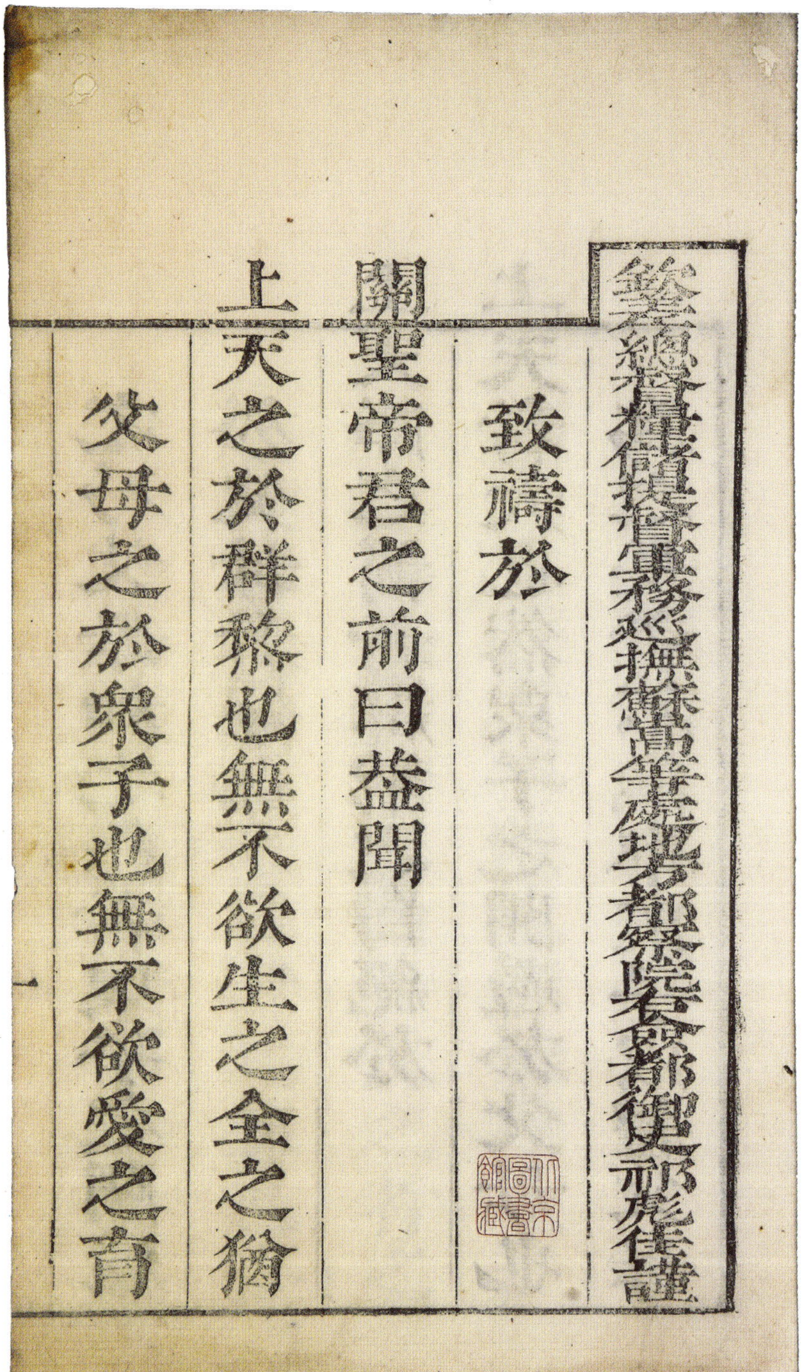

禱雨文一卷　（明）祁彪佳撰

明崇禎十七年（1644）蘇州府刻藍印本

祈雨是中國古代重要的祭祀活動，祈雨文多由文人學士、地方官員撰寫。雕版書籍在正式刷印之前以紅色或藍色試印，用以校正文字、察看墨色。此類印本爲新版初印，字畫清晰、刀法剔透，且印數少、流佈稀，洵可寶貴。

國家圖書館藏 名錄10833

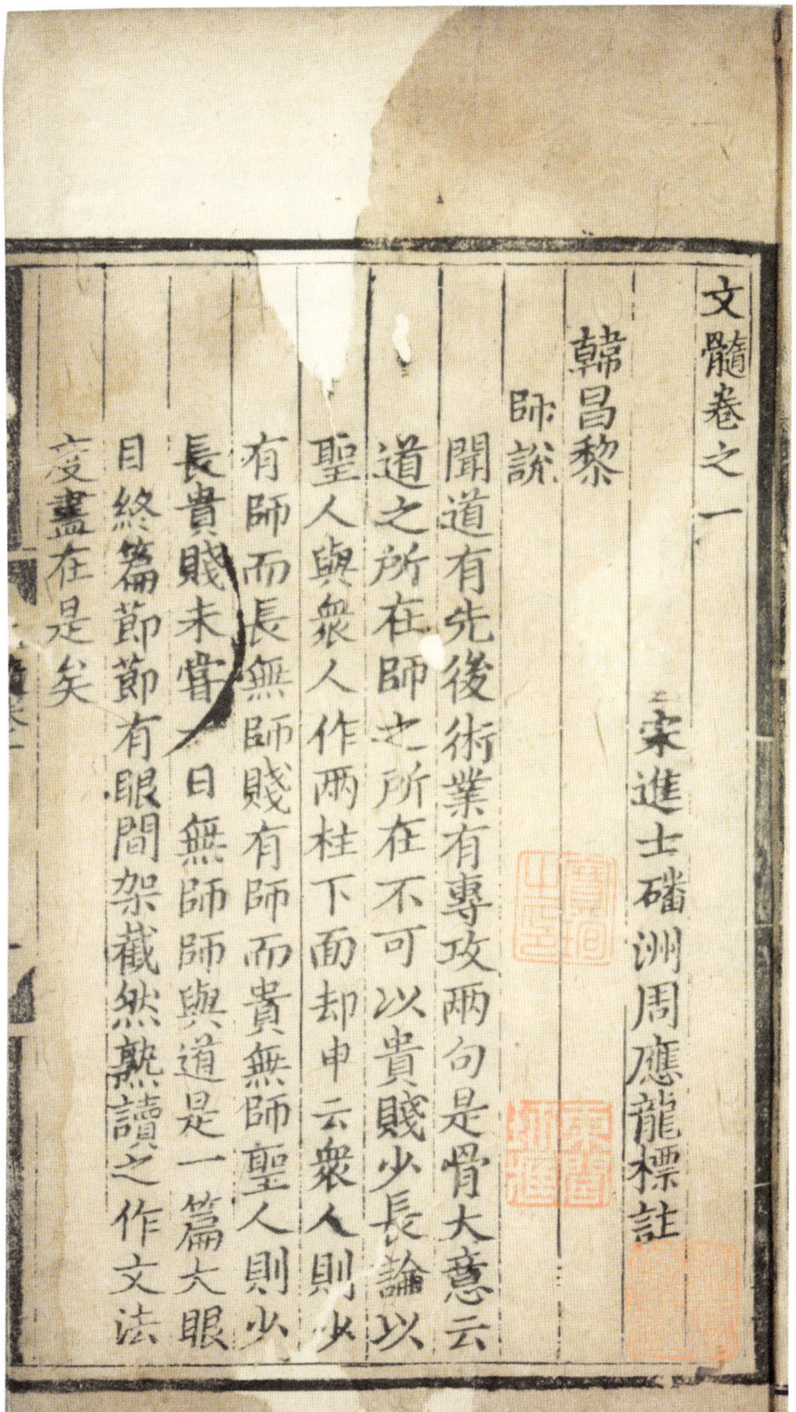
文髓卷之一
宋進士礎洲周應龍標註
韓昌黎
師説
聞道有先後術業有專攻兩句是骨大意云
道之所在師之所在不可以貴賤少長論以
聖人與衆人作兩柱下面却申云衆人則少
有師而長無師賤有師而貴無師聖人則少
長貴賤未嘗一日無師師與道是一篇大眼
目終篇節節有眼間架截然熟讀之作文法
度盡在是矣

文髓九卷附錄一卷　（宋）周應龍注

明宣德三年（1428）周岐鳳刻本

此書取韓、柳、歐、蘇四家文章之精粹，探其旨奥，詳加標注。

江西省圖書館藏　名錄10915

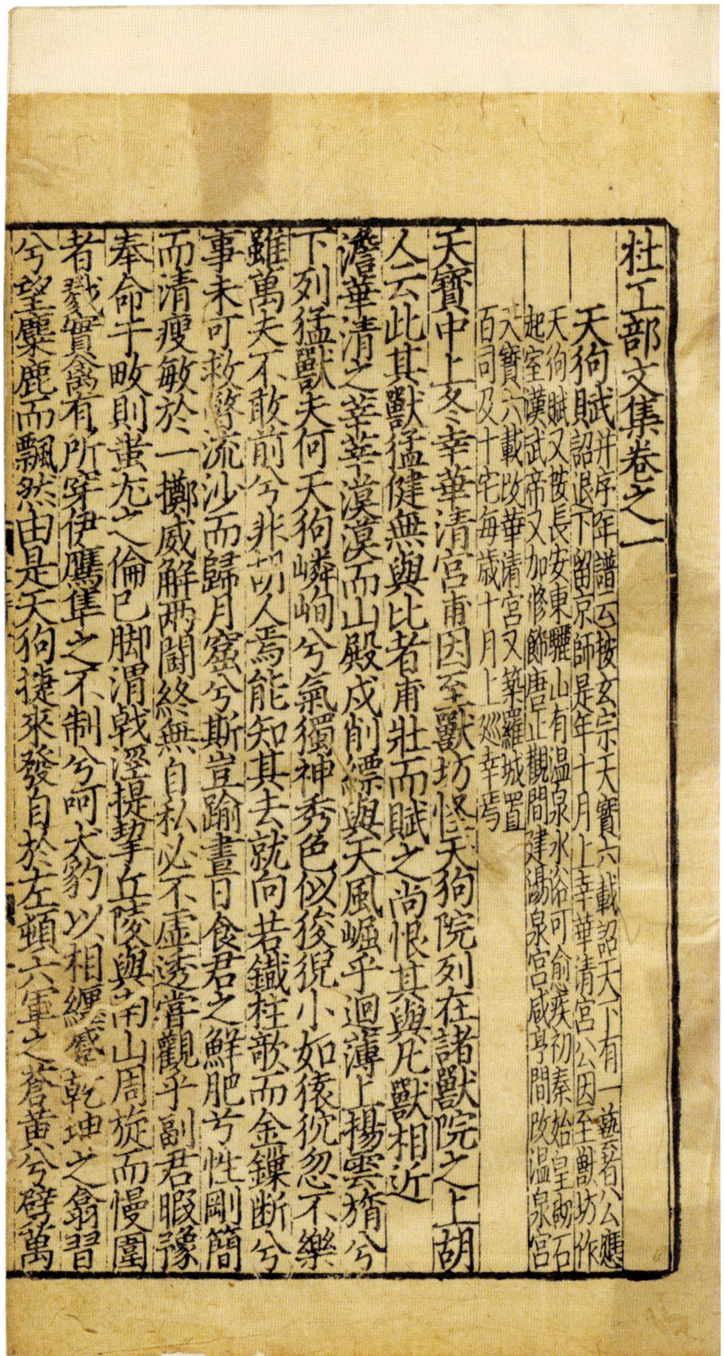

杜工部文集卷之一

天狗賦并序 年譜云按玄宗天寶六載詔天下有一藝者公應詔退下留京師是年十月上幸華清宮公因至獸坊作 天狗賦又按長安東驪山有溫泉水浴可愈疾初秦始皇砌石起室漢武帝又加修飾唐正觀間建湯泉宮咸亨間改溫泉宮天寶六載改華清宮又築羅城置百司及十宅每歲十月上巡幸焉

天寶中上冬幸華清宮甫因至獸坊怪天狗院列在諸獸院之上胡人云此其獸猛健無與比者甫壯而賦之尚恨其與凡獸相近

澹華清之莘莘漠漠而山殿戌削縹與天風崛乎迴薄上揚雲旓兮下列猛獸夫何天狗嶙峋兮氣獨神秀色似狻猊小如猿狖忽不樂雖萬夫不敢前兮非胡人焉能知其去就向若鐵柱欹而金鏁斷兮事未可救瞥流沙而歸月窟兮斯豈蹄晝日食君之鮮肥兮性剛簡而清瘦敏於一擲威解兩鬭終無自私必不虛透嘗觀乎副君暇豫奉命于畋則蚩尤之倫已腳渭戟涇提挈丘陵與南山周旋而慢圍者戮實禽有所穿伊鷹隼之不制兮呵犬豹以相纏蹙乾坤之翕習兮望麋鹿而飄然由是天狗捷來發自於左頓六軍之蒼黃兮劈萬

集千家注批點杜工部詩集二十卷文集二卷　（唐）杜甫撰　（宋）黄鶴補注　（宋）劉辰翁評點　年譜一卷附録一卷

明洪武元年（1368）會文堂刻本　存三卷（文集一至二、附録）

書中所採不滿百家，題曰“千家”，以示摭拾之富。所集諸家之注，真贋錯雜，常爲後人詬病。然宋以來注杜諸家，鮮有單本傳世，頗賴此書以存。楊守敬海外訪得。

山東大學圖書館藏　名録10580

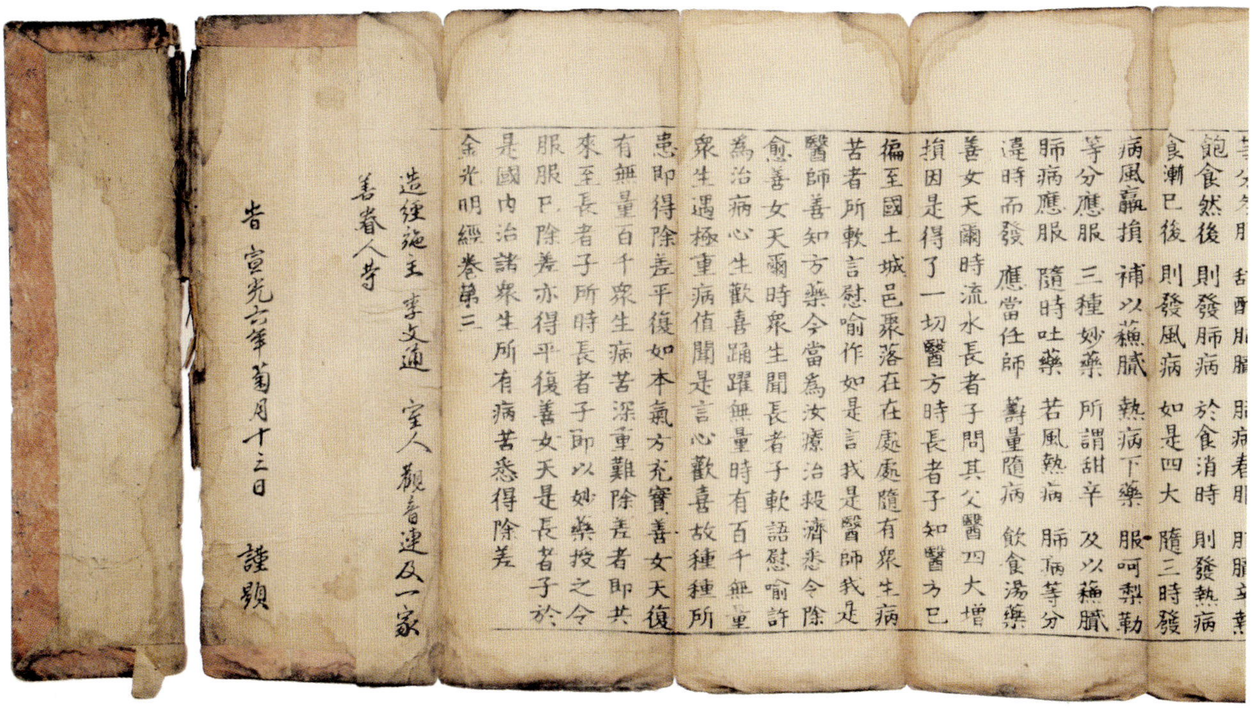

金光明經四卷　（北凉）釋曇無讖譯

北元宣光六年（1376）刻本　存一卷（三）

卷末題“造經施主李文通，室人觀音連及一家善眷人等。旹宣光六年菊月十三日謹題”。明洪武朝，元政府敕封雲南的梁王仍控制滇中，奉元正朔。此經所用雲南產白綿紙，薄而堅韌，纖維均勻，不見麻頭和纖維素，表面平滑。

雲南省圖書館藏　名錄09964

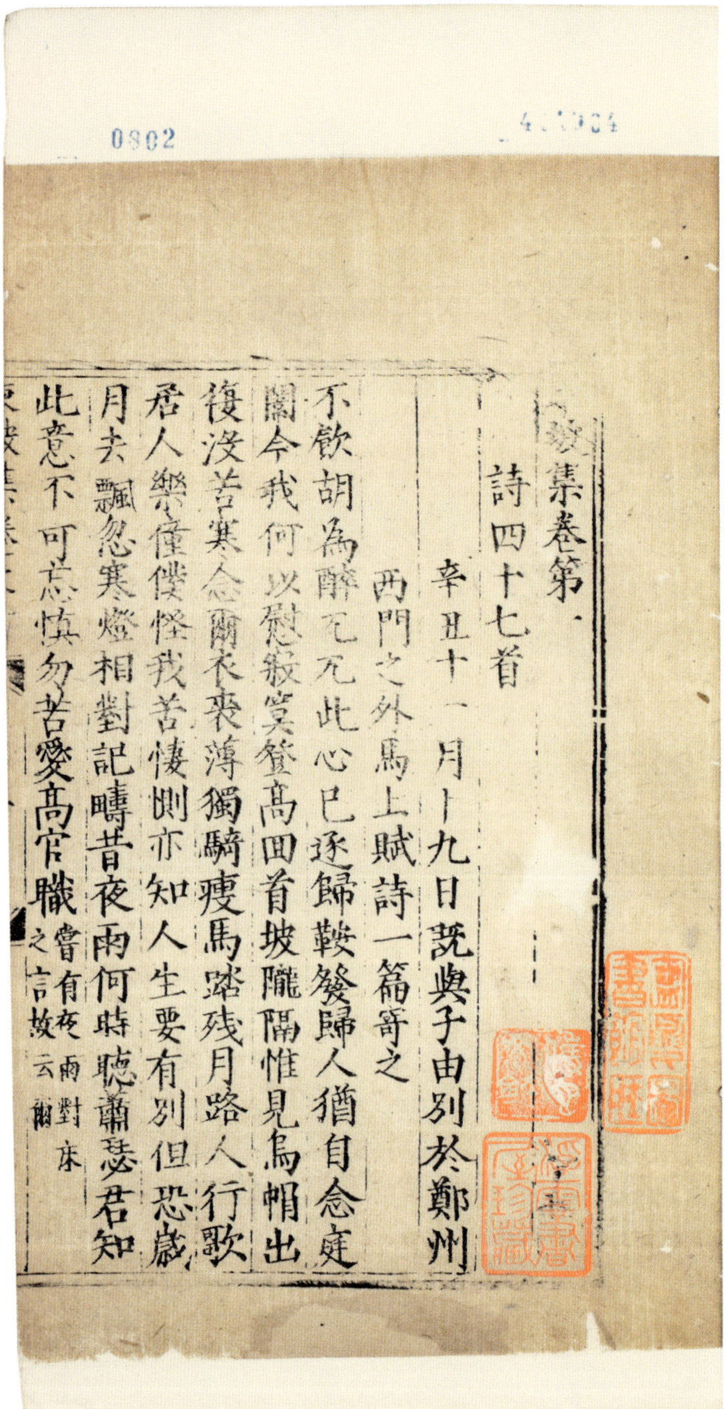

蘇文忠公全集一百十一卷　（宋）蘇軾撰　年譜一卷　（宋）王宗稷撰

明嘉靖十三年（1534）江西布政司刻本

蘇軾别集之編纂，通常有詩集、文集和詩文合集三類。明成化四年（1468）江西吉州知府程宗以蘇軾詩文七集曹訓舊刻爲底本，刊《蘇文忠公全集》，刻版精良，頗有趙體之風。此據成化本重刻。

寧夏回族自治區圖書館藏 名録10634

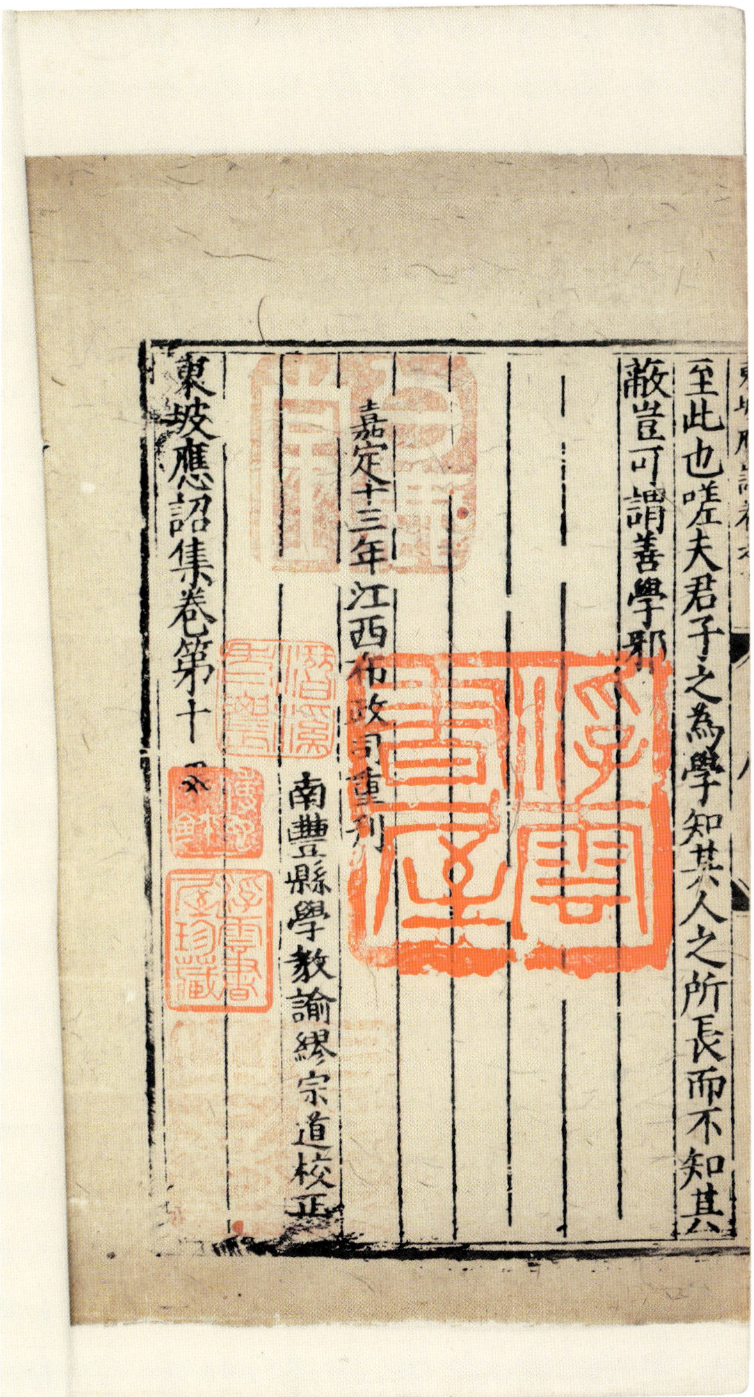

至此也嗟夫君子之為學知其人之所長而不知其
蔽豈可謂善學耶

嘉定十三年江西布政司重刊
南豐縣學教諭繆宗道校正

東坡應詔集卷第十 畢

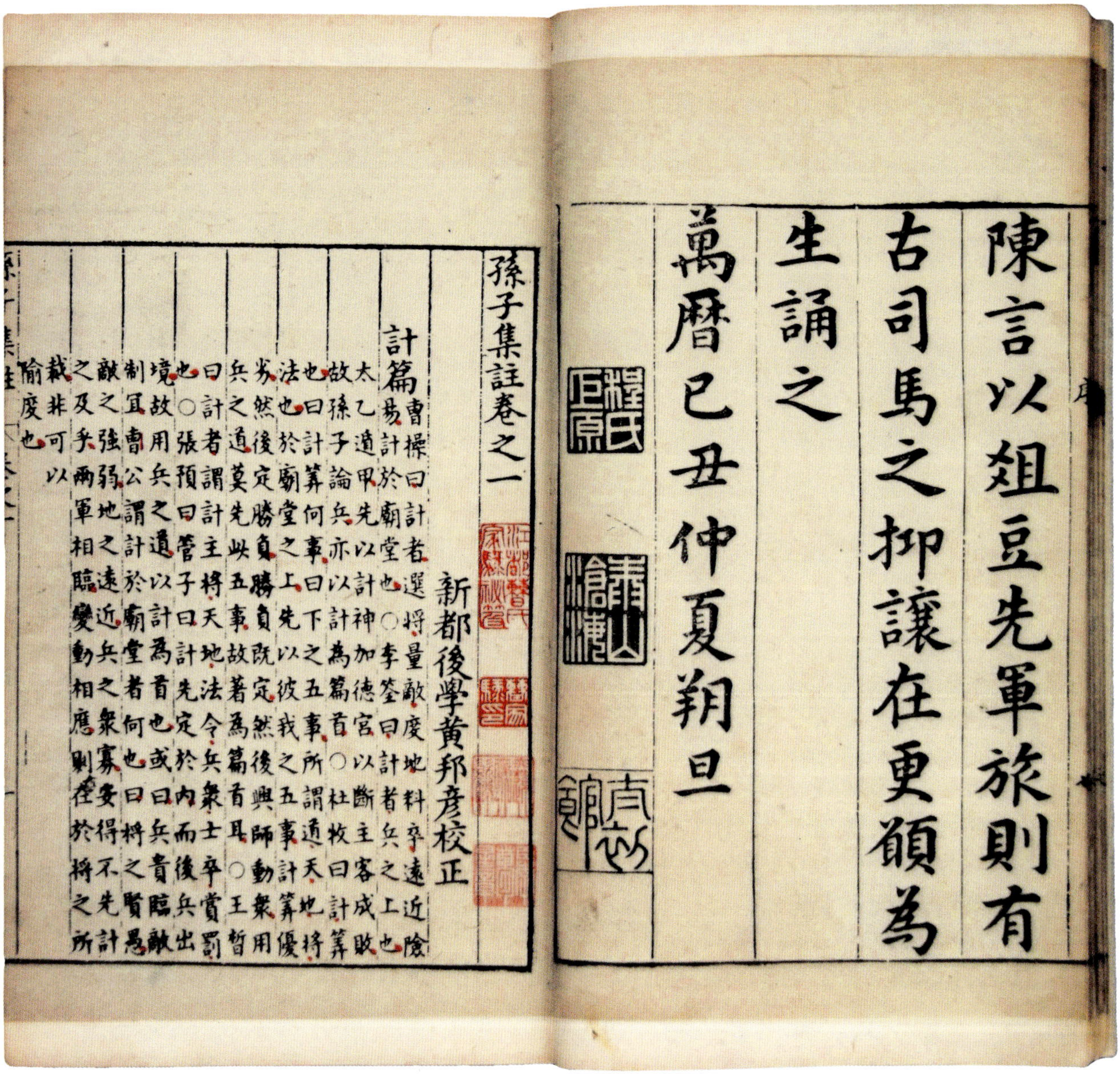

孫子集注十三卷　（漢）曹操　（唐）杜牧等撰

明嘉靖三十四年（1555）談愷刻本

該書集諸家注《孫子》。傳世較少，洵屬可貴。

軍事科學院軍事圖書資料館藏　名録10408

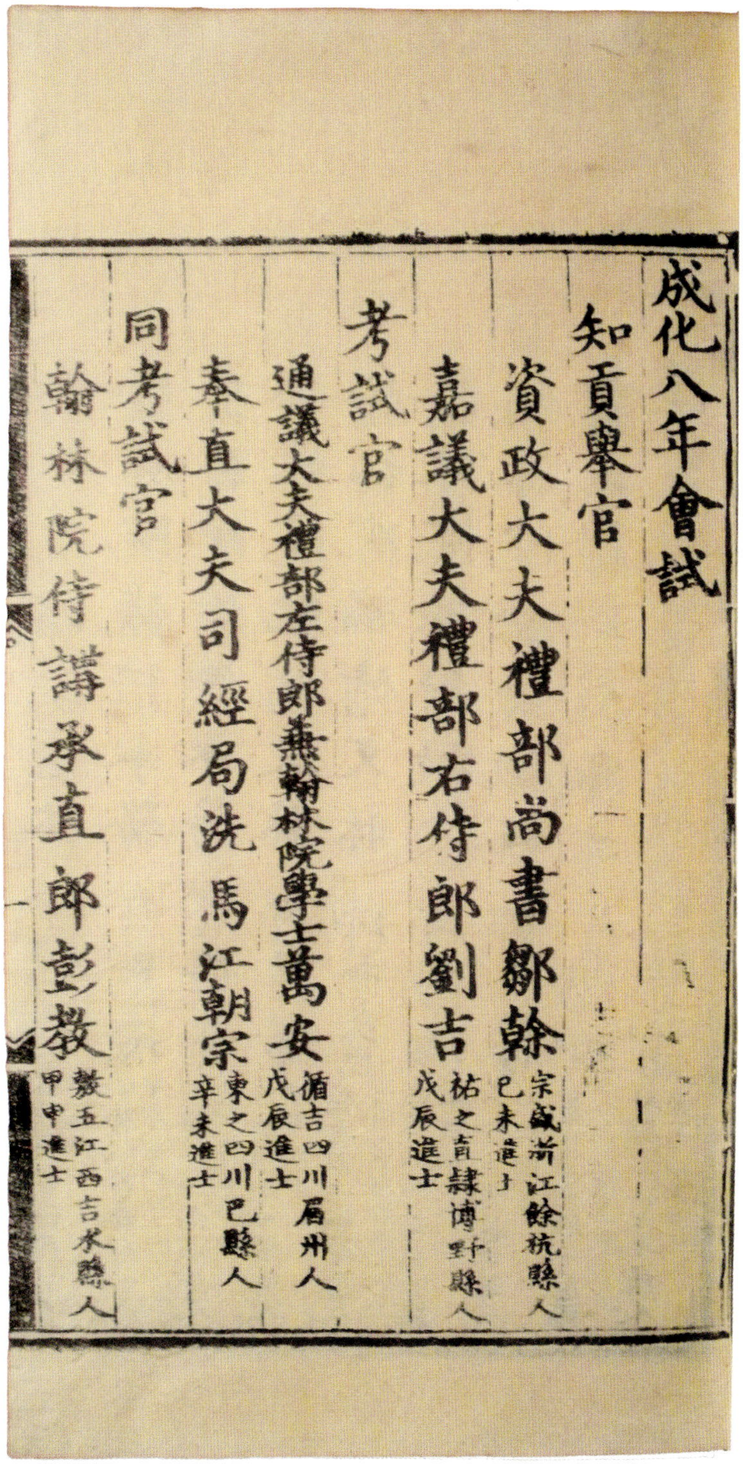
成化八年會試

知貢舉官

資政大夫禮部尚書鄒幹 宗盛浙江餘杭縣人己未進士

嘉議大夫禮部右侍郎劉吉 祐之直隸博野縣人戊辰進士

考試官

通議大夫禮部左侍郎兼翰林院學士萬安 循吉四川眉州人戊辰進士

奉直大夫司經局洗馬江朝宗 東之四川巴縣人辛未進士

同考試官

翰林院侍講承直郎彭教 敷五江西吉水縣人甲申進士

明代鄉試錄二百七十三種

明刻本

明代科舉的珍稀文獻。時代跨越永樂、宣德、景泰至萬曆諸朝，含明鈔本六種。范氏天一閣舊藏。

寧波市天一閣博物館藏　名錄10288

嘉靖肆拾年浙江武舉鄉試

監臨官

巡按浙江監察御史崔楝 孔材順天府薊州人庚戌進士

提調官

浙江等處承宣布政使司左布政使胡堯臣 伯純四川安居縣人戊戌進士

浙江等處承宣布政使司右參政杜　拯 道濟江西豐城縣人戊戌進士

監試官

浙江等處提刑按察司副使范惟一 于中直隸華亭縣籍吳縣人辛丑進士

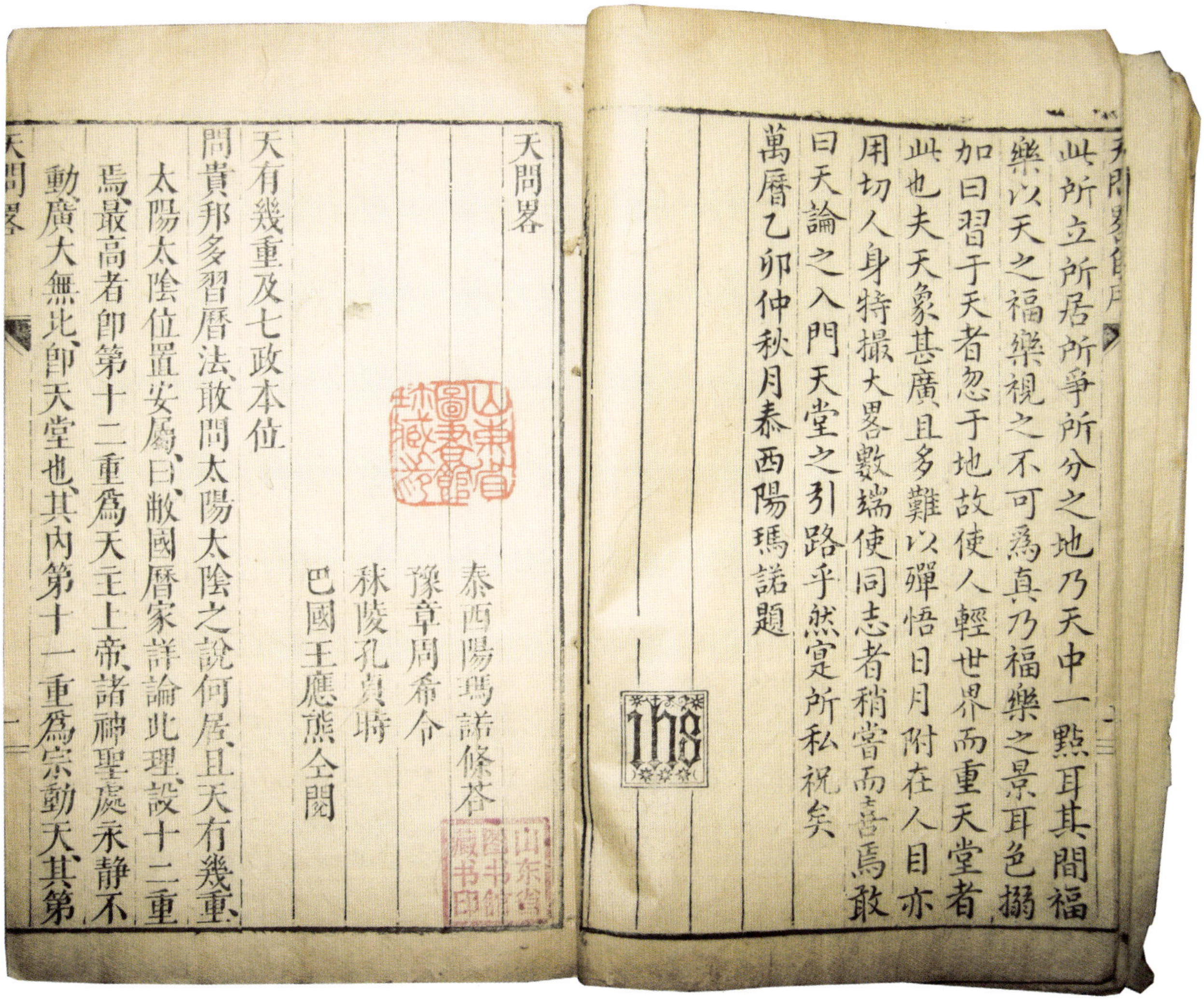

天問略一卷　（葡萄牙）陽瑪諾撰

明萬曆刻本

該書借宣傳天文知識以傳播基督教，首次將伽利略早期觀測天文的望遠鏡介紹進中國。

山東省圖書館藏　名錄10442

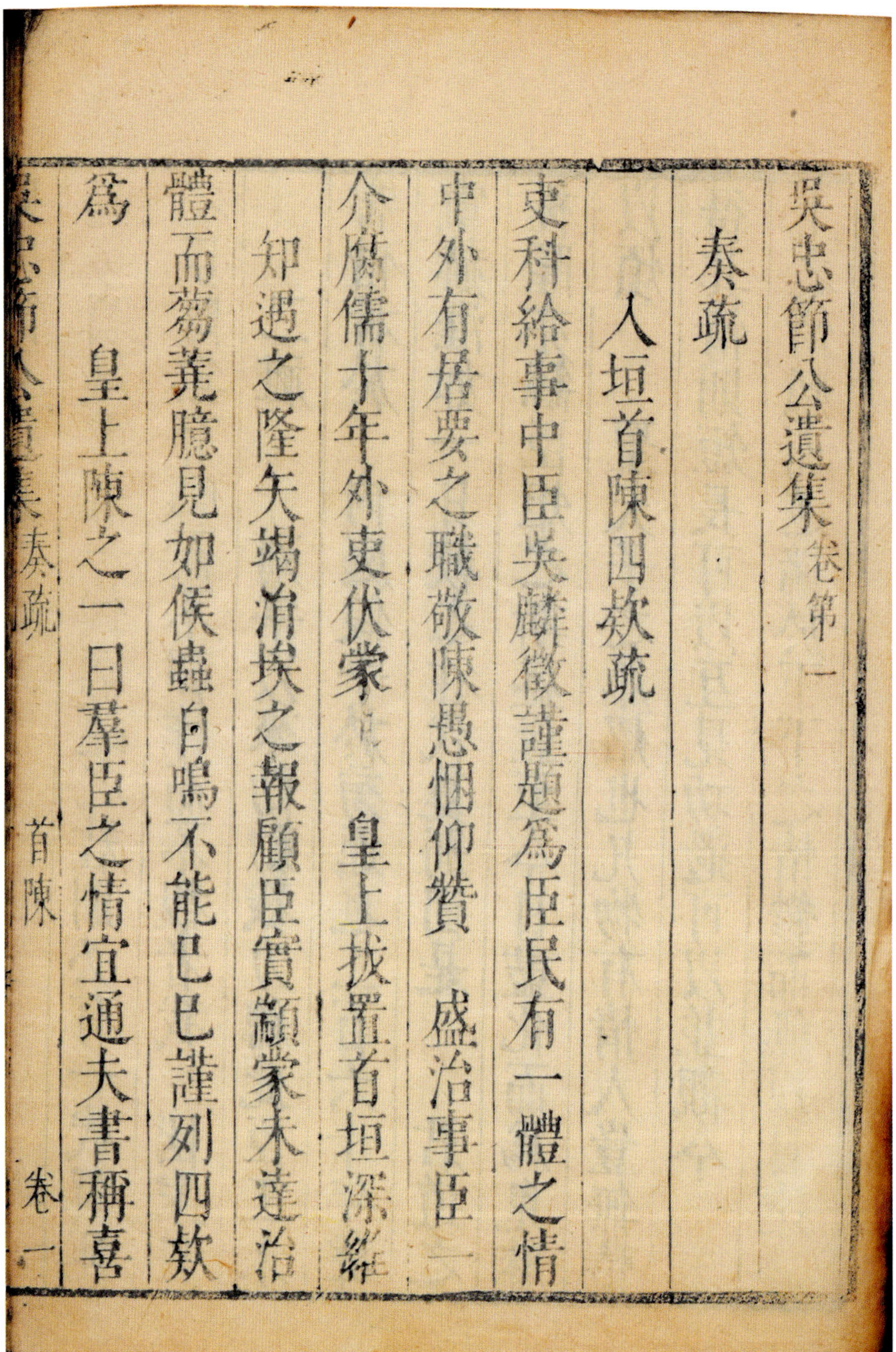

吳忠節公遺集卷第一

奏疏

入垣首陳四款疏

吏科給事中臣吳麟徵謹題爲臣民有一體之情中外有居要之職敬陳愚悃仰贊　盛治事臣一介腐儒十年外吏伏蒙　皇上拔置首垣深維知遇之隆矢竭涓埃之報顧臣實顓蒙未達治體而蒭蕘臆見如候蟲自鳴不能已已謹列四款爲　皇上陳之一曰羣臣之情宜通夫書稱喜

吳忠節公遺集　奏疏　首陳　卷一

吴忠節公遺集四卷　（明）吴麟徵撰　年譜一卷　（清）吴蕃昌撰

南明弘光刻本

吴麟徵爲明殉難，南明謚“忠節”。弘光元年（1645）其集編次付梓，清乾隆間列入禁毁書目，今不多見，頗具版本與史料價值。

吉林大學圖書館藏　名錄10835

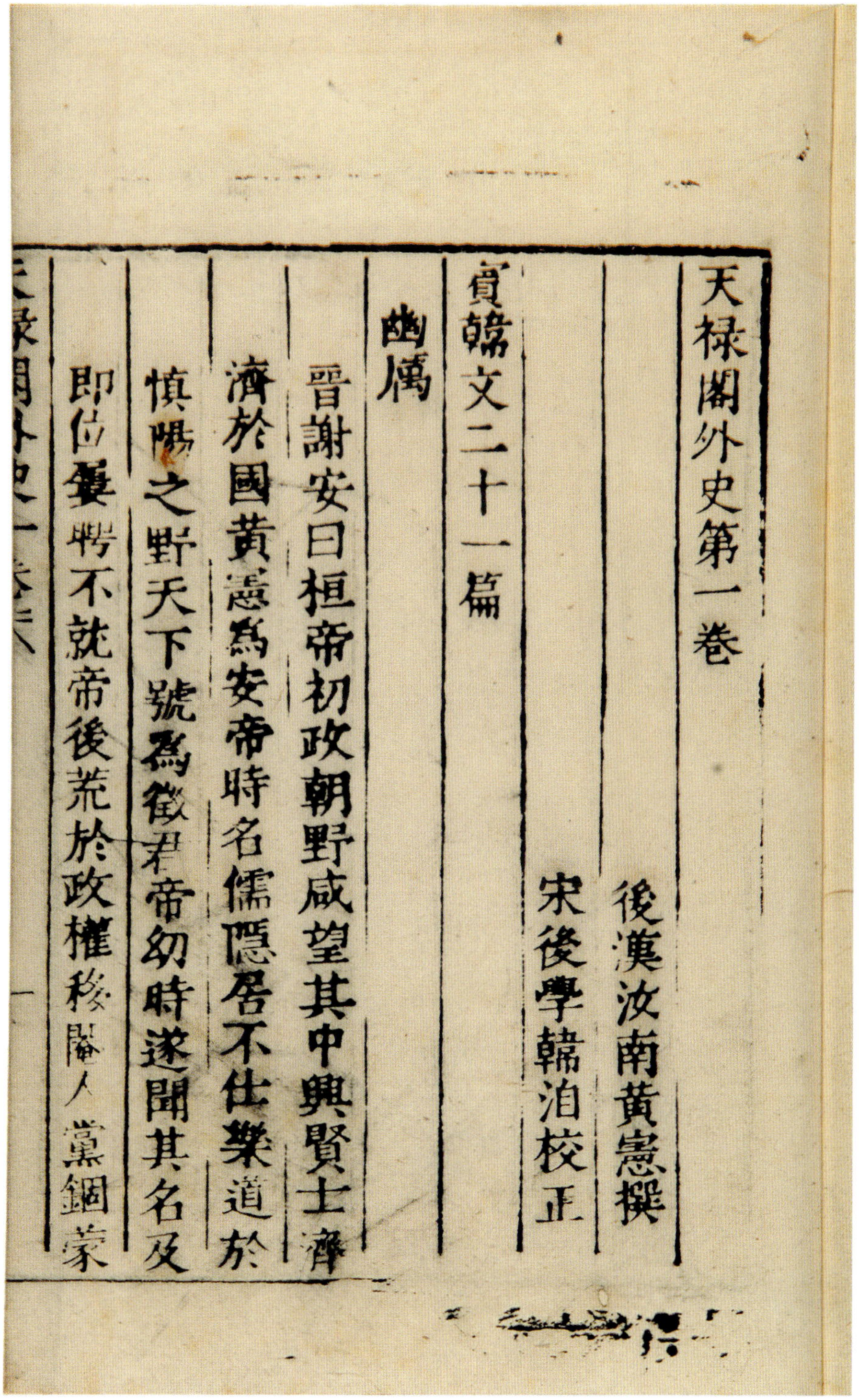
天禄閣外史第一卷
後漢汝南黃憲撰
宋後學韓泊校正
貢韓文二十一篇
幽厲
晉謝安曰桓帝初政朝野咸望其中興賢士濟
濟於國黃憲爲安帝時名儒隱居不仕樂道於
慎陽之野天下號爲徵君帝幼時遂聞其名及
即位憂愕不就帝後荒於政權移閹人黨錮蒙

天禄閣外史八卷　題（漢）黄憲撰

明銅活字印本

明王逢年僞託之作。約成書於嘉靖朝，存世僅此一帙。

上海圖書館藏 名録10480

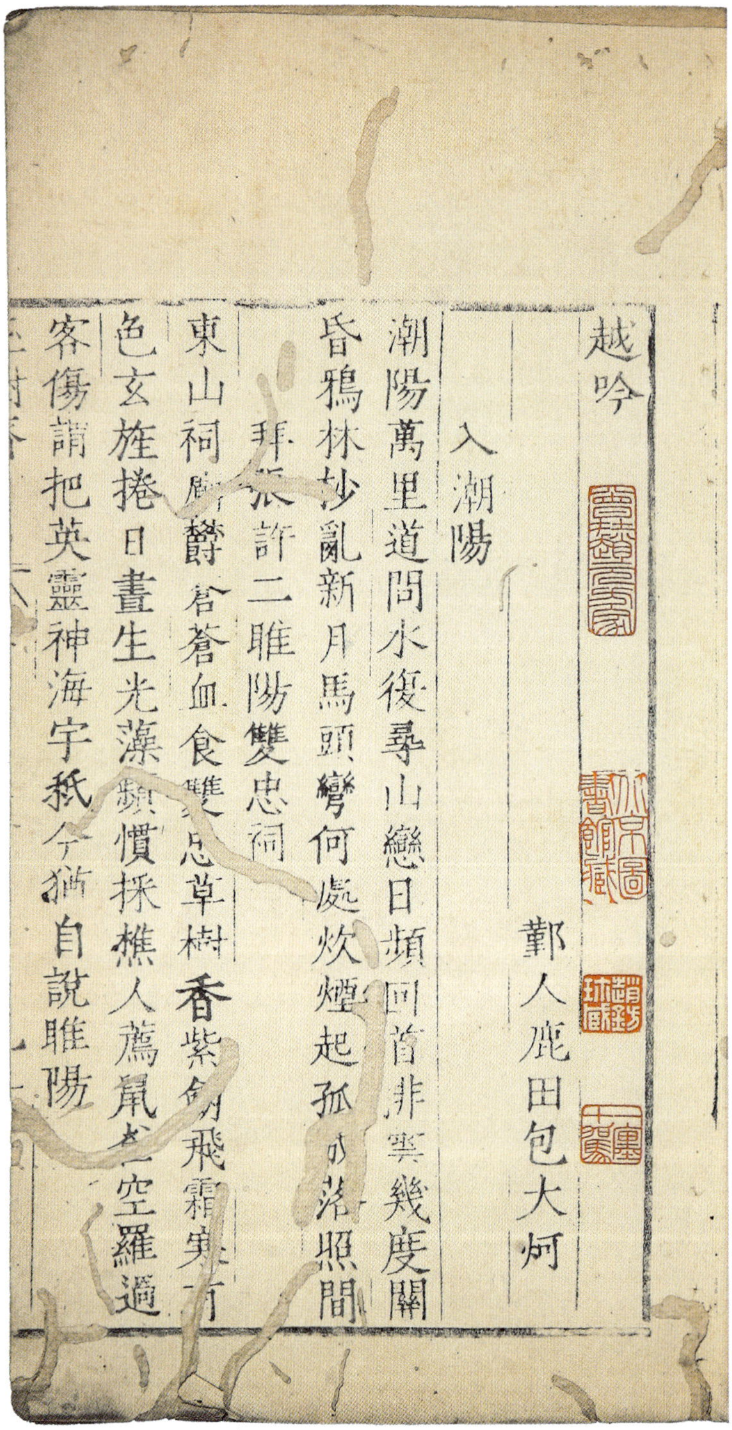
越吟

鄞人鹿田包大炣

入潮陽

潮陽萬里道問水復尋山戀日頻回首非雲幾度關昏鴉林抄亂新月馬頭彎何處炊煙起孤城落照間

拜張許二睢陽雙忠祠

東山祠廟鬱蒼蒼血食雙忠草樹香紫劍飛霜寒有色玄旌捲日晝生光藻蘋慣採樵人薦鼠雀空羅過客傷誰把英靈神海宇秖今猶自說睢陽

越吟一卷　（明）包大炣撰

明萬曆元年（1573）木活字藍印本　趙元方跋

此書罕見，劉鶚之孫劉澤厚、趙元方舊藏。

國家圖書館藏 名錄10819

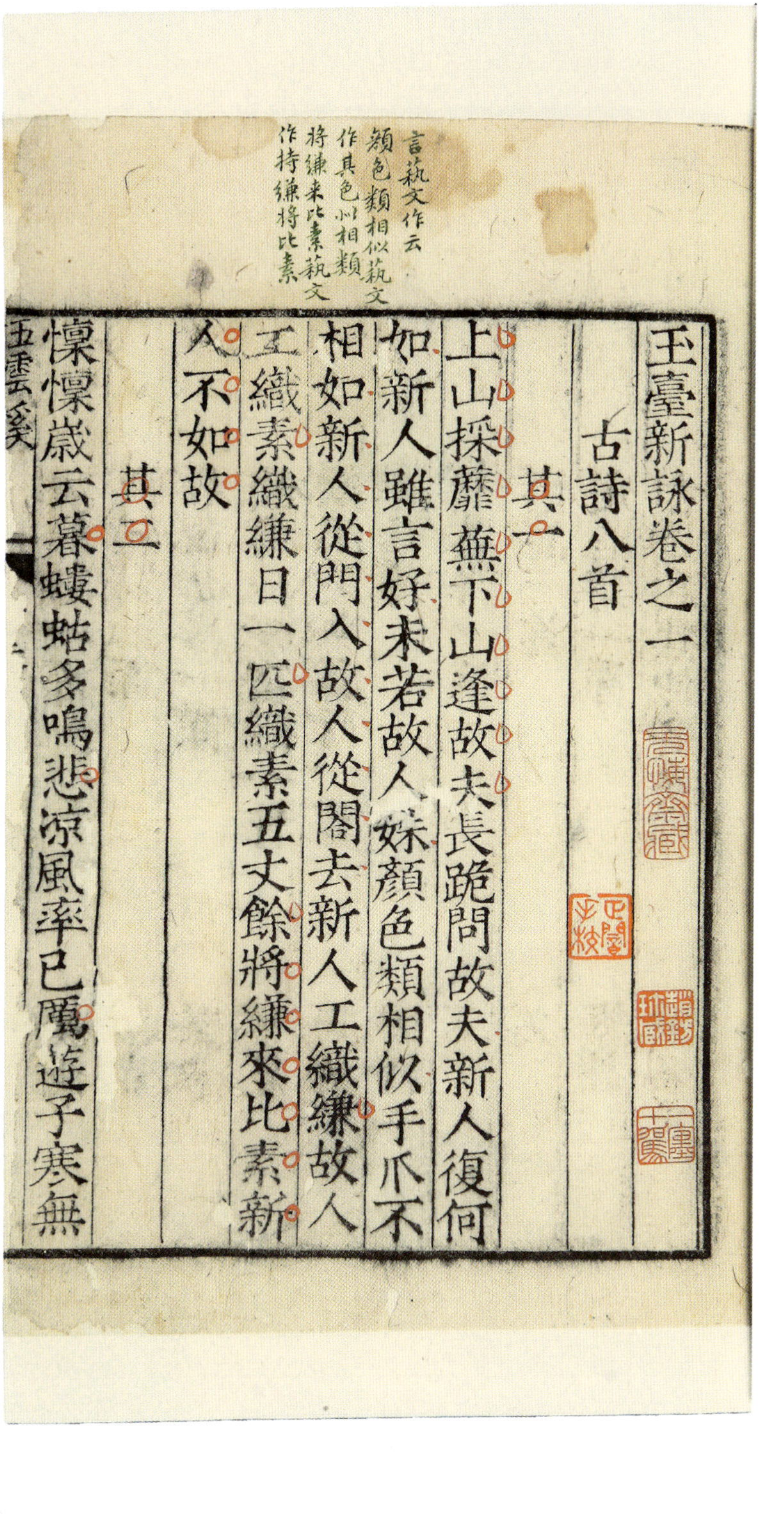

言蓺文作云
顏色類相似蓺文作具色似相類
將縑來比素蓺文作持縑將比素

玉臺新詠卷之一

古詩八首

其一

上山採蘼蕪下山逢故夫長跪問故夫新人復何如新人雖言好未若故人姝顏色類相似手爪不相如新人從門入故人從閤去新人工織縑故人工織素織縑日一匹織素五丈餘將縑來比素新人不如故

其二

懍懍歲云暮螻蛄多鳴悲涼風率已厲遊子寒無

玉雲溪

玉臺新詠十卷　（南朝陳）徐陵輯

明五雲溪館銅活字印本　鄧邦述校並跋又錄李維楨 馮班 葉萬跋

此本據宋本所印，與明趙均覆宋本有異，版本價值頗高。

國家圖書館藏 名錄10898

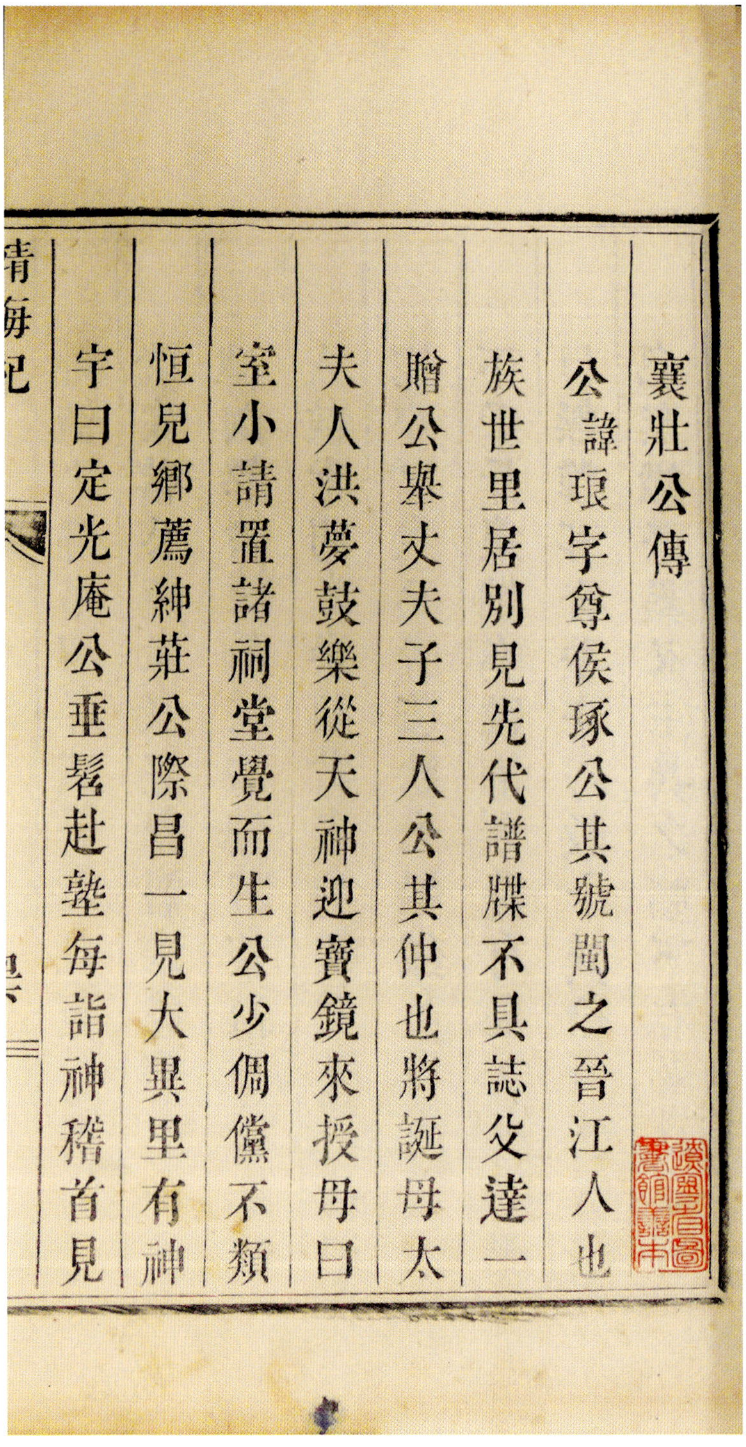

靖海紀

襄壯公傳

公諱琅字尊侯琢公其號閩之晉江人也
族世里居別見先代譜牒不具誌父達一
贈公皋丈夫子三人公其仲也將誕母太
夫人洪夢鼓樂從天神迎寶鏡來授母曰
室小請置諸祠堂覺而生公少倜儻不類
恒兒鄉薦紳莊公際昌一見大異里有神
宇曰定光庵公垂髫赴塾每詣神稽首見

靖海紀不分卷　（清）施琅撰　施世綸輯

清木活字印本

收錄清初大將施琅收復臺灣時的奏摺、軍事部署等文獻，是研究清政府統一臺灣的第一手珍貴資料。

遼寧省圖書館藏 名錄10221

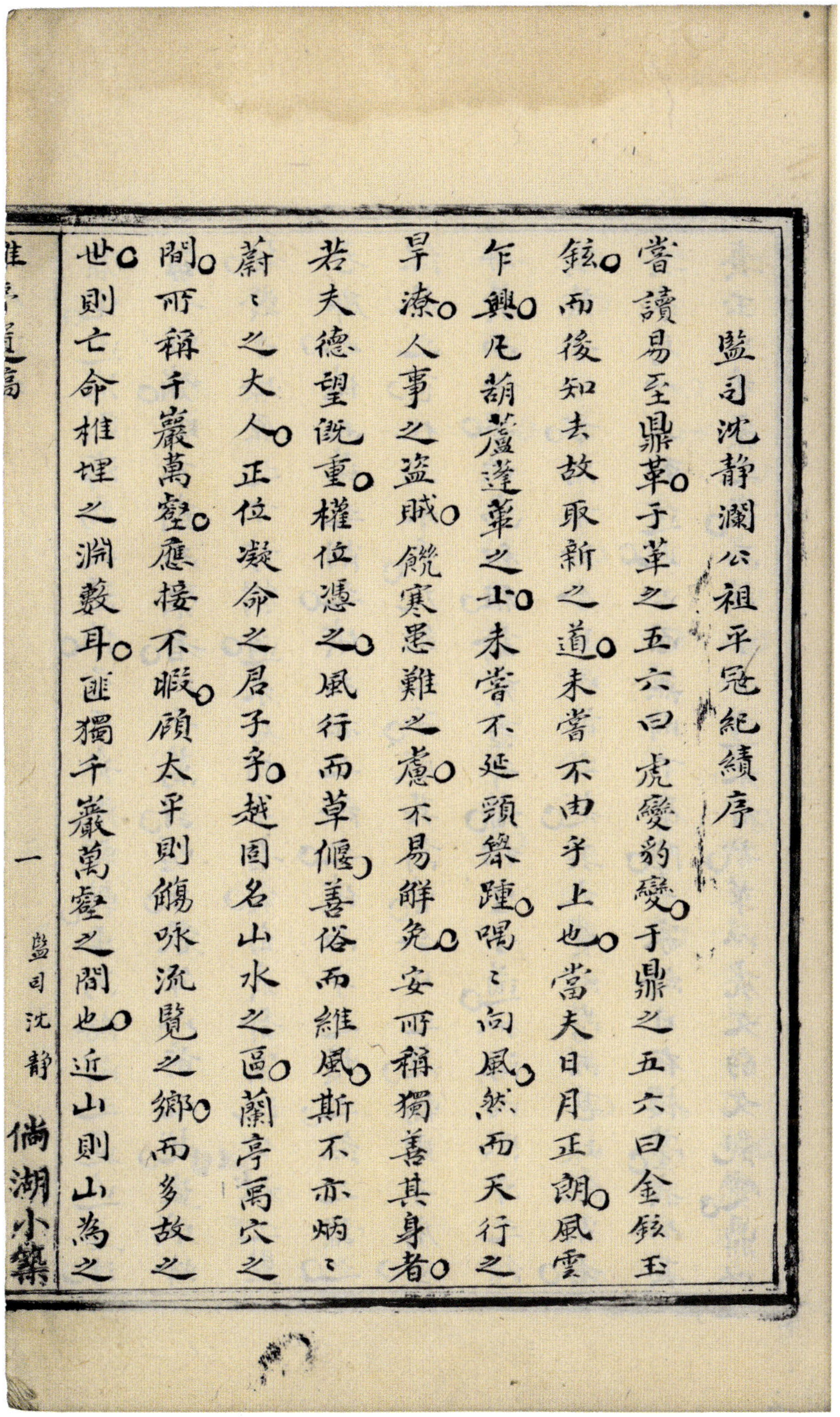

監司沈靜瀾公祖平寇紀績序

嘗讀易至鼎革。于革之五六曰虎變豹變。于鼎之五六曰金鉉玉鉉。而後知去故取新之道。未嘗不由乎上也。當夫日月正朗。風雲乍興。凡萑蘆蓬蓽之士。未嘗不延頸舉踵。喁喁向風。然而天行之旱潦。人事之盜賊。饑寒愚難之慮。不易解免。安所稱獨善其身者。若夫德望既重。權位憑之。風行而草偃。善俗而維風。斯不亦炳炳蔚蔚之大人。正位凝命之君子乎。越固名山水之區。蘭亭禹穴之間。所稱千巖萬壑。應接不暇。顧太平則觴咏流覽之鄉。而多故之世則亡命椎埋之淵藪耳。匪獨千巖萬壑之間也。近山則山為之

倘湖小藁　一　監司沈靜

倘湖遺稿不分卷　（明）來集之撰

稿本　存八册（三至七、九至十一）

來集之（1604—1682）精易學，尤工曲。是書未曾付梓，具有重要文獻價值。

杭州圖書館藏　名録10840

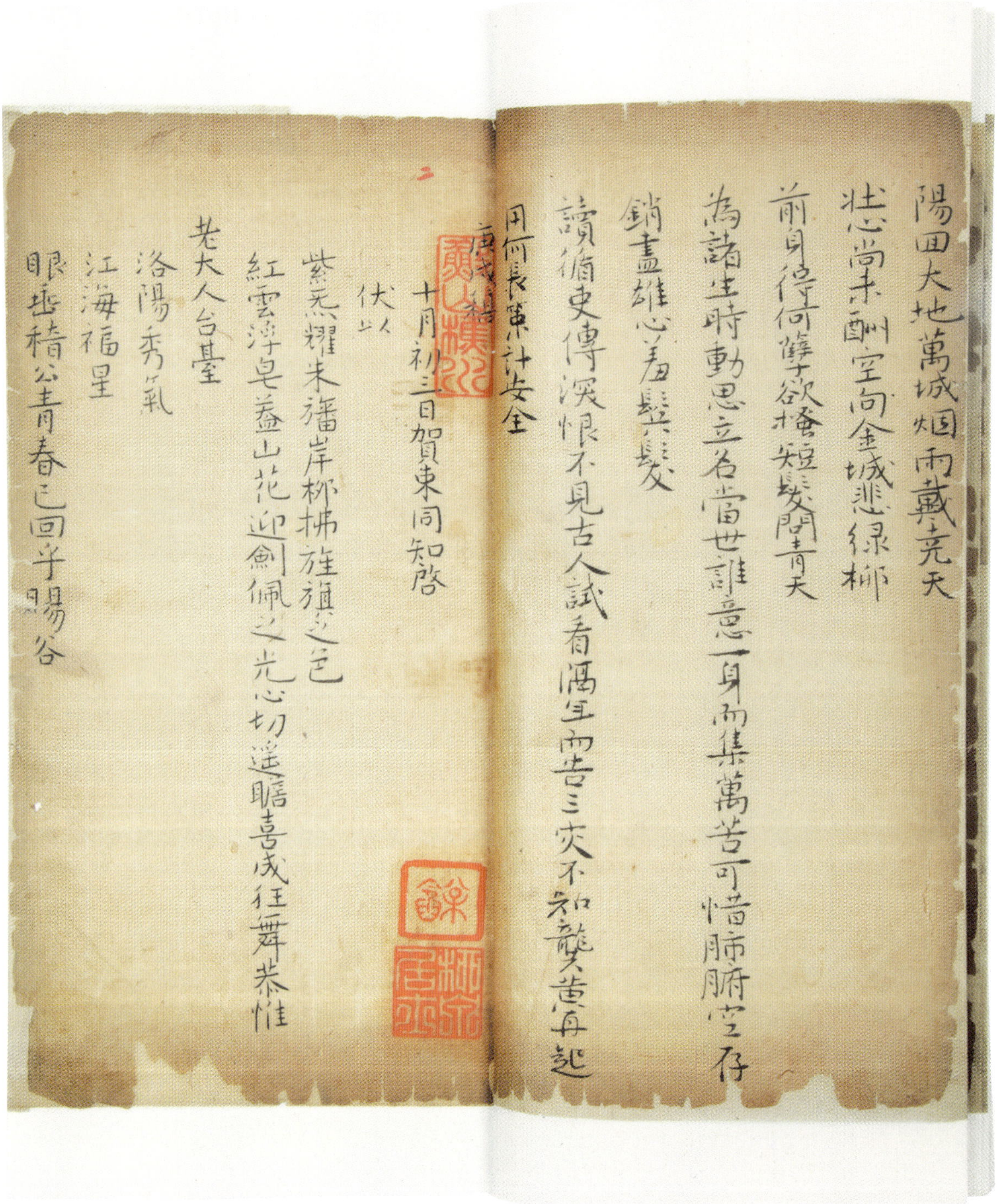

鶴軒筆札不分卷　（清）蒲松齡撰

稿本

蒲松齡（1640—1715），清代著名文學家。南游寶應、高郵時曾爲孫蕙幕僚，此爲代寫書啓、公文、諭告等文稿。鈐“松齡”、“柳泉居士”印，卷前有王統照叙言。

青島市博物館藏 名録10861

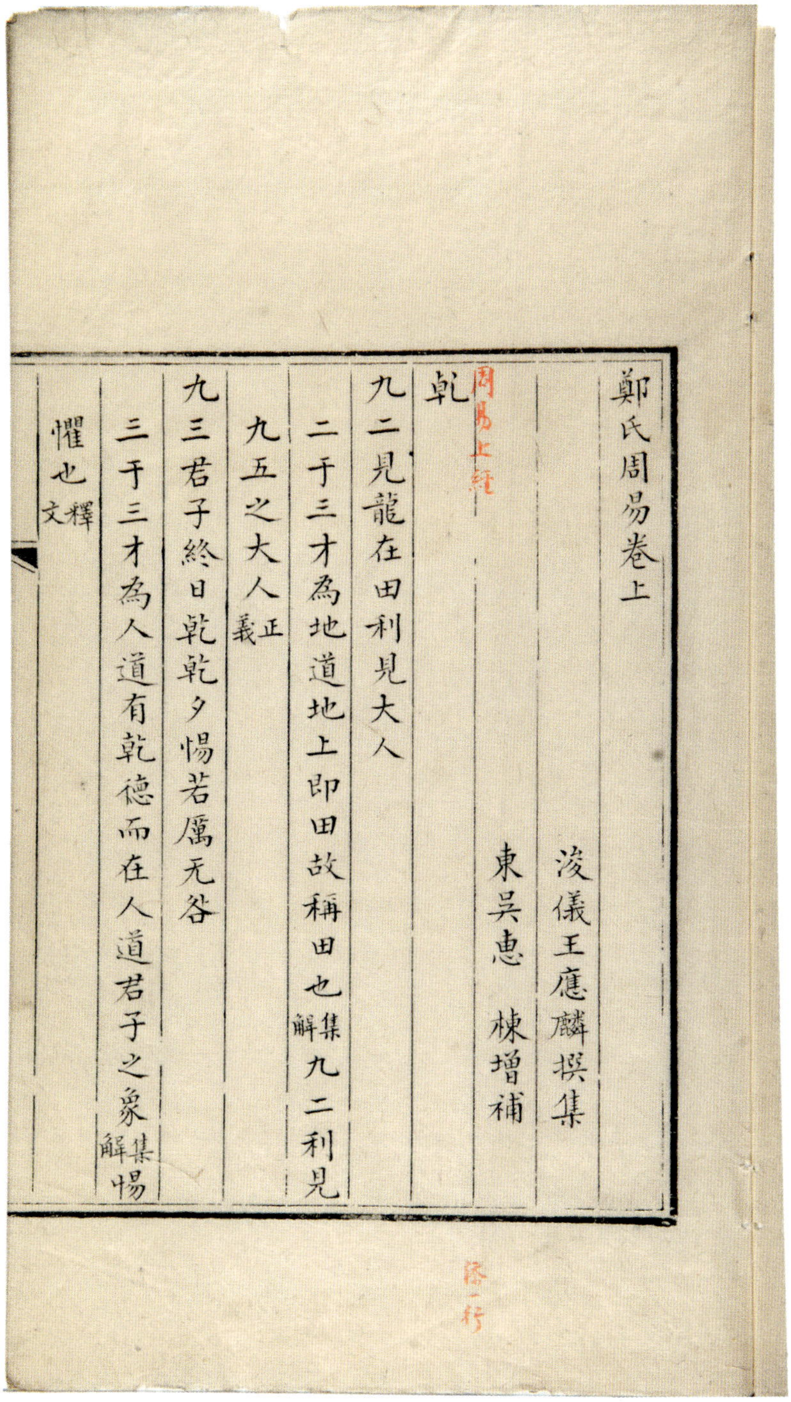
鄭氏周易卷上
浚儀王應麟撰集
東吳惠　棟增補
周易上經
乾
九二見龍在田利見大人
二于三才為地道地上即田故稱田也集解九二利見
九五之大人正義
九三君子終日乾乾夕惕若厲无咎
三于三才為人道有乾德而在人道君子之象集解惕
懼也釋文
低一行

鄭氏周易三卷　（漢）鄭玄撰　（宋）王應麟輯　（清）惠棟增補

稿本　蔡孫峰跋

是書通行本爲盧見曾《雅雨堂叢書》本，盧本與此本行款、字數悉同，當即盧刻之底本。卷中硃筆添改爲惠棟手迹。潘景鄭舊藏。

上海圖書館藏 名録10026

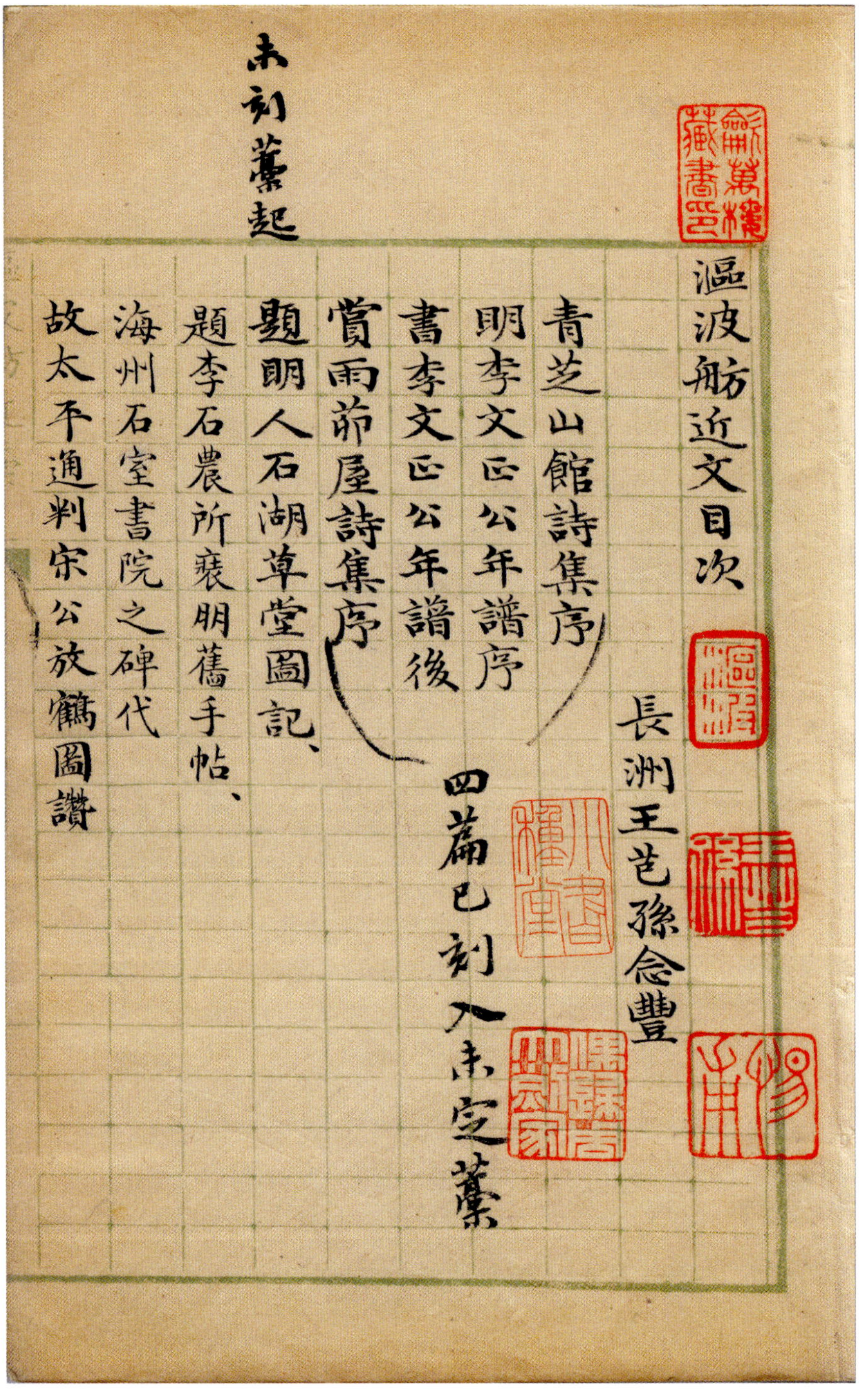

漚波舫近文目次

長洲王芑孫念豐

青芝山館詩集序

明李文正公年譜序

書李文正公年譜後

賞雨茆屋詩集序

四篇已刻入未定藁

題明人石湖草堂圖記、

題李石農所褎明舊手帖、

海州石室書院之碑代

故太平通判宋公放鶴圖讚

未刻藁起

漚波舫近文不分卷　（清）王芑孫撰

稿本

王芑孫（1755—1817）學問宏博，書法遒勁渾古。此稿中有部分詩文未刊，可補傳世刻本之闕。南社詩人高吹萬舊藏。

南開大學圖書館藏　名錄10871

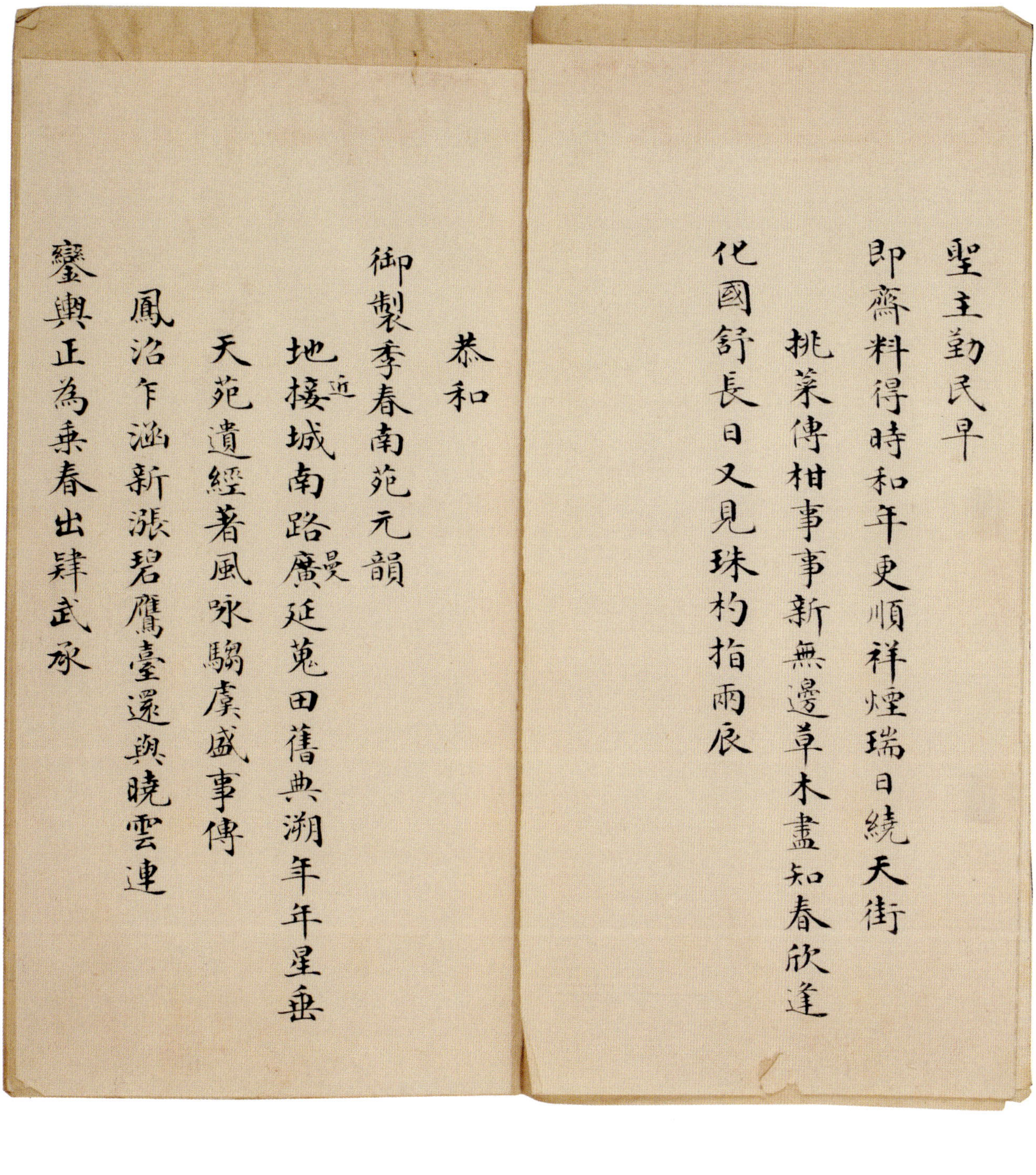

恭和御製詩一卷　（清）姚文田撰

稿本

姚文田（1756—1827），清代學者。稿中勾畫頗多，與道光元年（1821）江陰學使署刻本《邃雅堂集》文字有異，從中可見其創作歷程。

江蘇省吴江市圖書館藏 名錄10875

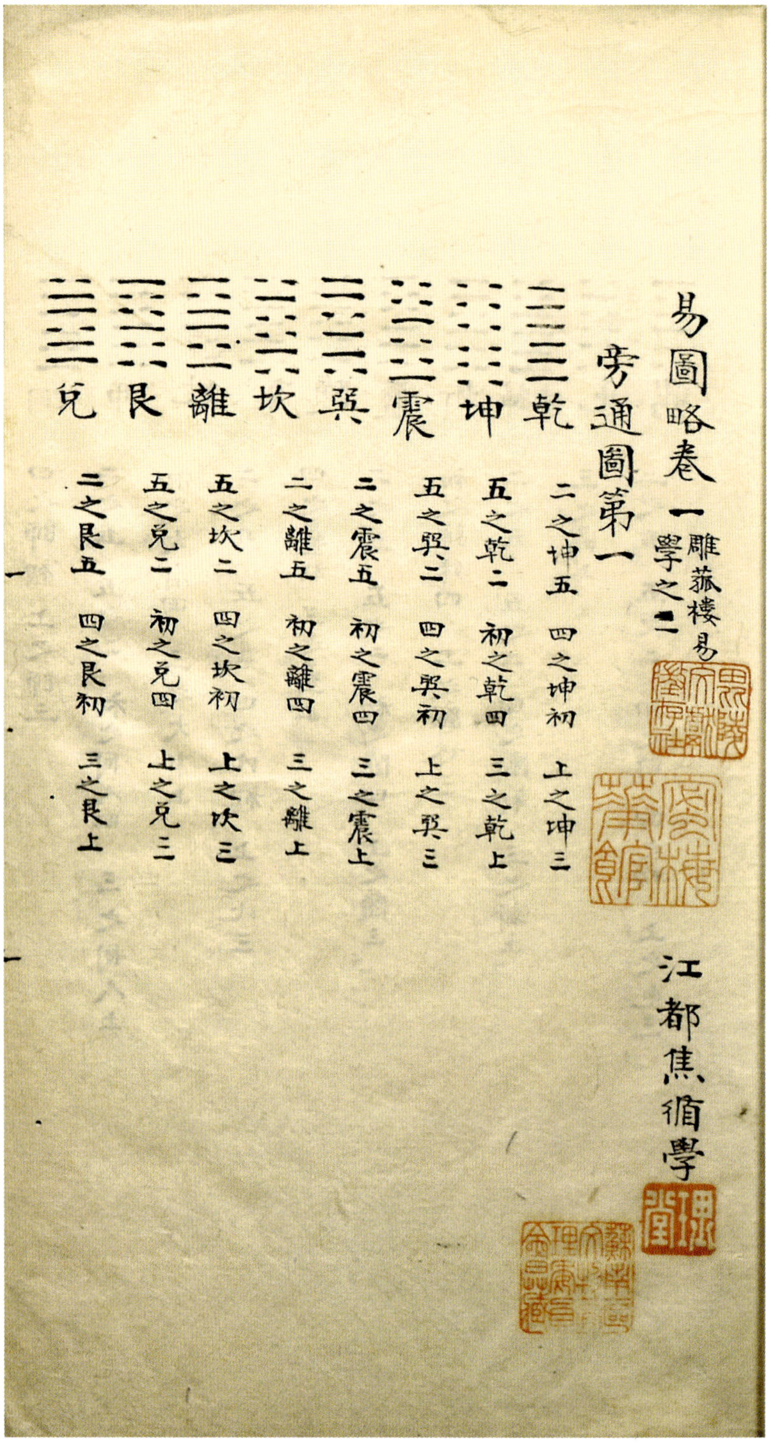

易圖略卷一　雕菰樓易學之二

旁通圖第一

乾　二之坤五　四之坤初　上之坤三

坤　五之乾二　初之乾四　三之乾上

震　五之巽二　四之巽初　上之巽三

巽　二之震五　初之震四　三之震上

坎　二之離五　初之離四　三之離上

離　五之坎二　四之坎初　上之坎三

艮　五之兌二　初之兌四　上之兌三

兌　二之艮五　四之艮初　三之艮上

江都焦循學

易圖略八卷　（清）焦循撰

稿本　焦循跋

《雕菰樓易學三書》之一。《易通釋》與《易章句》以所發明之“旁通”、“相錯”、“時行”之義解釋經文傳文。《易圖略》則提綱挈領，堪稱開啓《易通釋》、《易章句》二書内涵之鍵鑰。

南京圖書館藏 名錄10045

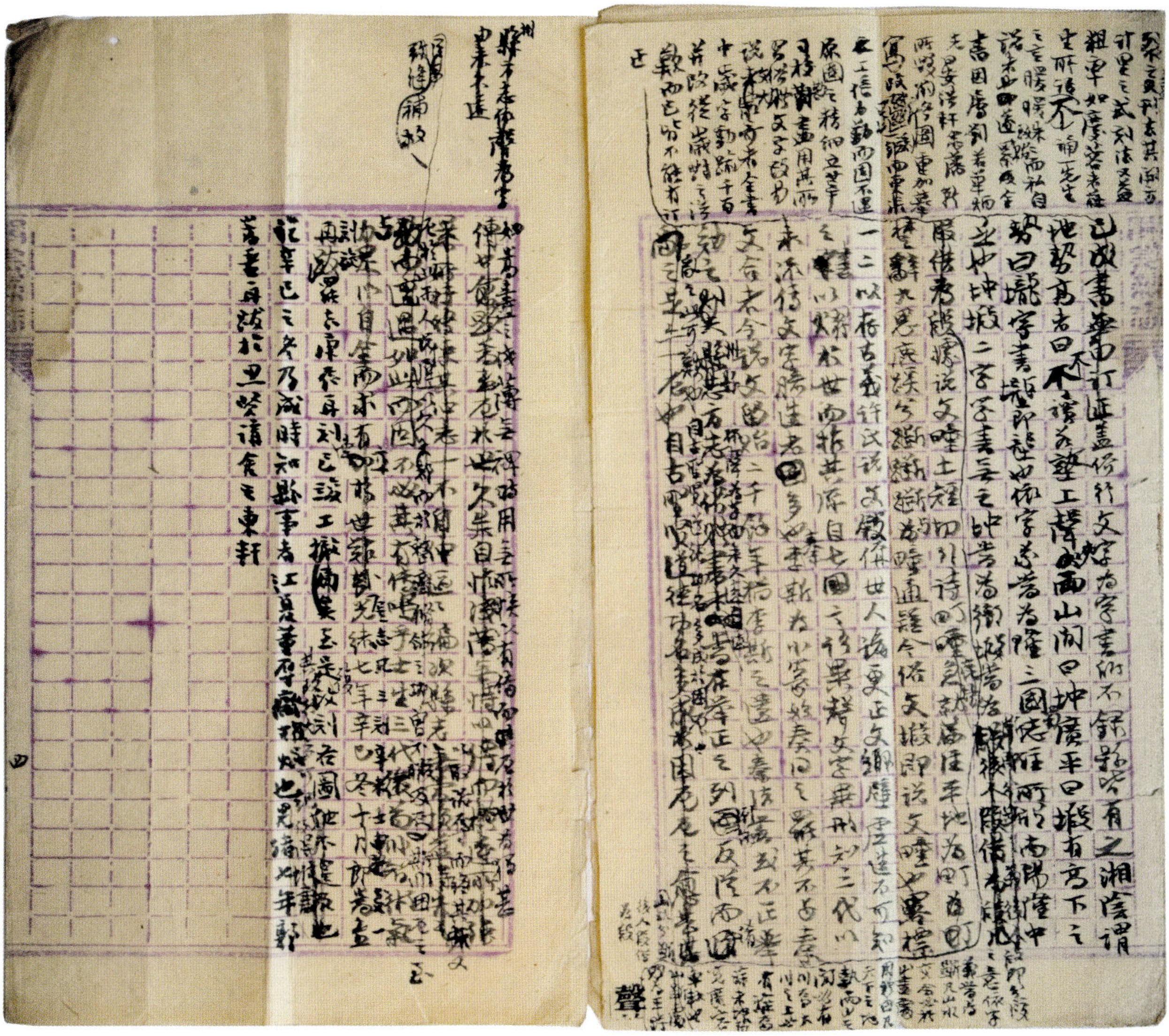

［光緒］湘陰縣志不分卷　（清）郭嵩燾撰

稿本　曾國藩批校

是志歷時十四年始成定本。此修改稿本，爲清光緒間佚名謄抄後郭嵩燾親筆跋語，並經曾國藩批校。光緒七年（1881）刻本與此卷次有異。湖南大學前校長任凱南舊藏。

湖南師範大學圖書館藏 名錄10299

尋仍復舊而湖南安撫司常以知潭州兼領南宋以後各路安撫

司多加經略又兼總管[illegible]

皇后公主所置湯沐曰邑王鑿其田邑建侯曰國侯國曰相皆漢制也

大抵皆秦制句不妥六代因之向亦疏略　明始改路曰府句不確

國藩校注

參議按察司副使僉事分治諸道又分湖南為上下二道而長沙

屬下湖南道湖廣亦屢設巡撫或曰贊理軍務或曰提督軍務其

後又設偏沅巡撫改路為府領諸縣制縣皆正七品惟以繁簡課

最省上中下三等名目歷代置官大畧曰州曰郡曰道曰路曰行

省曰府曰縣自漢以來皆以州領郡以郡領縣隋唐以州郡領縣

而唐又分道以領州郡宋改道曰路元又以路領州縣而建行省

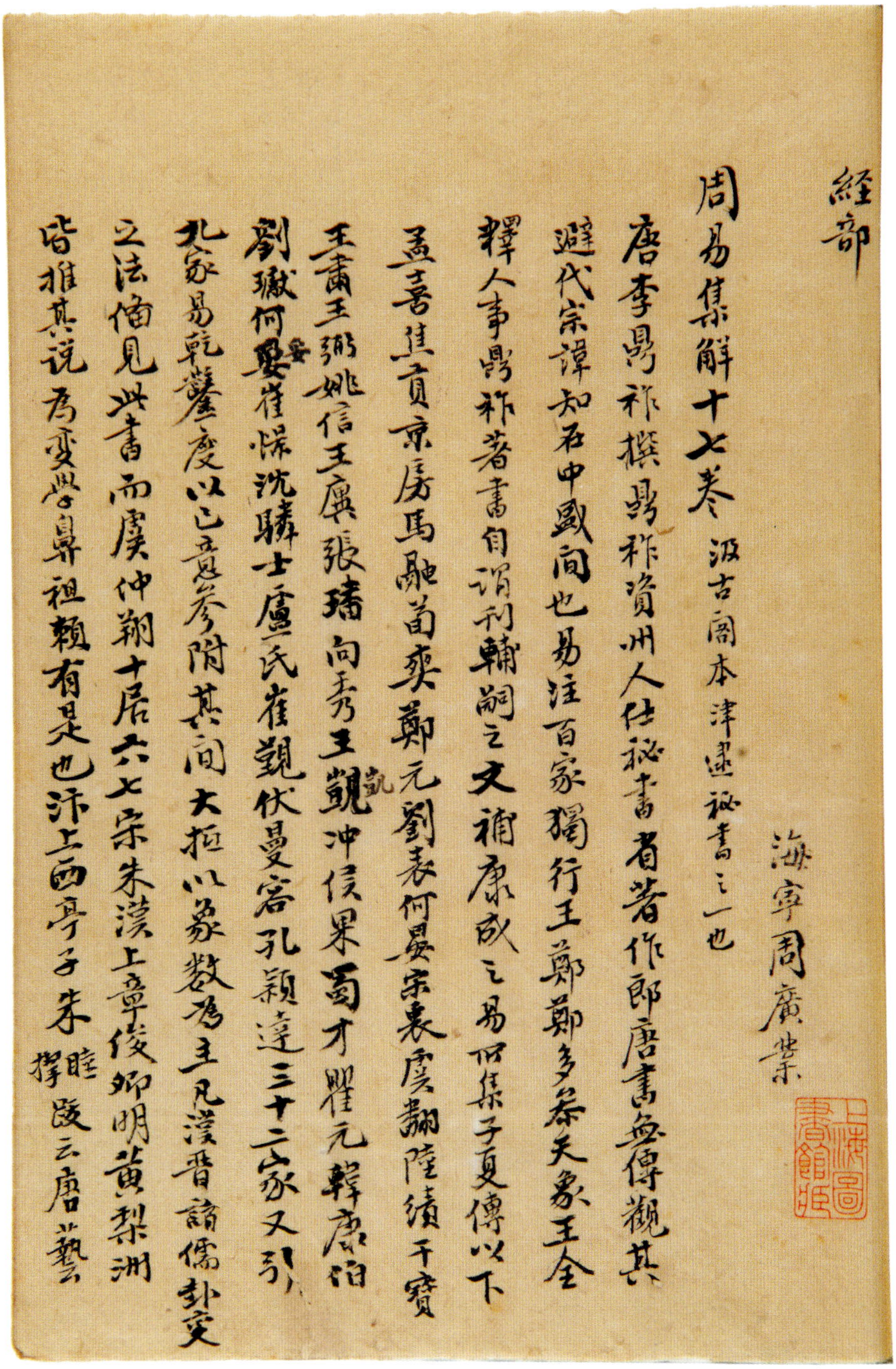

經部

海寧周廣業

周易集解十七卷 汲古閣本津逮秘書之一也

唐李鼎祚撰鼎祚資州人仕秘書省著作郎唐書無傳觀其避代宗諱知在中唐間也易注百家獨行王鄭鄭多參天象王全釋人事鼎祚著書自謂刊輔嗣之野文補康成之逸象仍集子夏傳以下孟喜焦貢京房馬融荀爽鄭元劉表何晏宋衷虞翻陸績干寶王肅王弼姚信王廙張璠向秀王凱沖侯果蜀才翟元韓康伯劉瓛何妥崔憬沈驎士盧氏崔覲伏曼容孔穎達三十二家又引九家易乾鑿度以己意參附其間大抵以象數為主凡漢晉諸儒卦变之法備見此書而虞仲翔十居六七宋朱漢上震俊卿明黃梨洲皆推其說為变學鼻祖賴有是也汴上西亭子朱睦㮮跋云唐藝

四部寓眼錄不分卷　（清）周廣業撰

稿本

周廣業（1730—1798）長於經史，精於考訂。此爲1933年蟫隱廬鉛印本之底本。

上海圖書館藏　名錄10351

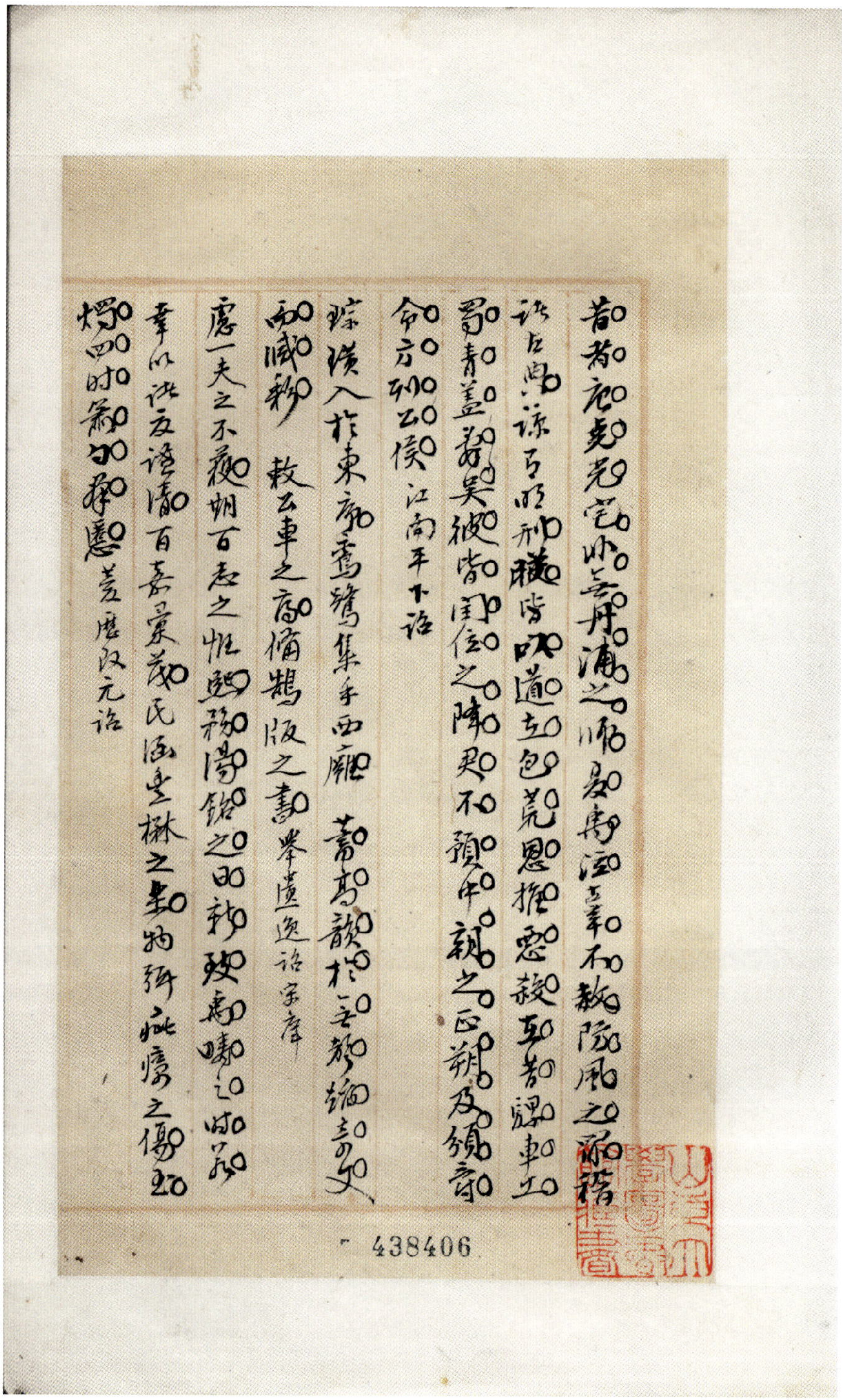

官臺公手書宋四六話不分卷　（清）彭元瑞撰

稿本

彭元瑞（1731—1803），乾隆進士，歷任禮、兵、吏部尚書，著書、藏書並重。此本全面輯錄宋四六話，兼具史料與版本價值。

山東大學圖書館藏　名錄10935

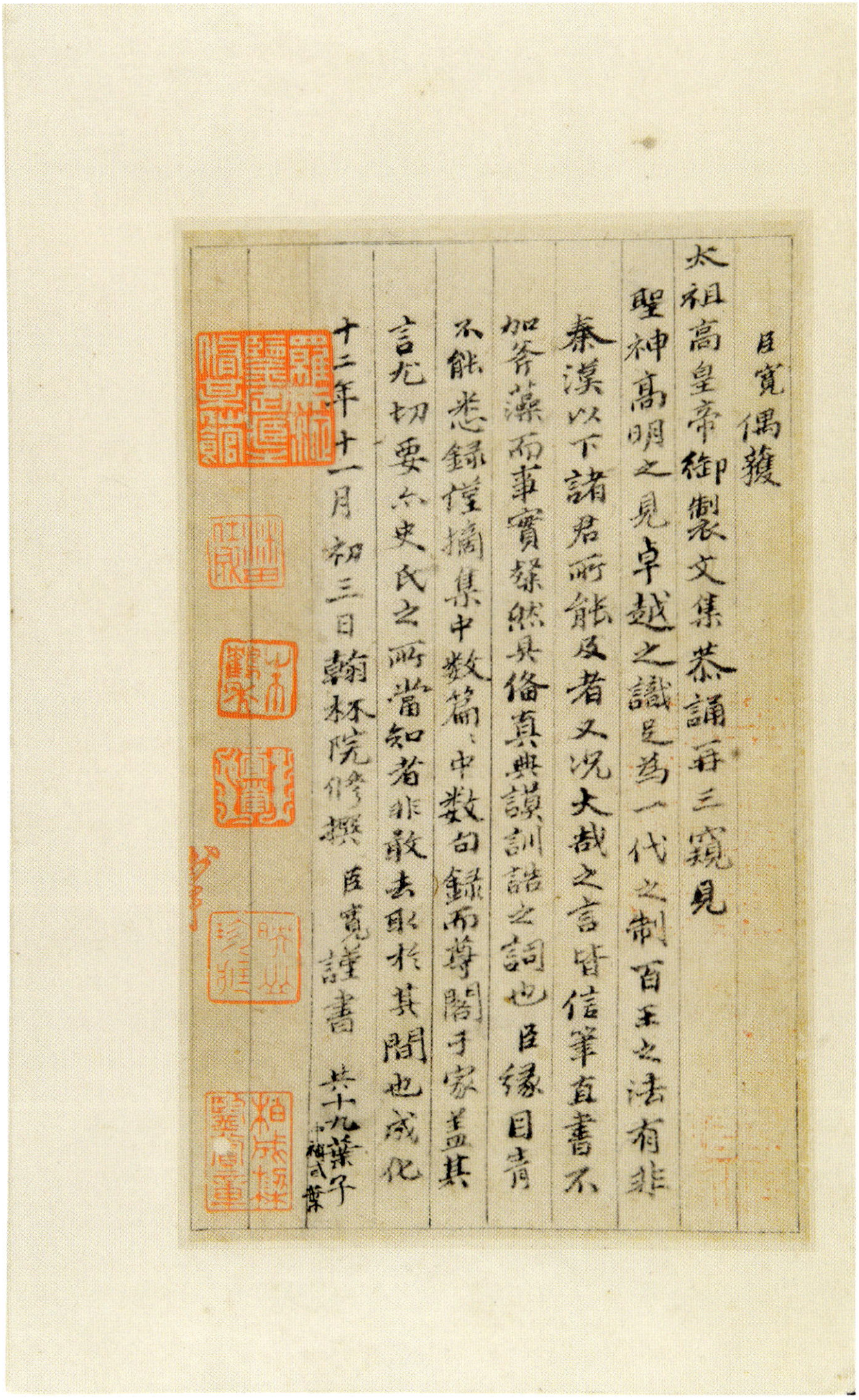

臣寬偶獲
太祖高皇帝御製文集恭誦再三竊見
聖神高明之見卓越之識足為一代之制百王之法有非
秦漢以下諸君所能及者又况大哉之言皆信筆直書不
加斧藻而事實粲然具備真典謨訓誥之詞也臣緣目青
不能悉錄謹摘集中數篇、中數句錄而尊閣于家蓋其
言尤切要於史氏之所當知者非敢去取於其間也成化
十二年十一月初三日翰林院修撰 臣寬謹書 共十九葉 子中補弍葉

吴文定公手抄明太祖文不分卷　（明）太祖朱元璋撰

明吴寬鈔本　吴寬 項元汴 吴榮光 羅天池跋

此帙爲吴寬手抄，莊重端凝。項元汴得自文彭，後經查瑩、吴榮光、潘仕成、柏成梁等收藏。

上海圖書館藏 名錄10695

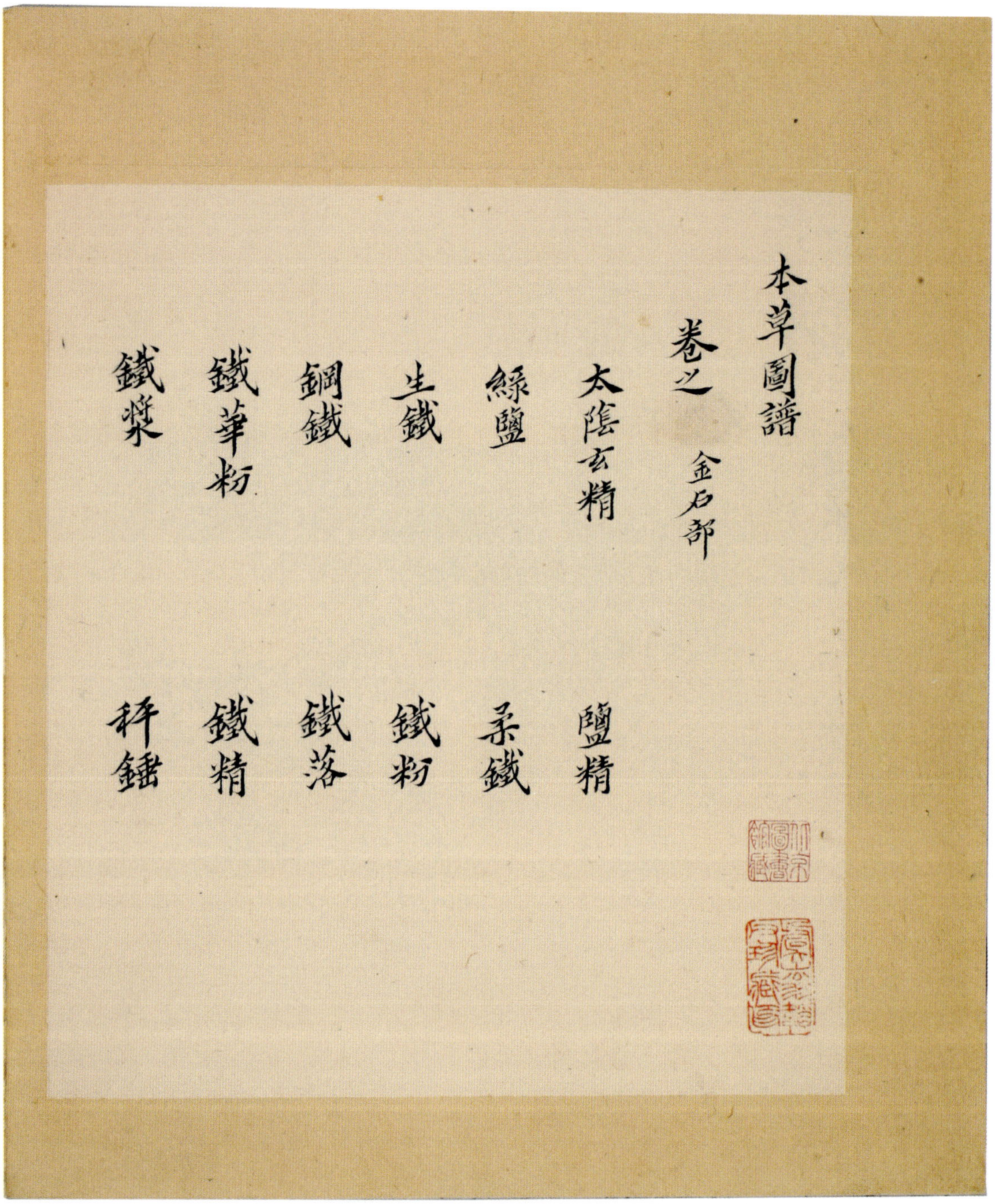
本草圖譜
卷之 金石部
太陰玄精
綠鹽
生鐵
鋼鐵
鐵華粉
鐵漿
鹽精
柔鐵
鐵粉
鐵落
鐵精
秤錘

本草圖譜□卷

明周榮起抄　周淑祜、周淑禧彩繪本　存三卷

每藥文圖二葉，左圖説，紙本；右彩圖，絹本。圖據明萬曆四十八年（1620）文俶《金石昆蟲草木狀》一書藥圖摹繪，後者出自明弘治内府本《本草品匯精要》，而《本草品匯精要》爲明代唯一官修本草，已流失海外，國内僅存殘卷。鄭振鐸舊藏。

國家圖書館藏 名錄10425

鐵落

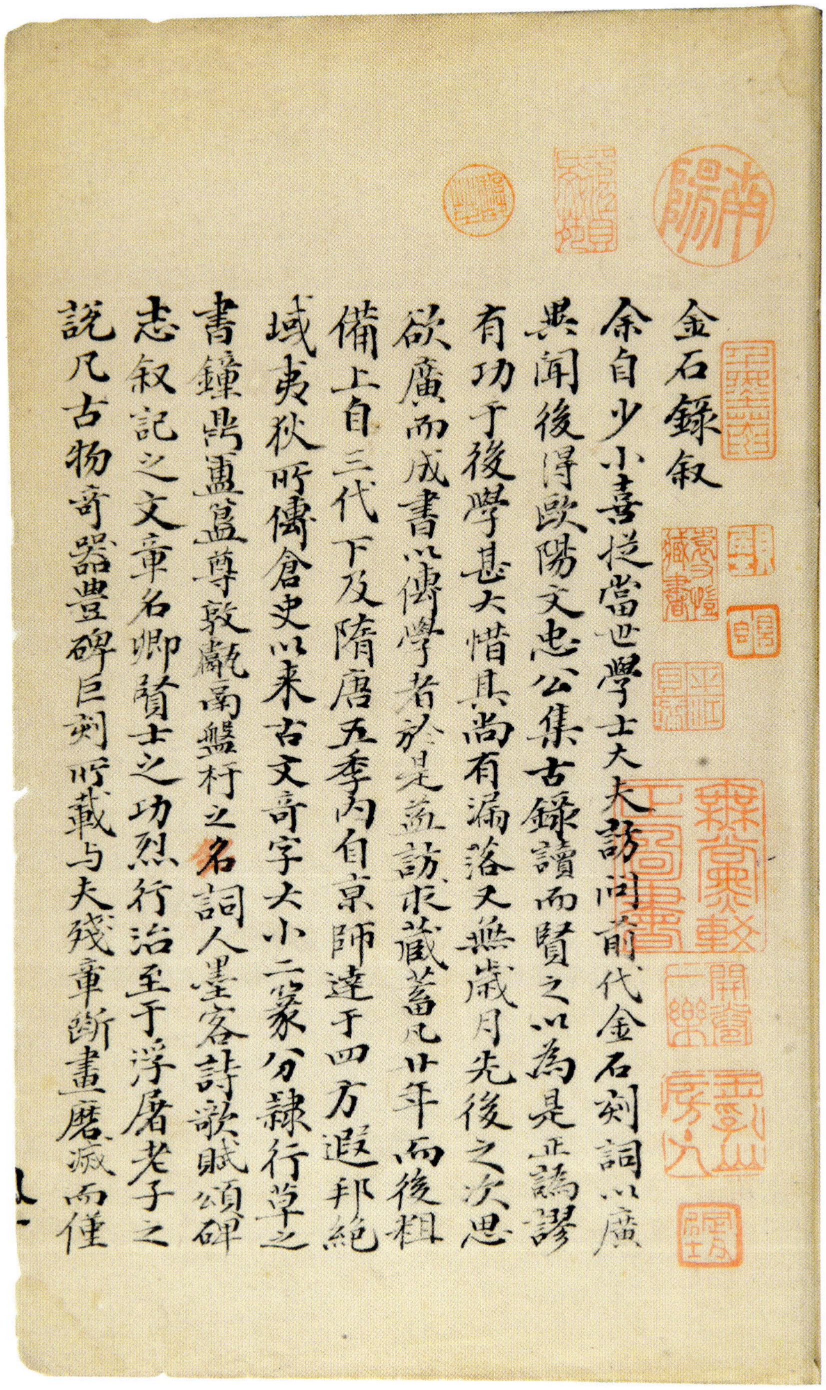
金石錄叙
余自少小喜從當世學士大夫訪問前代金石刻詞以廣
異聞後得歐陽文忠公集古錄讀而賢之以為是正譌謬
有功于後學甚大惜其尚有漏落又無歲月先後之次思
欲廣而成書以傳學者於是益訪求藏蓄凡廿年而後粗
備上自三代下及隋唐五季內自京師達于四方遐邦絕
域夷狄所傳倉史以來古文奇字大小二篆分隸行草之
書鐘鼎簠簋尊敦甗鬲盤杅之名詞人墨客詩歌賦頌碑
志叙記之文章名卿賢士之功烈行治至于浮屠老子之
說凡古物奇器豐碑巨刻所載与夫殘章斷畫磨滅而僅

金石錄三十卷　（宋）趙明誠撰

清吕無黨鈔本（卷二十五至三十配吕無黨家鈔本）　吕無黨校並跋　張元濟跋

卷一至二十四爲吕無黨手抄，“留”字均缺筆。後六卷配吕氏家鈔本，“留”、“公”字皆缺筆，因吕無黨原名公忠。全書讎校極審慎，較通行之清乾隆盧見曾雅雨堂刻本文字優勝。海鹽張氏舊物，經袁廷檮、貝墉、林則徐收藏。張元濟據以影印《四部叢刊》。

上海圖書館藏 名錄10353

壬午八月諸弟及兒子入場余于寓所抄得金石錄二卷因思闈中萬三千手使皆為余抄未見之書豈非快事無黨記

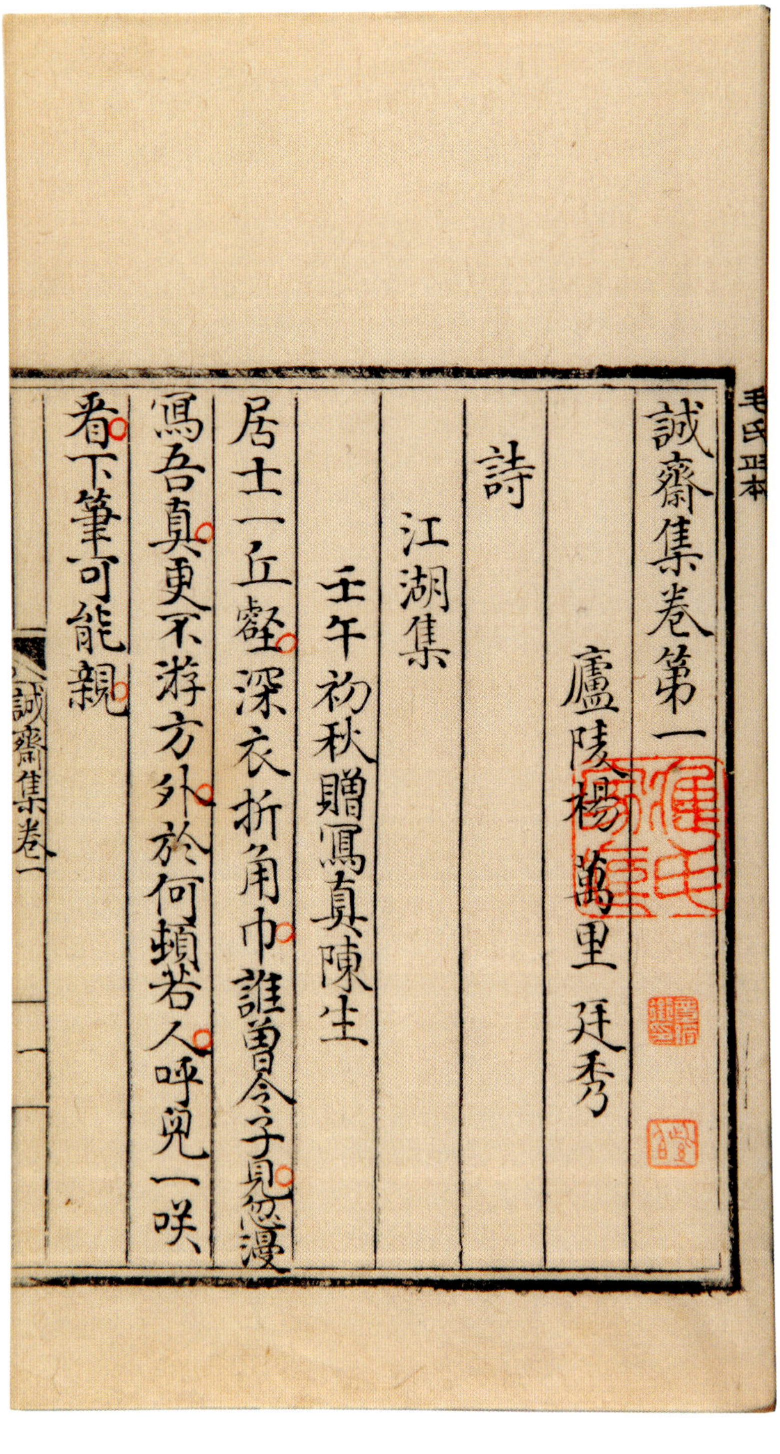

誠齋集一百三十三卷　（宋）楊萬里撰

明末毛氏汲古閣鈔本

《誠齋集》刻本唯南宋端平二年（1235）劉煒叔刻全集本，元明僅以鈔本流傳。是書源出端平本，首尾俱全，頗可寶重。

上海圖書館藏　名錄10654

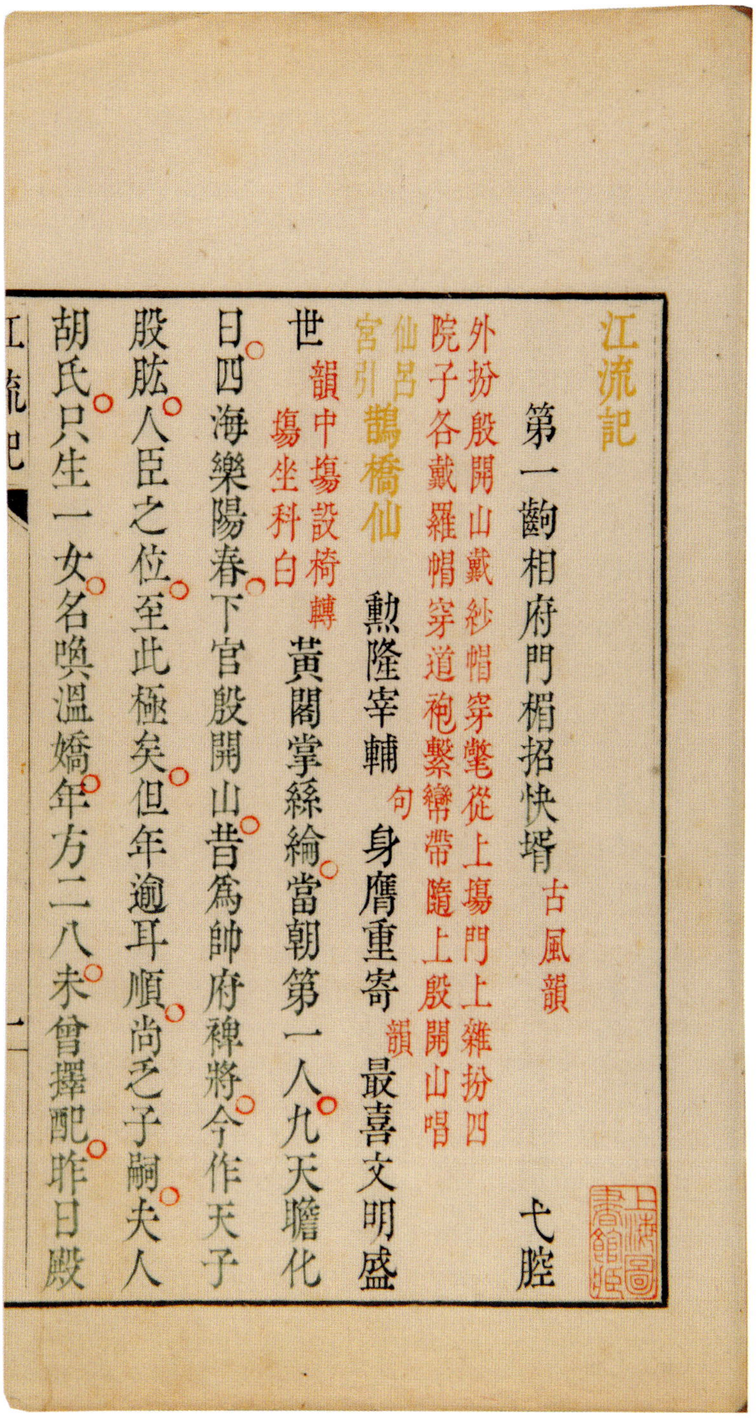
江流記
第一齣相府門楣招快壻 古風韻 弋腔
外扮殷開山戴紗帽穿蟒從上場門上雜扮四
院子各戴羅帽穿道袍繫鑾帶隨上殷開山唱
仙呂宮引 鵲橋仙 勳隆宰輔句身膺重寄韻最喜文明盛
世韻中場設椅轉場坐科白 黃閣掌絲綸當朝第一人九天贍化
日四海樂陽春下官殷開山昔為帥府裨將今作天子
股肱人臣之位至此極矣但年逾耳順尚乏子嗣夫人
胡氏只生一女名喚溫嬌年方二八未曾擇配昨日殿
江流記 一

江流記不分卷

清內府四色鈔本

清乾隆間敕命張照製大內節戲院本，以四色精寫，凡十八齣。未見別本流傳。

上海圖書館藏 名錄10988

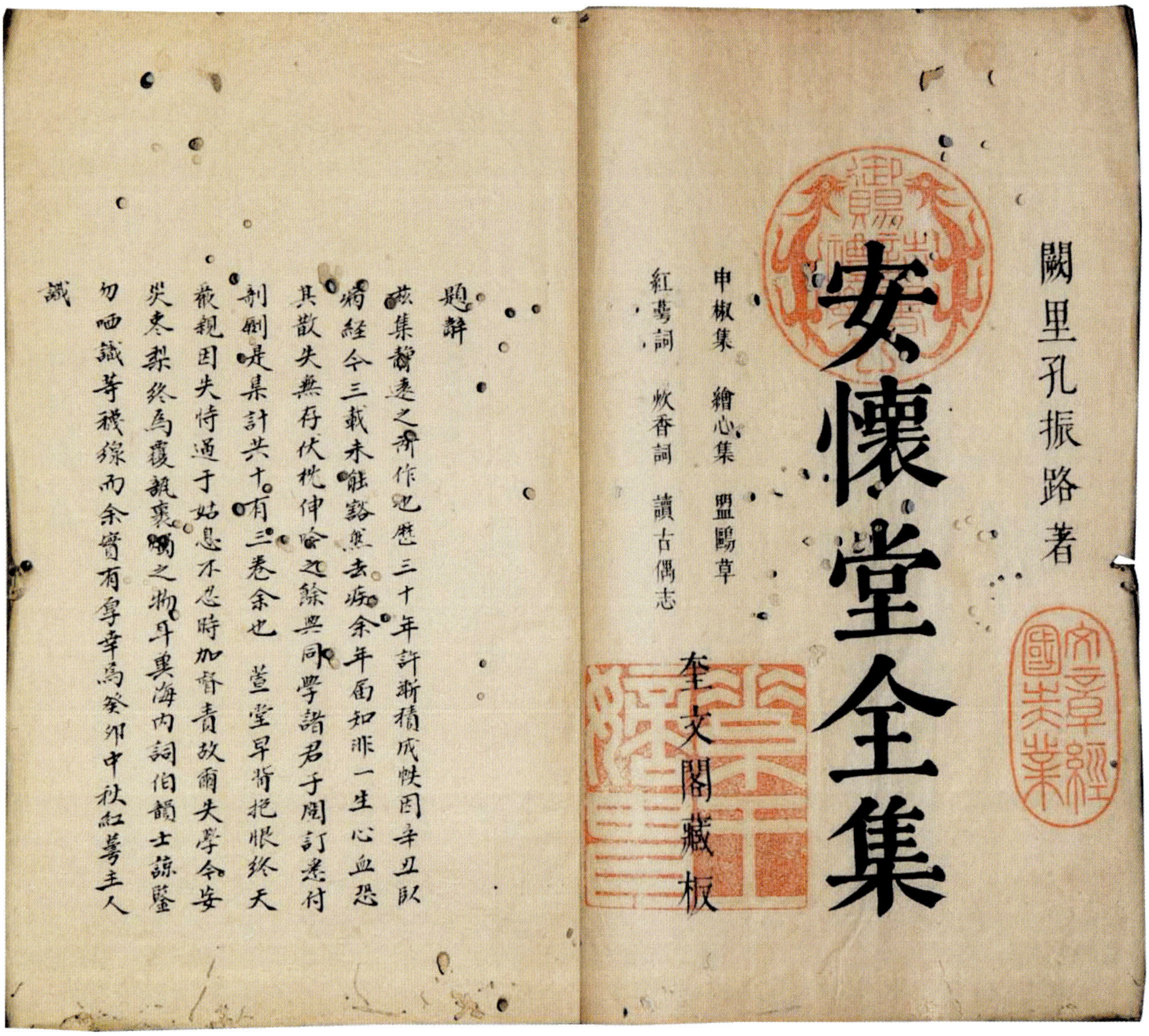

安懷堂全集　（清）孔傳鐸撰

清鈔本

孔傳鐸（1673—1732），孔子第六十八代孫，通禮樂，工詩詞。康熙年間賜二品冠服。雍正時，受命重建孔廟、修繕孔林。原藏於孔廟奎文閣。

曲阜文物管理委員會孔府文物檔案館藏　名錄10867

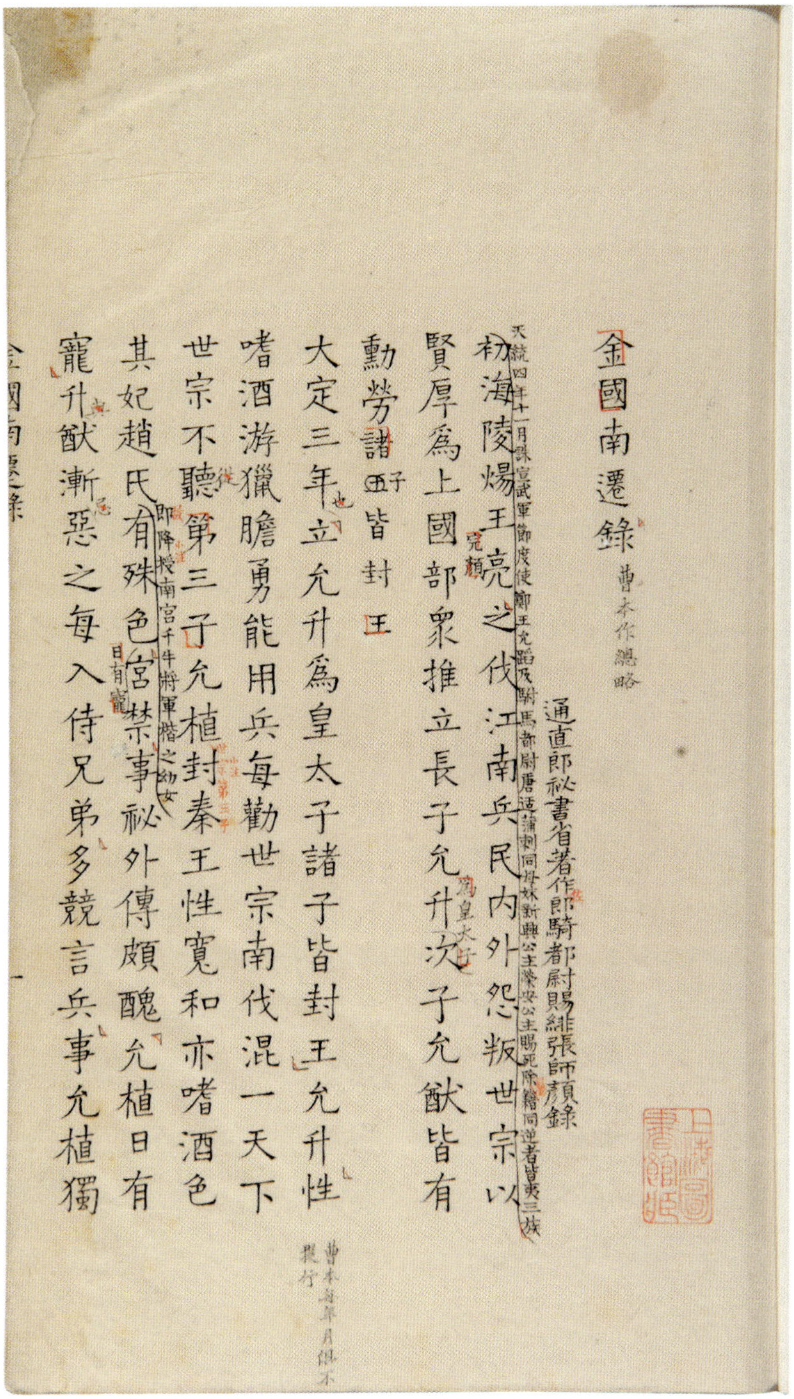
金國南遷錄　曹本作總略
通直郎祕書省著作郎騎都尉賜緋張師顏錄
初海陵煬王亮之伐江南兵民内外怨叛世宗以
賢厚爲上國部衆推立長子允升次子允猷皆有
勳勞諸王子皆封王
大定三年立允升爲皇太子諸子皆封王允升性
嗜酒游獵膽勇能用兵每勸世宗南伐混一天下
世宗不聽第三子允植封秦王性寬和亦嗜酒色
其妃趙氏有殊色宮禁事祕外傳頗醜允植日有
寵升猷漸惡之每入侍兄弟多競言兵事允植獨

金國南遷錄一卷　題（金）張師顏撰

清勞格鈔本　勞權校並跋　勞格校

勞權、勞格兩兄弟以藏書、校書聞名。此爲勞格手抄，又經二勞手校。勞權以曹溶鈔本校，云曹本多删潤，此本文字較勝。

上海圖書館藏 名錄10239

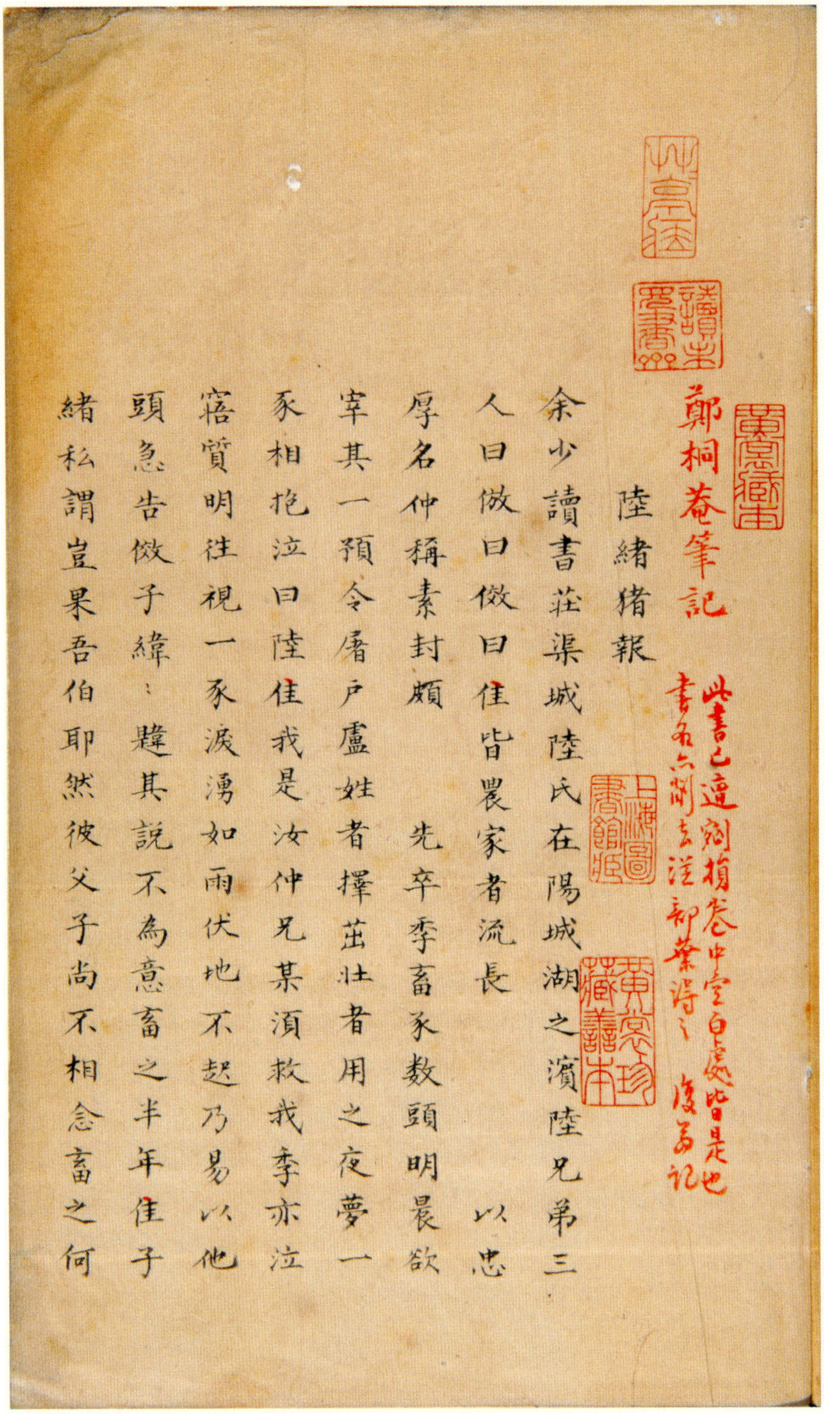

鄭桐菴筆記

陸緒猪報

余少讀書莊渠城陸氏在陽城湖之濱陸兄弟三人曰傚曰傚曰佳皆農家者流長　以忠厚名仲稱素封頗　先卒季畜豕數頭明晨欲宰其一預令屠户盧姓者擇茁壯者用之夜夢一豕相抱泣曰陸佳我是汝仲兄某須救我季亦泣寤覺明往視一豕淚湧如雨伏地不起乃易以他頭急告傚子緯緯趣其說不為意畜之半年佳子緒私謂豈果吾伯耶然彼父子尚不相念畜之何

此書已遭剜損卷中空白處皆是也書名亦剜去從初葉得之　復翁記

鄭桐庵筆記一卷　（清）鄭敷教撰

清嘉慶十四年（1809）黄氏士禮居鈔本　黄丕烈跋

是書多載明末遺聞佚事，向以鈔本流傳。此本源自海寧陳鱣藏本，咸同間歸崑山藏書家趙元益。

上海圖書館藏　名録10517

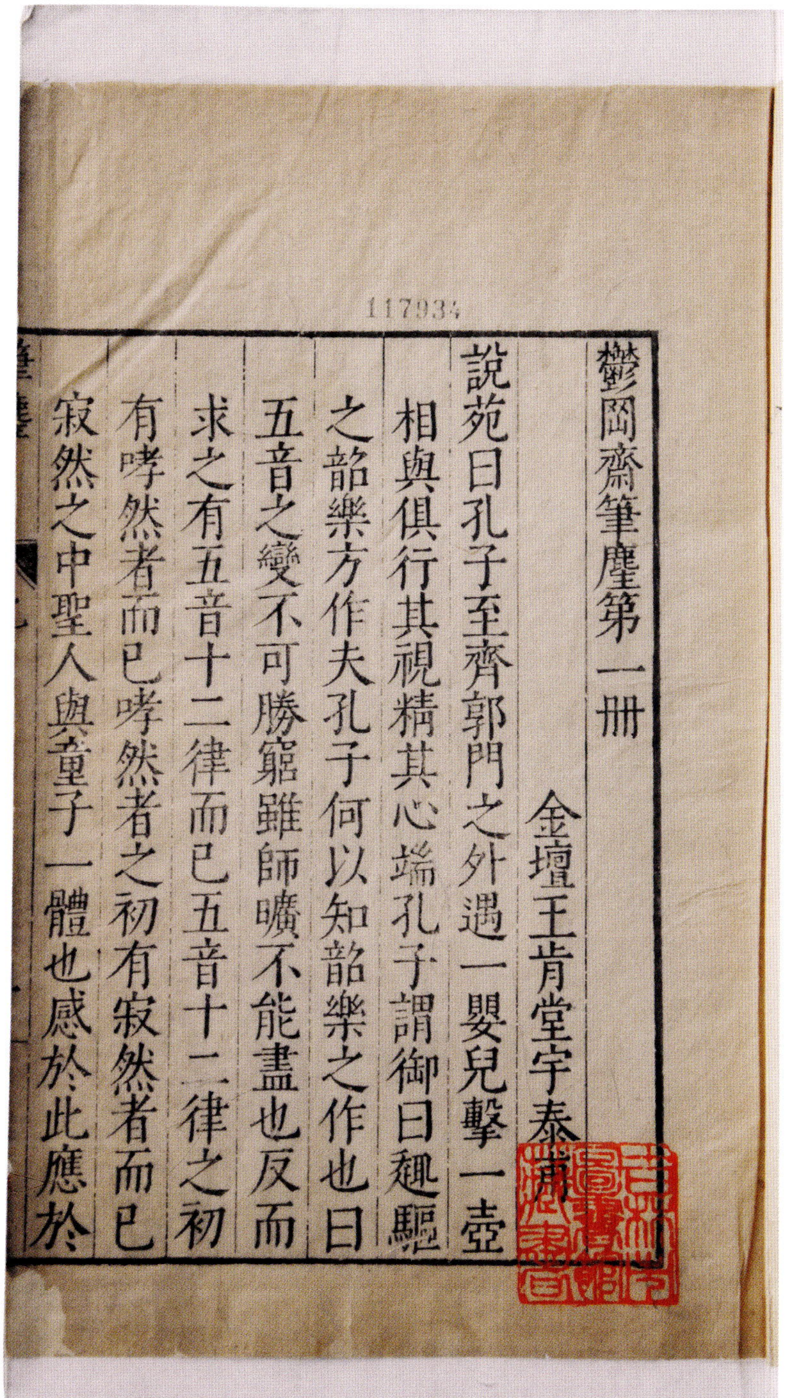

117934

鬱岡齋筆塵第一册

金壇王肯堂宇泰甫

說苑曰孔子至齊郭門之外遇一嬰兒挈一壺相與俱行其視精其心端孔子謂御曰趣驅之韶樂方作夫孔子何以知韶樂之作也曰五音之變不可勝窮雖師曠不能盡也反而求之有五音十二律而已五音十二律之初有哮然者而已哮然者之初有寂然者而已寂然之中聖人與童子一體也感於此應於

鬱岡齋筆塵四卷　（明）王肯堂撰

明萬曆刻本［四庫進呈本］　存三卷（一至二、四）

書中雜論天文、算術、五行家言，以及賞鑒書畫之類。所載論醫諸條，深切微妙。

吉林市圖書館藏 名録10496

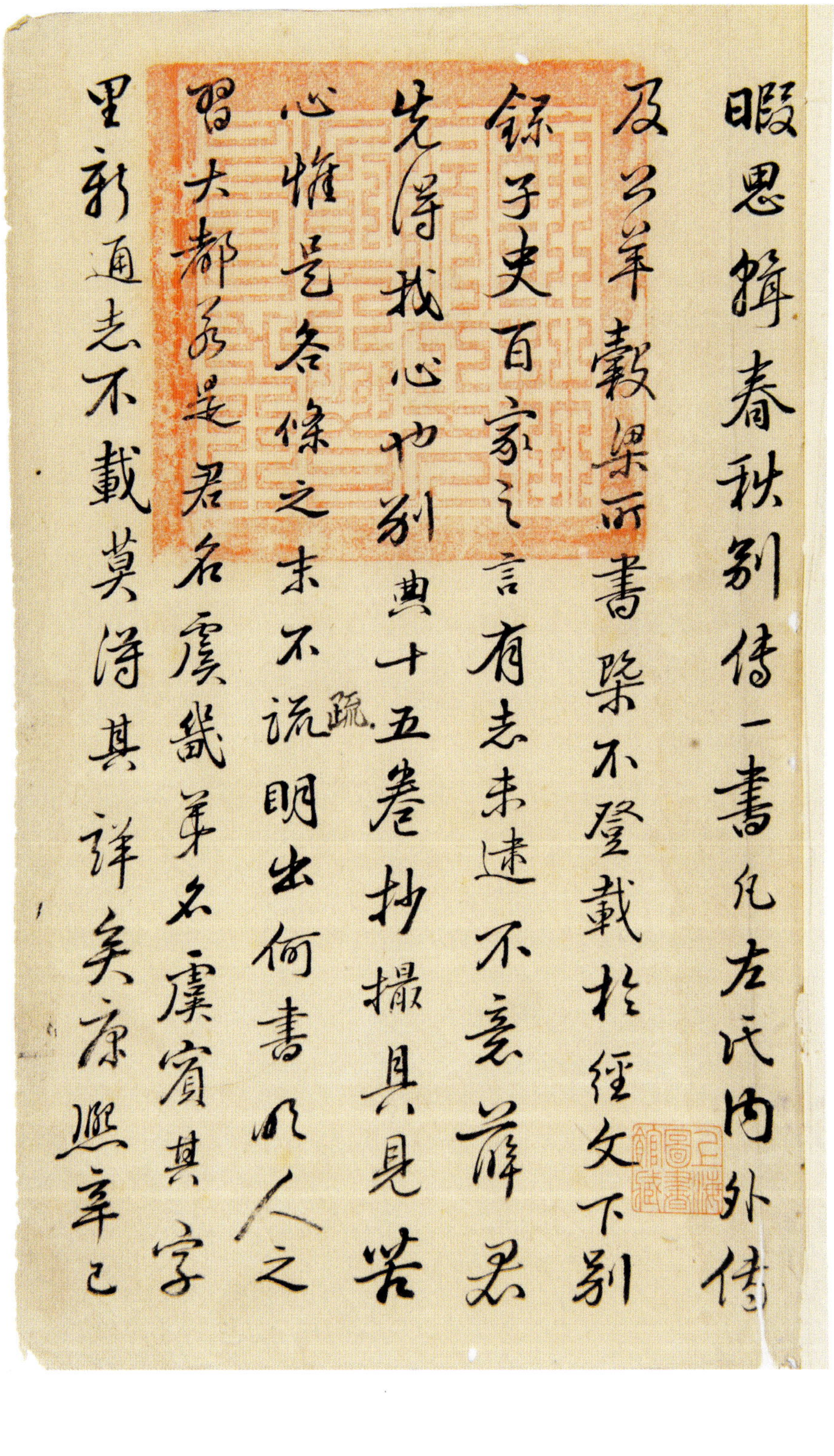
暇思輯春秋别傳一書凡左氏内外傳及公羊穀梁所書槩不登載於經文下别録子史百家之言有志未逮不意薛君先得我心也别典十五卷抄撮具見苦心惟是各條之末不疏明出何書後人之習大都系是君名虞畿弟名虞賓其字里新通志不載莫得其詳矣康熙辛巳

春秋别典十五卷　（明）薛虞畿輯

清鈔本［四庫底本］

書中有四庫館臣校籤，當即《四庫全書總目》著録之“兩淮鹽政採進本”。鈐“翰林院印”滿漢朱文大方印。

上海圖書館藏　名録10228

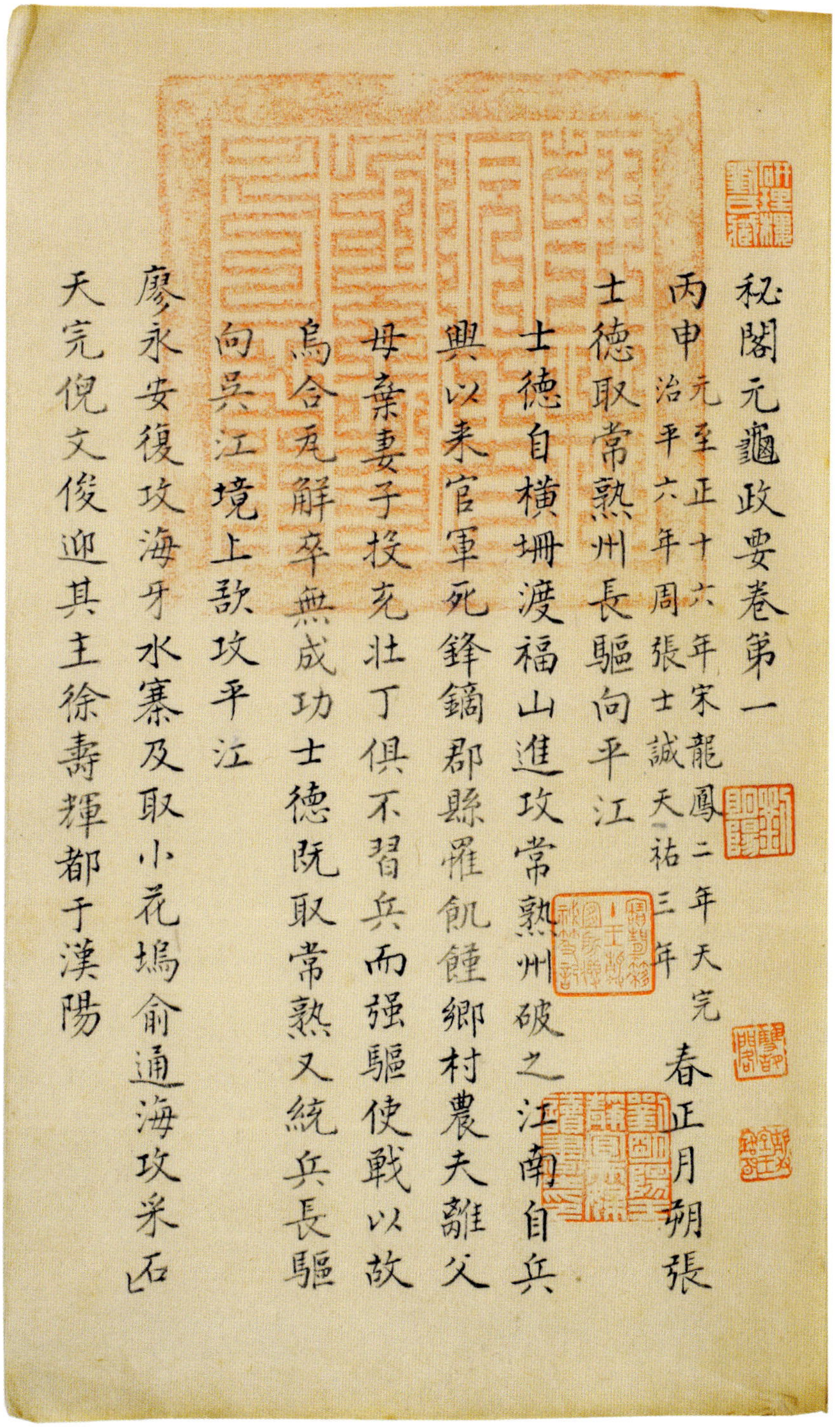
秘閣元龜政要卷第一

丙申 元至正十六年宋龍鳳二年天完治平六年周張士誠天祐三年 春正月朔張士德取常熟州長驅向平江

士德自横堋渡福山進攻常熟州破之江南自兵興以来官軍死鋒鏑郡縣罹飢饉鄉村農夫離父毋棄妻子投充壯丁俱不習兵而强驅使戰以故烏合瓦解卒無成功士德既取常熟又統兵長驅向吳江境上欵攻平江

廖永安復攻海牙水寨及取小花塢俞通海攻采石

天完倪文俊迎其主徐壽輝都于漢陽

秘閣元龜政要十六卷

清鈔本［四庫底本］

四庫採進本，未入選《四庫全書總目》。《四庫全書總目・存目》所錄則爲“浙江孫仰曾家藏本”。書中記明太祖事，起於元至正十六年（1356）張士德取常熟，終於洪武二十八年（1395）。

河北大學圖書館藏 名錄10210

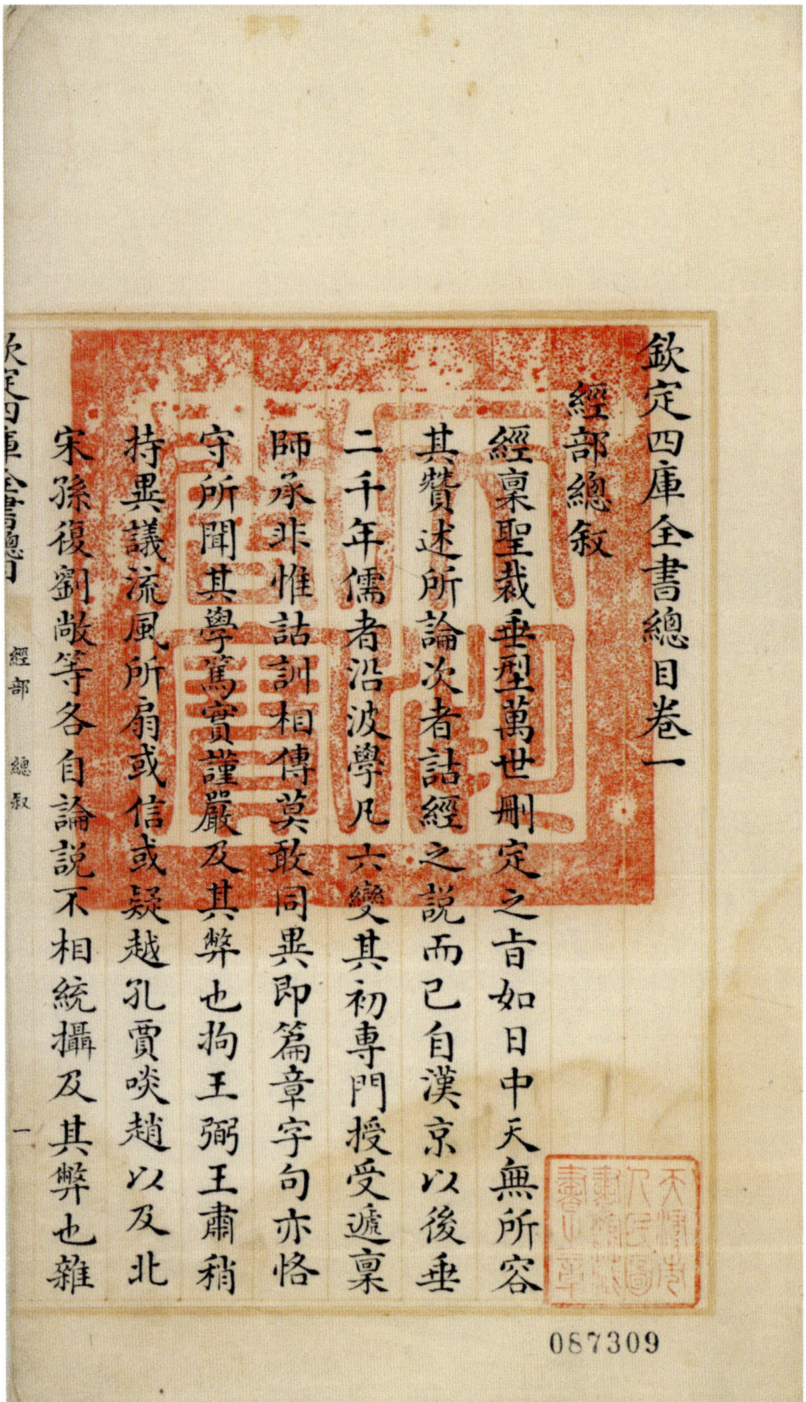

欽定四庫全書總目卷一

經部總敘

經稟聖裁垂型萬世刪定之旨如日中天無所容其贊述所論次者詁經之說而已自漢京以後垂二千年儒者沿波學凡六變其初專門授受遞稟師承非惟詁訓相傳莫敢同異即篇章字句亦恪守所聞其學篤實謹嚴及其弊也拘王弼王肅稍持異議流風所扇或信或疑越孔賈啖趙以及北宋孫復劉敞等各自論說不相統攝及其弊也雜

欽定四庫全書總目　經部　總敘　一

欽定四庫全書總目二百卷　（清）紀昀等撰

清乾隆内府寫文溯閣《四庫全書》本

文溯閣爲"北四閣"之一。鈐"文溯閣寶"朱文大方印。

天津圖書館藏　名錄10347

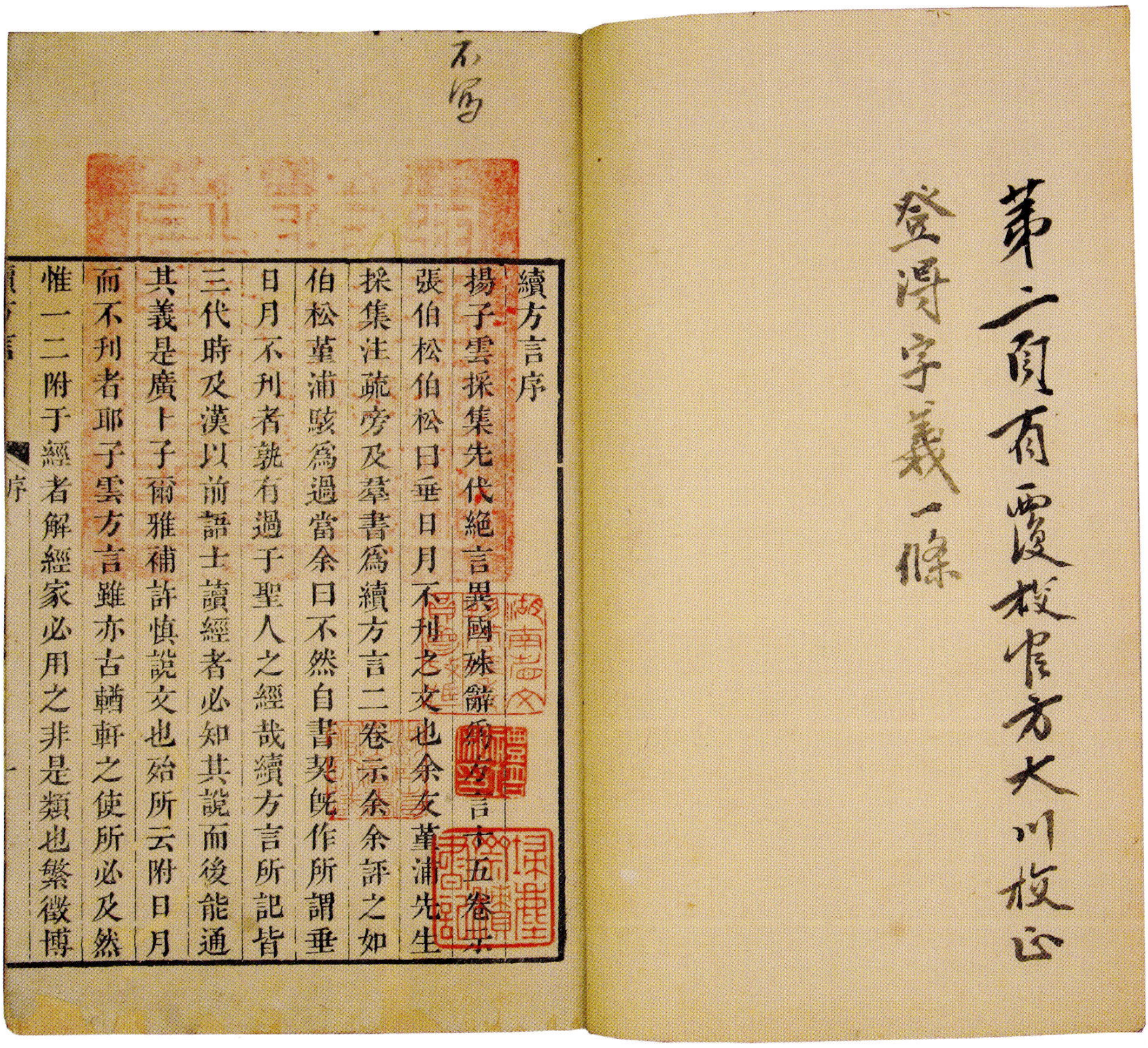

續方言二卷　（清）杭世駿撰　續方言補二卷　（清）程際盛撰

清雍正刻本［四庫底本］

即《四庫全書總目》所稱“浙江巡撫採進本”。集《十三經注疏》、《説文》、《釋名》諸書，仿《爾雅》，以補揚雄《方言》之遺，頗裨於訓詁。

湖南圖書館藏　名録10138

碑帖拓本

石刻文獻，又稱“石書”，在我國衆多的文獻類型中，其重要性僅次於寫刻本的“紙書”。我國石刻歷史悠久，品種繁多，數量巨大，内容宏富，是研究古代政治、經濟、軍事、歷史、宗教、藝術、農業、醫學、建築、天文地理、水文水利等方面的重要資料，被譽爲“刻在石頭上的二十四史”。傳拓技藝自南北朝産生之後，這些重要石刻文獻大多以拓本的形式保存流傳，化身千百，爲中華文明的傳承作出了不可磨滅的貢獻。

第四批《名録》共有11家單位124種拓本參加碑帖類名録的申報。入選拓本71種，其中宋拓本30種，元拓本1種，明拓本20種，清拓本19種，民國拓本1種。有62種來自上海圖書館，其餘國家圖書館4種、北京市文物局圖書資料中心4種、中國藝術研究院1種。所入選碑帖皆名碑名帖，以早期拓本爲先，初拓本爲主，名家書寫者爲重。

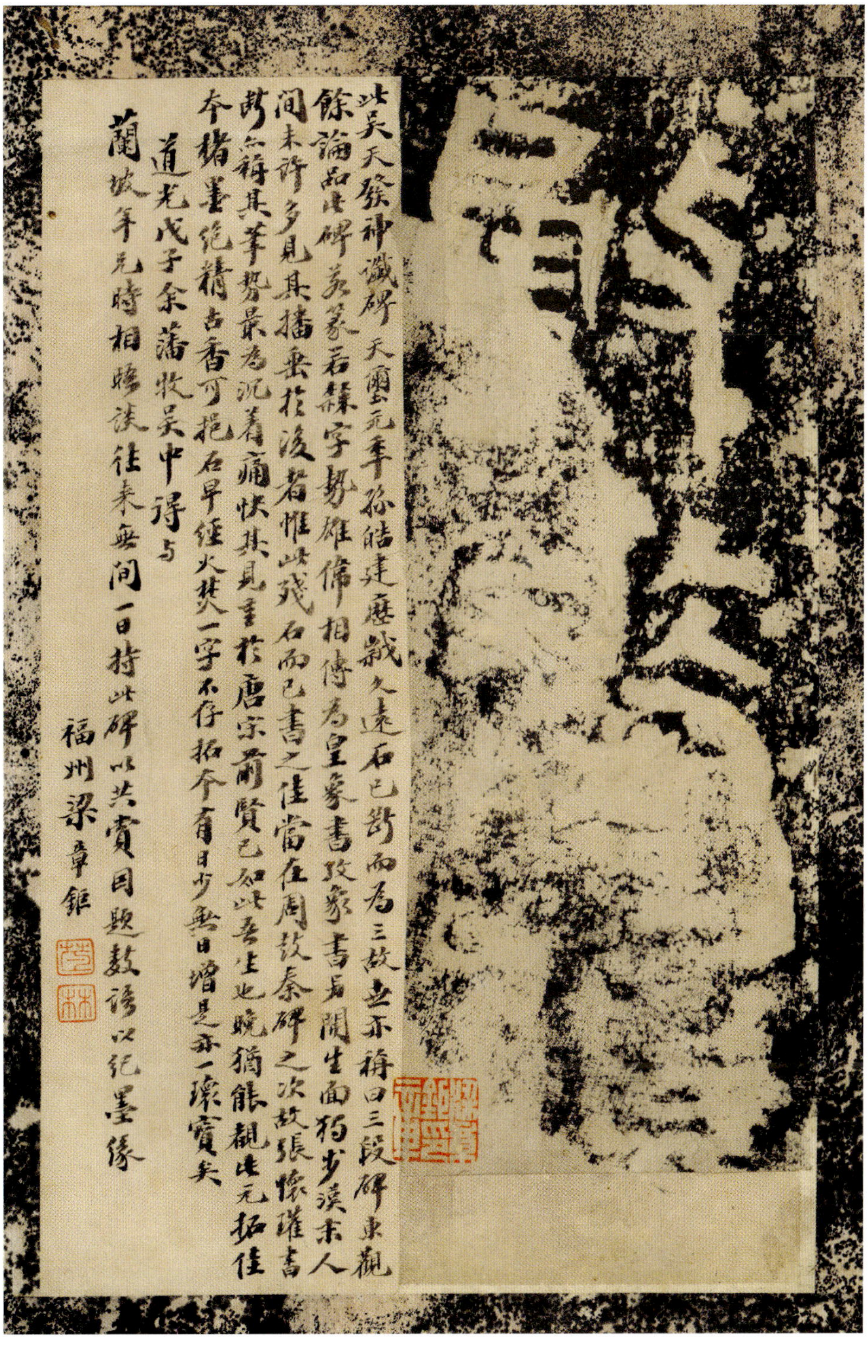

天發神讖碑　（三國吴）皇象書

三國吴天璽元年（276）刻石　元拓本

册頁裝，墨心32×20cm。有梁章鉅、孫毓溎、崇恩等題跋。此元拓本，爲稀世珍品。

中國藝術研究院藏 名録09993

董美人墓誌　（隋）楊秀撰

隋開皇十七年（597）十月十二日刻石　清拓本

册頁裝，墨心16.4×9.4cm。誌石存世時間短，原石拓片稀見。此爲初拓關中淡墨本，有吴湖帆題跋。

上海圖書館藏 名錄11021

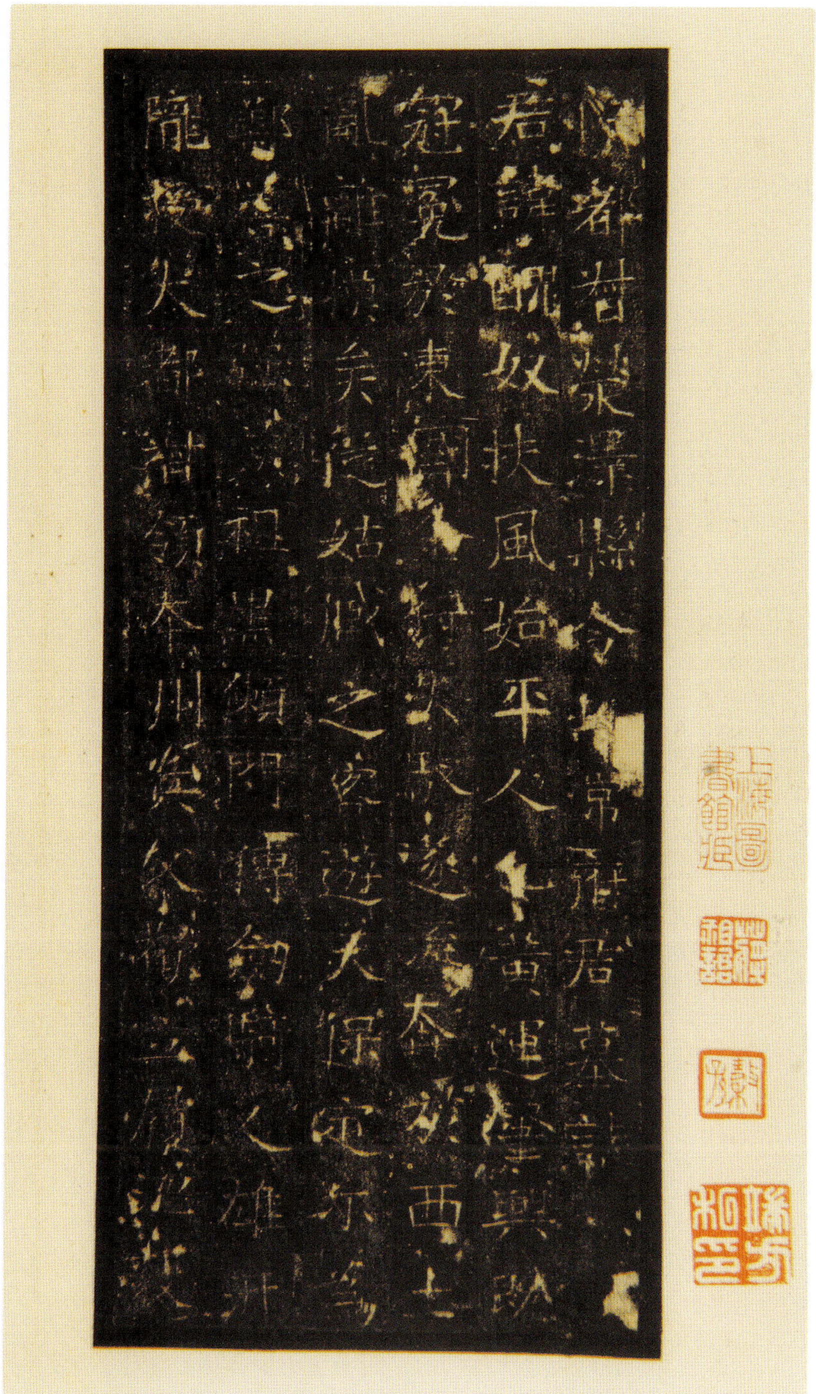

常醜奴墓誌

隋大業三年（607）八月二十六日刻石　清初拓本

册頁裝，墨心24.4×10.5cm。誌石明代出土，清乾隆間佚失。此本原缺最末一行，蔣祖詒自别本補入，遂成完璧。有端方、楊守敬、羅振玉等題跋。

上海圖書館藏 名録11022

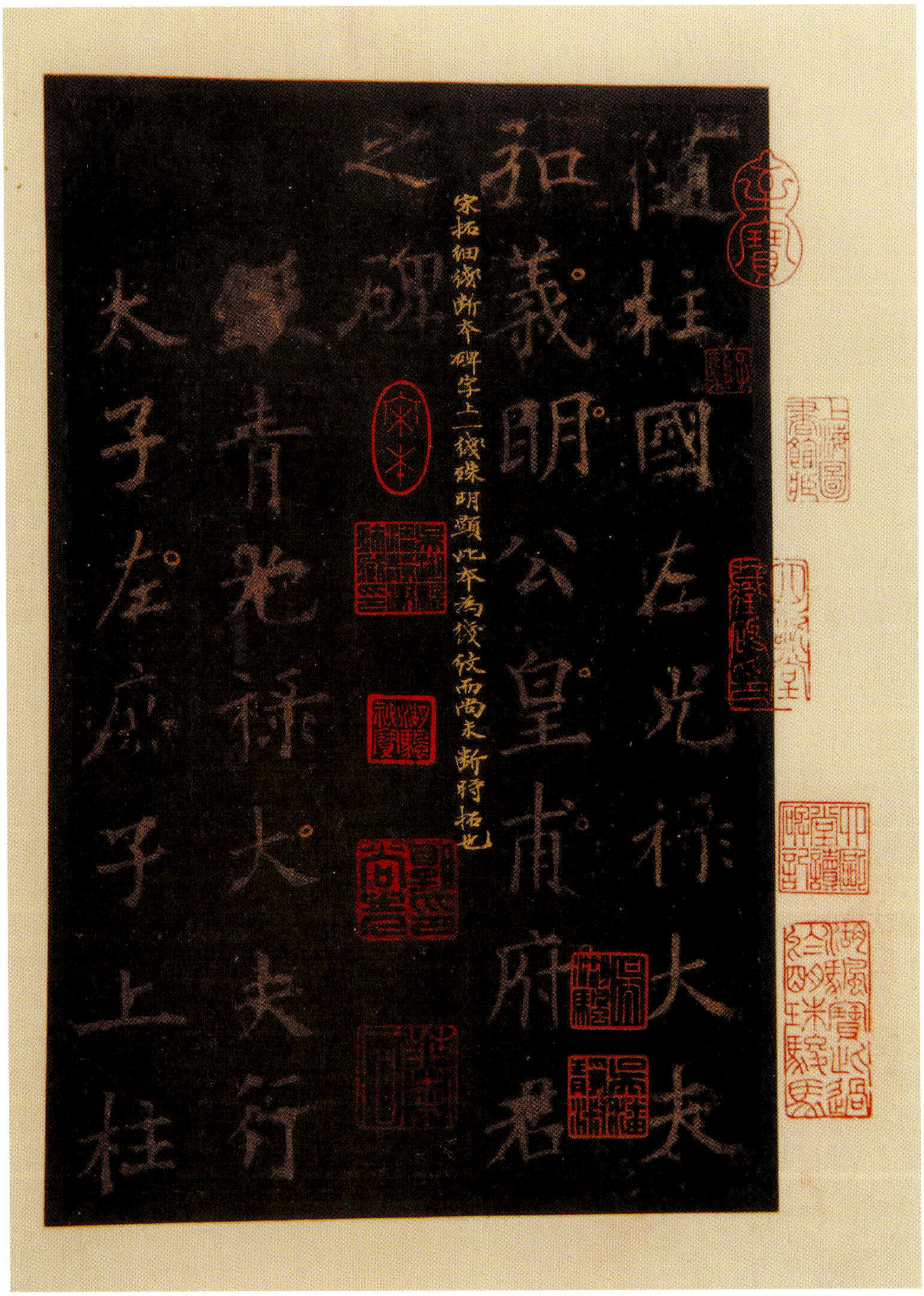

皇甫誕碑　（唐）于志寧撰　（唐）歐陽詢書

唐貞觀十七年（643）刻石　宋拓本

册頁裝，墨心24.6×15.5cm。碑今存西安碑林，明代碑斷，此宋拓未斷本。有王同愈、羅振玉、鄧邦述等題跋，並吴湖帆所繪《四歐堂校碑圖》。

上海圖書館藏 名録09998

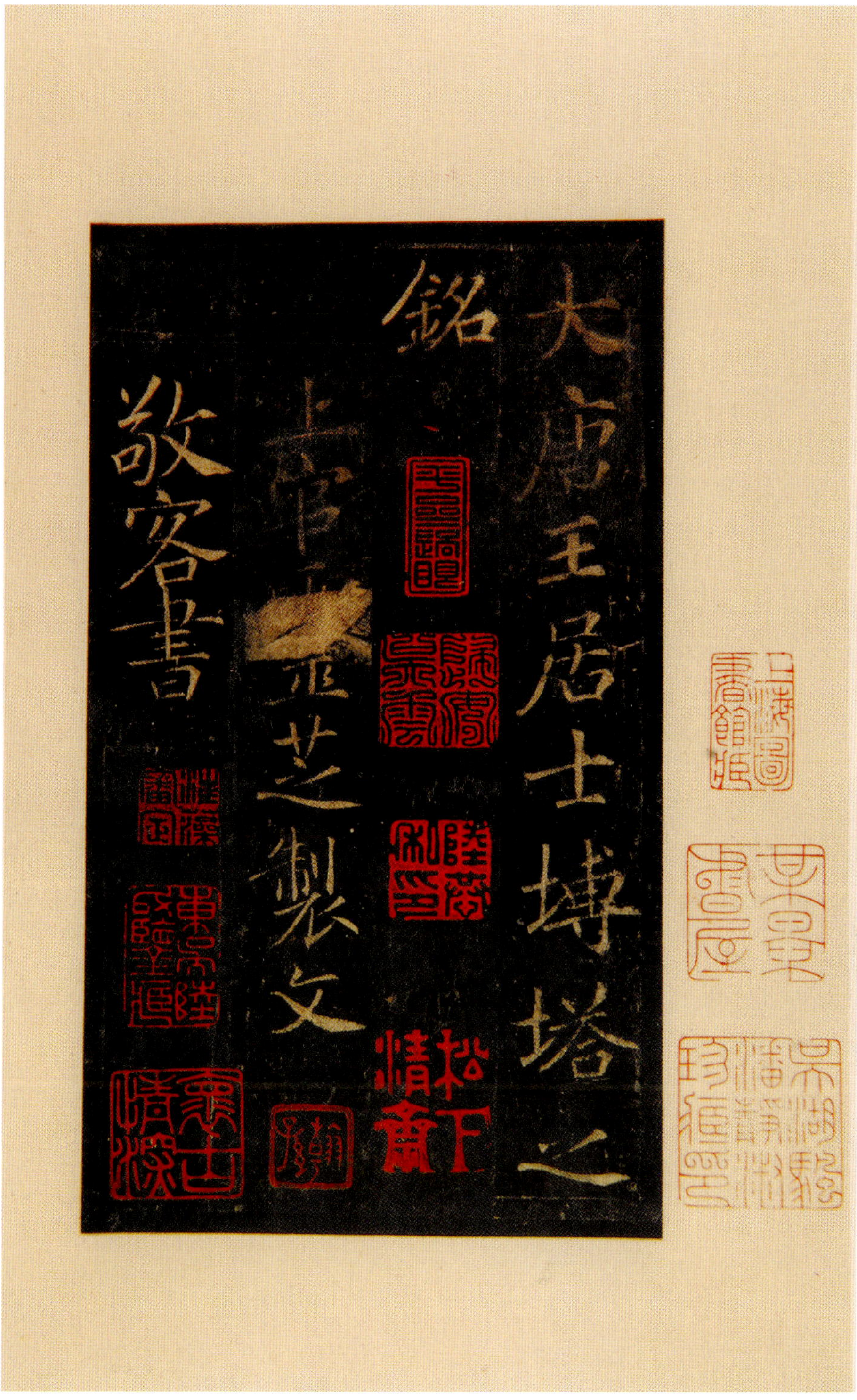

王居士磚塔銘　（唐）上官靈芝撰　（唐）敬客書

唐顯慶三年（658）刻石　明拓本

册頁裝，墨心17.1×9.8cm。原石明萬曆間出土於西安，此初拓本。有翁方綱、吴雲、褚德彝等題跋。

上海圖書館藏　名録11027

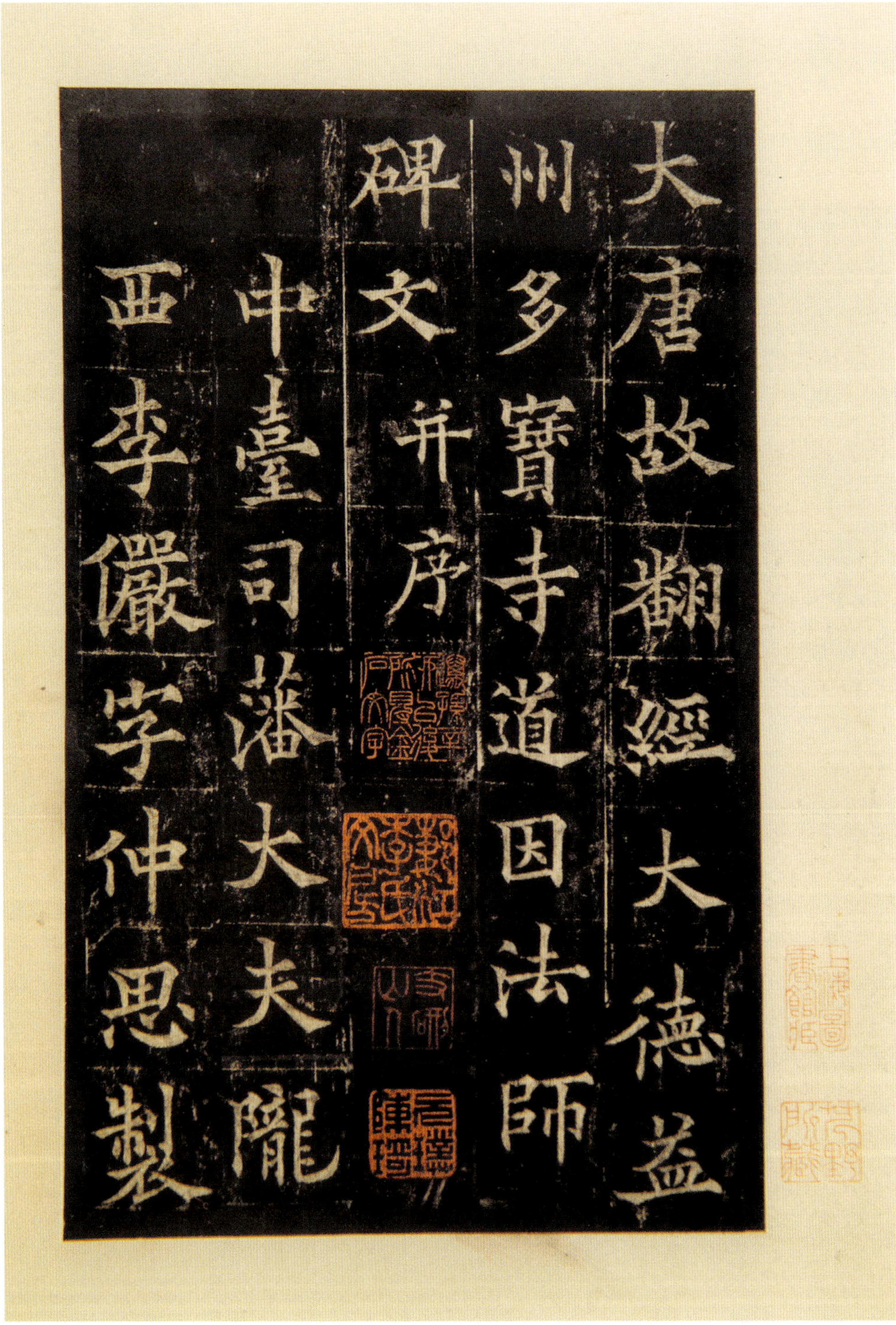

道因法師碑　（唐）李儼撰　（唐）歐陽通書

唐龍朔三年（663）十月十日刻石　宋拓本

册頁裝，墨心25.3×15.2cm。此本第四行“師”字鈎筆完好，第十一行“冰釋”、第十三行“善逝”未損，有額。有潘寧、何紹基、王存善題跋。

上海圖書館藏 名録09999

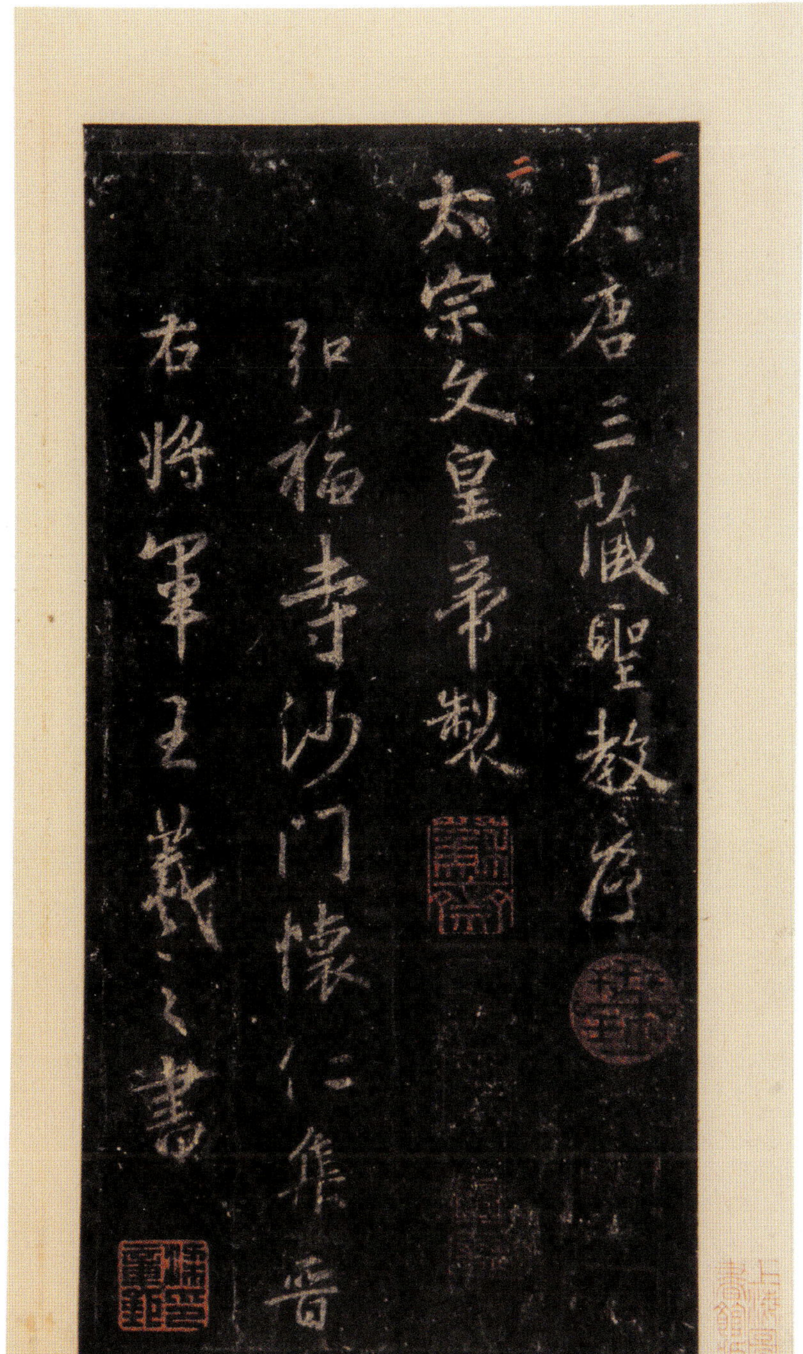

三藏聖教序　（唐太宗）李世民撰序　（唐高宗）李治撰記　（唐釋）懷仁集王羲之行書

唐咸亨三年（672）刻石　北宋拓本

册頁裝，墨心25.8×12.7cm。此北宋晚期拓本，有填墨痕迹。有王澍、蔣衡、孫義鋆等題跋。

上海圖書館藏 名録10001

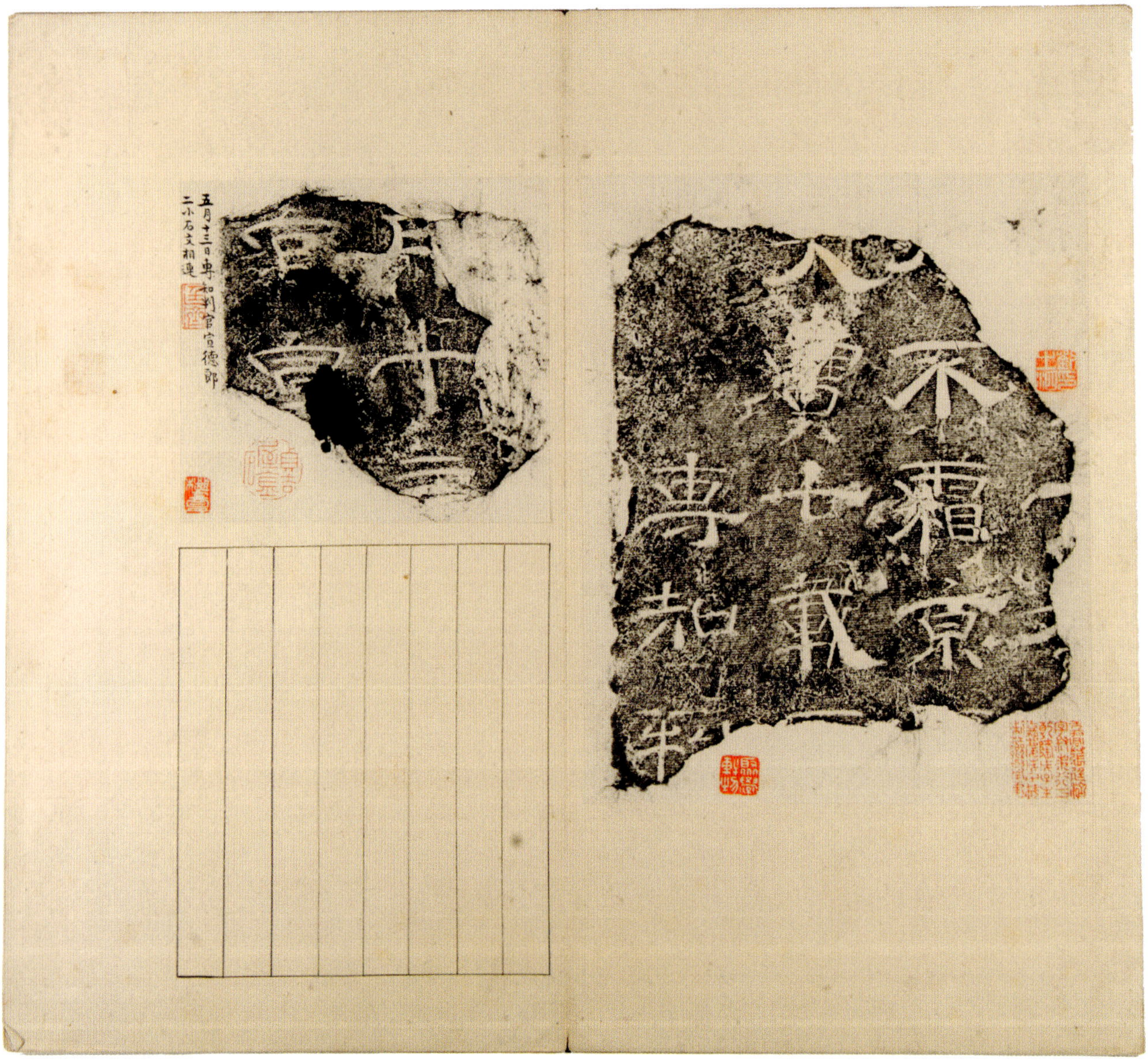

公孫僑廟碑

唐天寶年間（742—756）刻石　明末清初拓本

册頁裝，開本31.7×17.1cm。碑石明末清初尚存百字，乾隆間裂爲十塊，僅存三十餘字，此本爲清初和乾隆年間兩個拓本合裝。有翁方綱、張廷濟、沈樹鏞等題跋。

上海圖書館藏 名錄11031

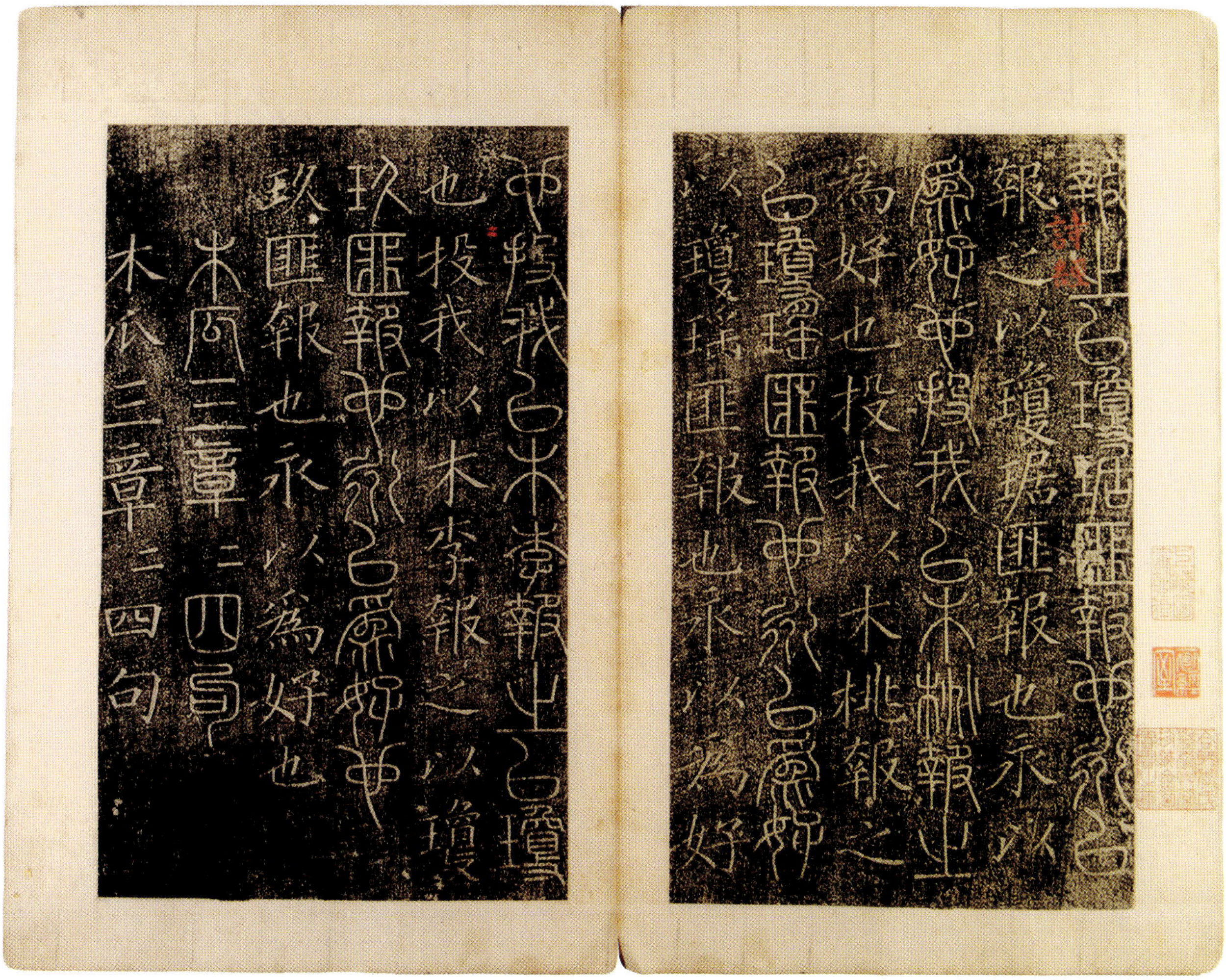

嘉祐石經

北宋嘉祐六年（1061）刻石　宋拓本

册頁裝，拓本4册，題跋1册，石經開本32.3×20.6cm，題跋開本33×20.6cm。此宋拓元裝本。有劉體乾、吴士鑒題跋。

上海圖書館藏 名錄10008

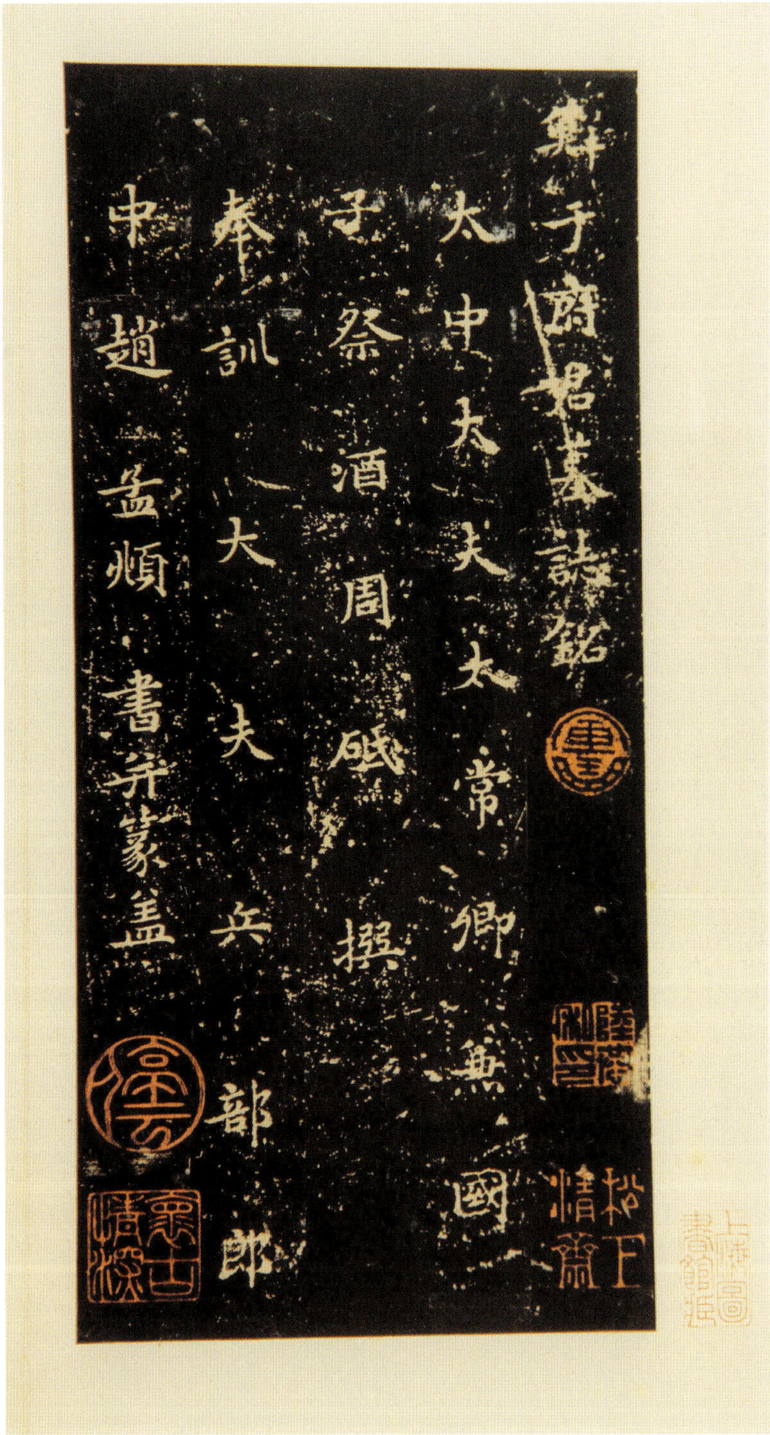
鮮于府君墓誌銘
太中大夫太常卿兼國
子祭酒周砥撰
奉訓大夫兵部郎
中趙孟頫書并篆盖

鮮于光祖墓誌　（元）周砥撰　（元）趙孟頫正書序　（元）盛彪正書合葬緣故

元大德二年（1298）刻石　明拓本

册頁裝，墨心25.3×11.5cm。石原在浙江錢塘孤山，久佚。此誌傳本僅見兩種，此陸恭藏明拓本爲唯一足本。有王澍題跋。

上海圖書館藏 名録11035

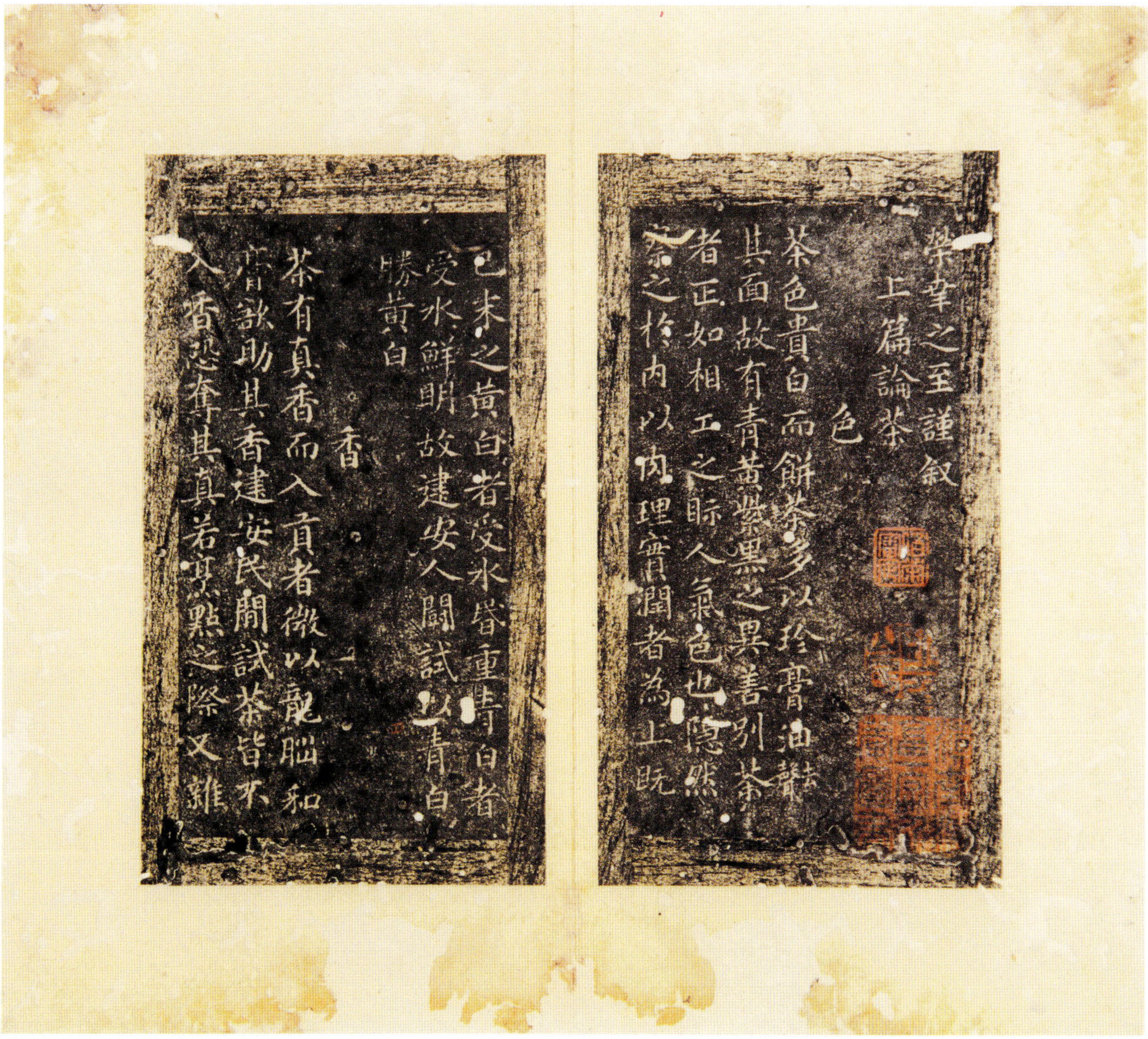
榮幸之至謹叙
上篇論茶
色
茶色貴白而餅茶多以珍膏油
其面故有青黃紫黑之異善別茶
者正如相工之眎人氣色也隱然
察之於內以肉理實潤者為上既
已末之黃白者受水昏重青白者
受水鮮明故建安人鬭試以青白
勝黃白
香
茶有真香而入貢者微以龍腦和
膏欲助其香建安民間試茶皆不
入香恐奪其真若烹點之際又雜

茶錄　（宋）蔡襄撰並正書

北宋治平元年（1064）刻石　宋拓本

册頁裝，墨心18.8×9.8cm。疑爲孤本，下篇《茶羅》後有殘缺，經翁方綱臨補完善。有翁方綱、蔡之定、林則徐題跋。

上海圖書館藏 名錄10021

輿圖

中國地圖發展源遠流長，因其形態不規則、不便於刊刻，不利於整理與保護，傳至今日者爲數不多。入選第四批《名錄》的輿圖，時間最早者爲放馬灘出土的西漢紙質地圖。此次展出的地圖，以成圖於嘉慶年間的《洛陽十邑輿圖》爲代表，它採用中國傳統的山水形象畫法，精細地繪出了轄境内山川、河流、樹木、城郭及寺廟古迹，並注記相關情況。

運河是溝通南北的大動脈，《運河圖説》以圖文並茂的形式展現了運河各區段的特點以及閘壩情形。繪製於嘉慶四年的《西湖全圖》，諸名勝皆重彩敷色，金粉細繪，並貼有小楷標籤説明，將西湖内外諸景薈萃尺幅，湖山名勝星羅棋佈，使觀者如在几席間鳥瞰西湖美景。

廣州十四屬地圖　（清）禹之鼎繪

清康熙三十六年（1697）彩繪本

清康熙時期廣州府屬十四縣分縣圖册殘本，共計有圖13幅，缺南海縣、番禺縣兩圖。

中山大學圖書館藏 名錄11050

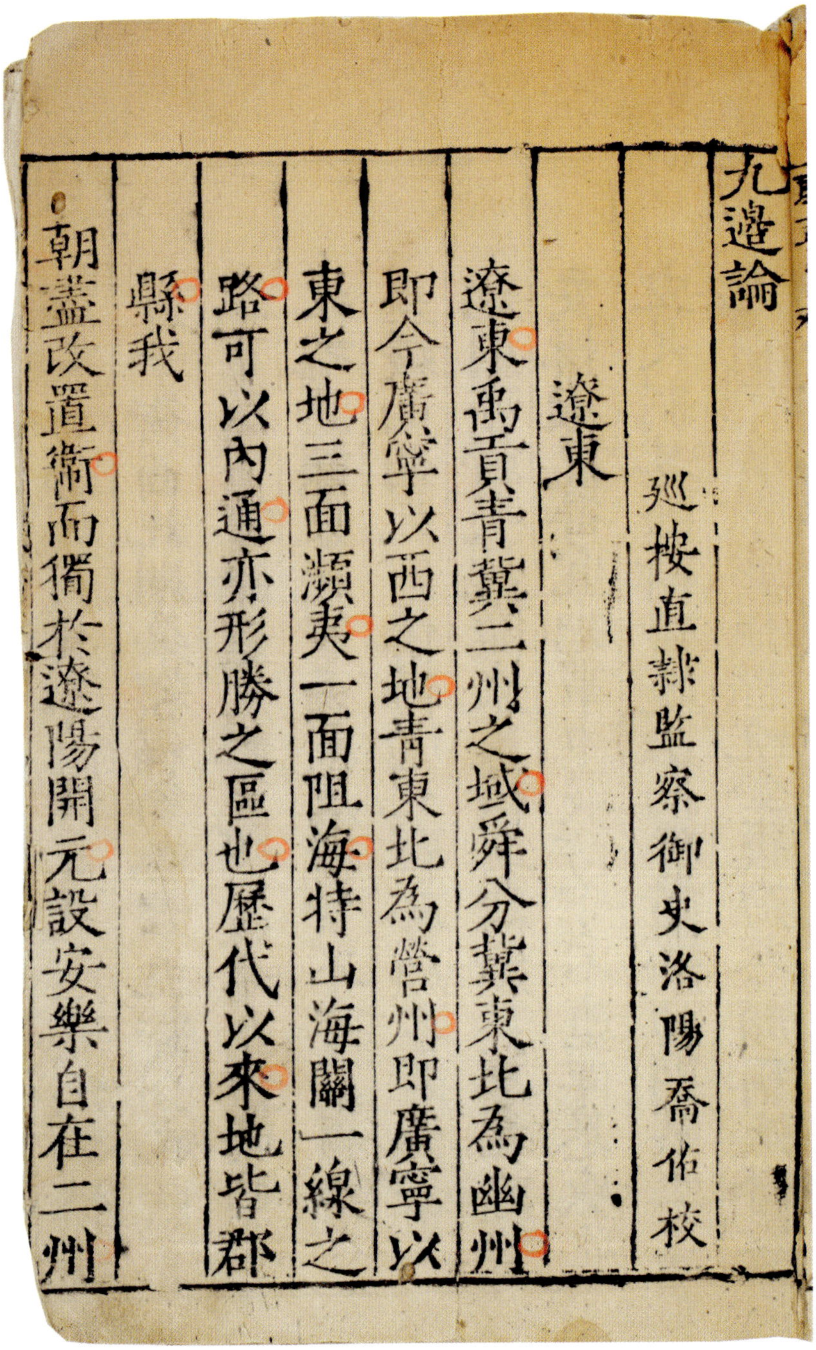

九邊論

巡按直隸監察御史洛陽喬佑校

遼東

遼東禹貢青兾二州之域舜分兾東北為幽州即今廣寧以西之地青東北為營州即廣寧以東之地三面瀕夷一面阻海特山海關一線之路可以內通亦形勝之區也歷代以來地皆郡縣我

朝盡改置衛而獨於遼陽開元設安樂自在二州

九邊圖論一卷　（明）許論撰

明嘉靖刻本

明初北方邊境形勢軍事地圖。圖册收錄了“九邊總圖”、“遼東邊境圖”等，每圖皆附有圖説，另有附記，記述了各邊境人馬數、軍需糧草數、軍需餉銀數等。

河南省圖書館藏 名錄11056

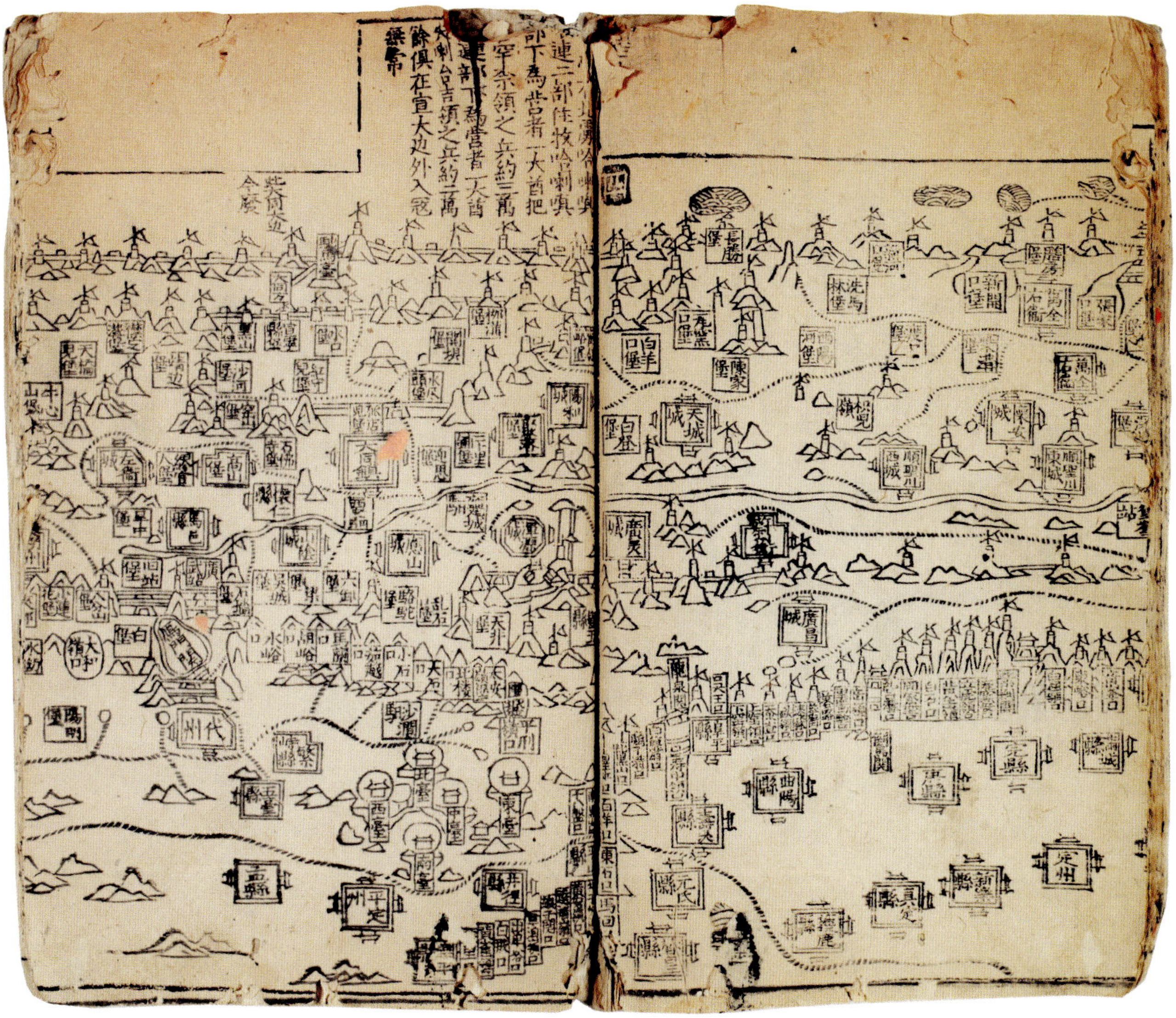
連二部住牧哈喇嗔
部下為營者一大酋把
守奈領之兵約三萬
連部下為營者一大酋
失喇台吉領之兵約二萬
餘俱在宣大边外入寇
無常
代州
天城
定州

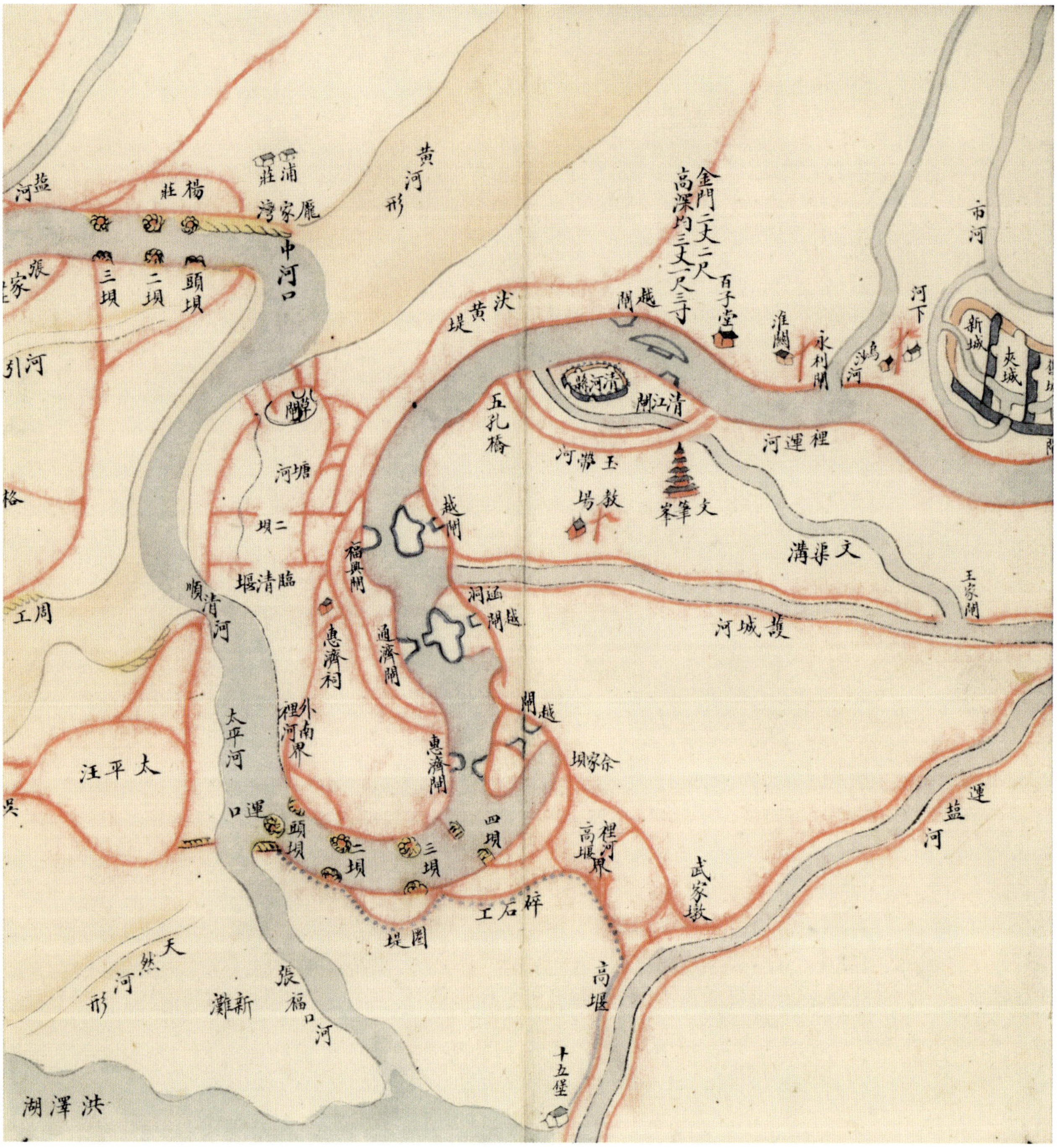

運河圖説　（清）朱偉卿繪

清彩繪本

多色勾勒，繪製精細，注記翔實，首尾連貫，一氣呵成，對於研究清代運河具有重要價值。

山東大學圖書館藏 名錄11076

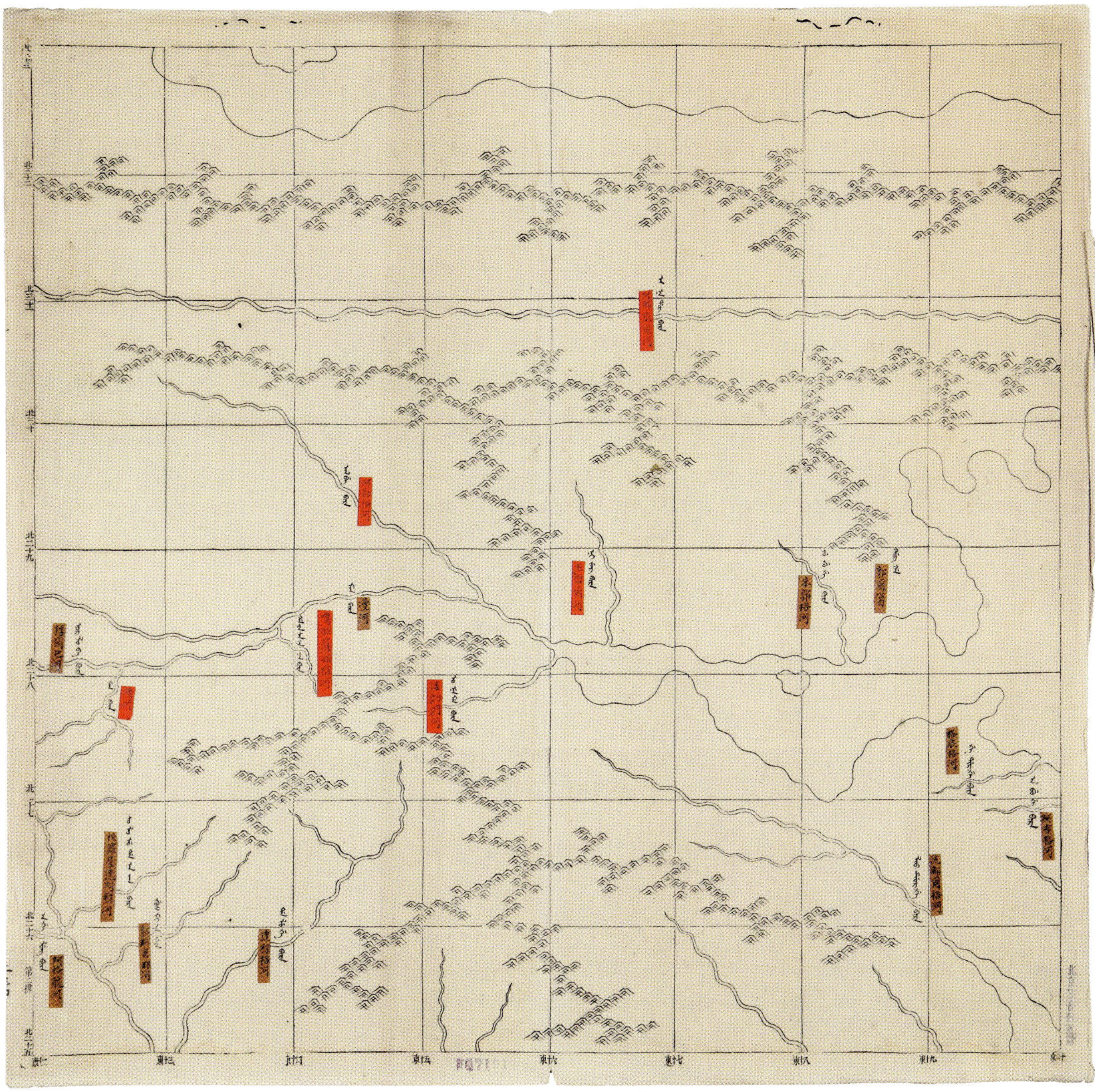

十排皇輿全圖

清乾隆二十四年（1759）刻本

漢滿文合璧，以北京爲中心，以八條横格爲一排，共分十排。其繪圖形式與雍正十排《皇輿全圖》基本相同，屬雍正十排圖在乾隆年間的修訂版。

國家圖書館藏 名録11331

木蘭圖式　（清）慶興繪

清嘉慶彩繪本

清嘉慶二十五年（1820）前後採用傳統形象畫法繪製，反映了木蘭圍場内山川、道路、行宫、廟宇、哨卡、八旗營房以及設圍等情形。有滿文注記。

國家圖書館藏 名録11046

盛京通省全圖式

清嘉慶彩繪本

主要描繪盛京全省建置及山川、城驛等内容。原爲67頁（折頁），裱成1幅。

國家圖書館藏 名錄11047

洛陽十邑輿圖

清嘉慶彩繪本

採用山水形象畫法，精細地繪出了轄境山川、河流、樹木、城郭及寺廟古迹等要素，注記清晰。

國家圖書館藏 名錄11048

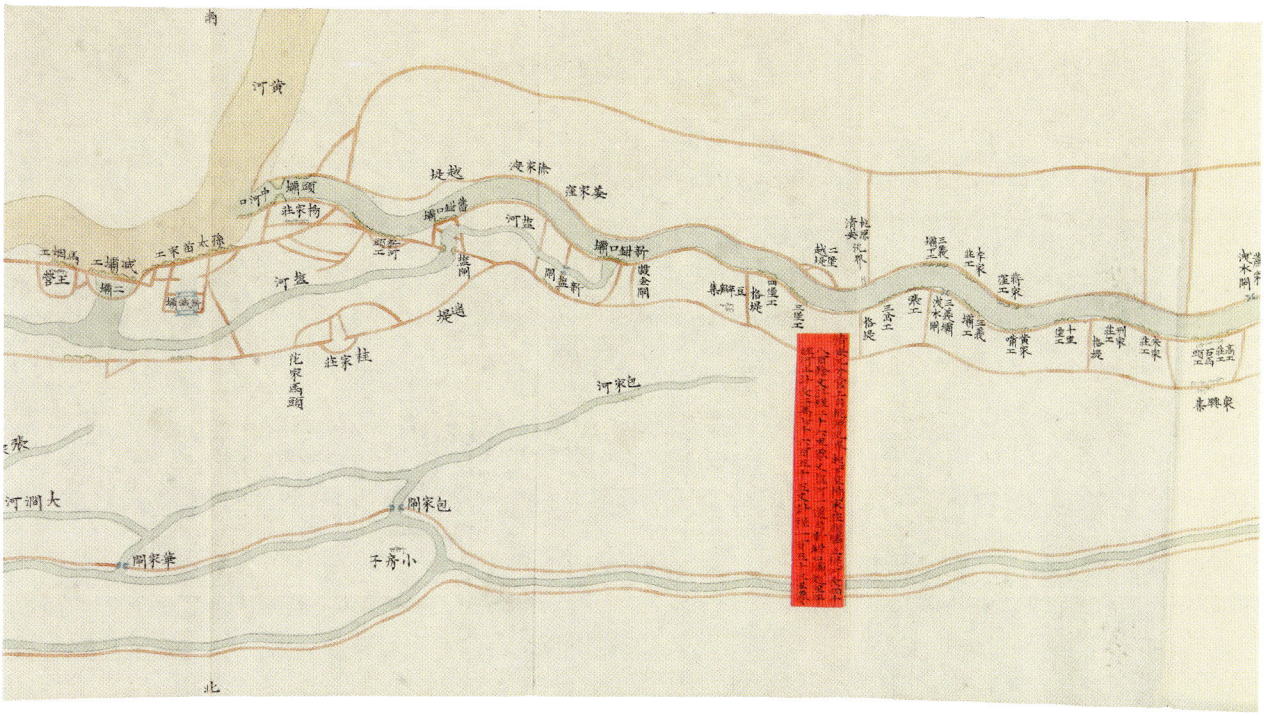

江南省黄運圖

清嘉慶彩繪本

首爲《江南省黄運河湖堤埽閘壩工程情形總圖》，餘爲各廳事宜圖，各圖均有籤注。黄河、運河等水系繪畫詳細。

國家圖書館藏 名録11059

西湖全圖

清嘉慶四年（1799）彩繪本

此圖標舉大凡，括其梗概，將西湖内外諸景薈萃尺幅，繪爲總圖。圖中諸名勝均重彩敷色，金粉細繪，並貼有小楷標籤。

國家圖書館藏 名錄11080

少數民族文字文獻

中國是多民族國家，各民族共同創造了燦爛輝煌的多元文化，豐富了祖國的文化遺産寶庫。據不完全統計，中國境内各民族古文字有近三十種，如佉盧文、焉耆—龜兹文、于闐文、粟特文、突厥文、古藏文、回鶻文、西夏文、蒙古文、察合臺文、彝文、滿文、東巴文、傣文、水文、古壯字、布依文等，歷史悠久，産生了數量衆多、形制多樣、内容豐富的民族文獻。作爲記錄和傳承民族傳統文化的重要載體，民族古籍是中華文化遺産寶庫中的瑰寶，具有重要的文物、文獻、文字研究價值。第四批《名錄》精選民族文字古籍珍品286部，涵蓋13種民族文字。透過這些文獻，可以看到歷史上各民族繁榮輝煌的文化，以及各民族間的文化交流與融合。少數民族文化與漢文化交匯，成爲有機整體，中華文化因之生生不息，綿延不絶。

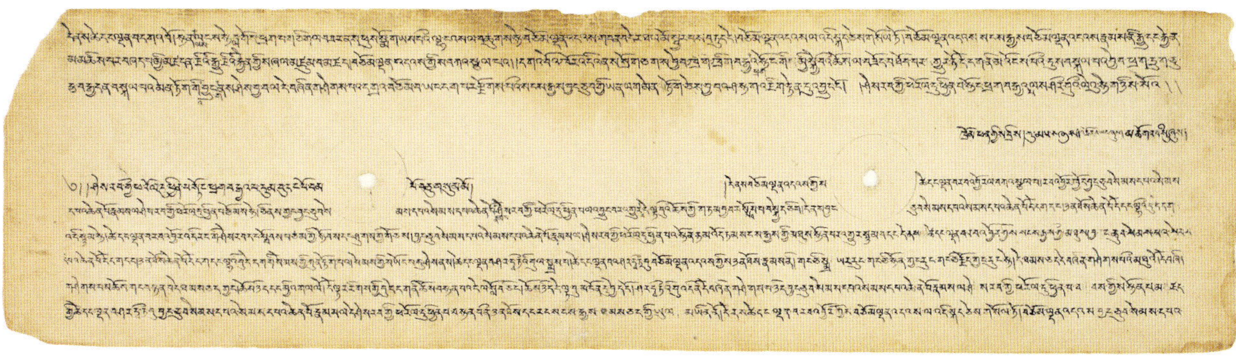

般若波羅蜜多經　藏文

九至十世紀寫本

吐蕃晚期王室供奉的佛經，在吐蕃寫經制度研究等方面具有很高的參考資料價值和文物價值。

西藏自治區山南仲噶縣曲德寺藏 名錄11083

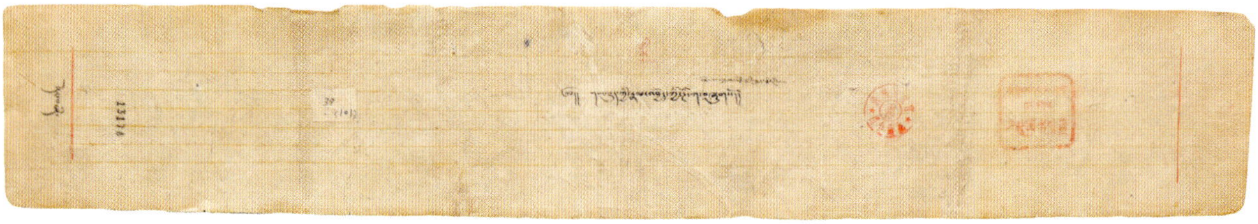

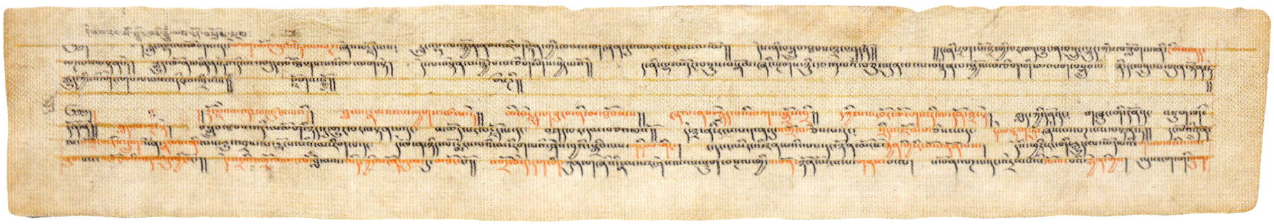

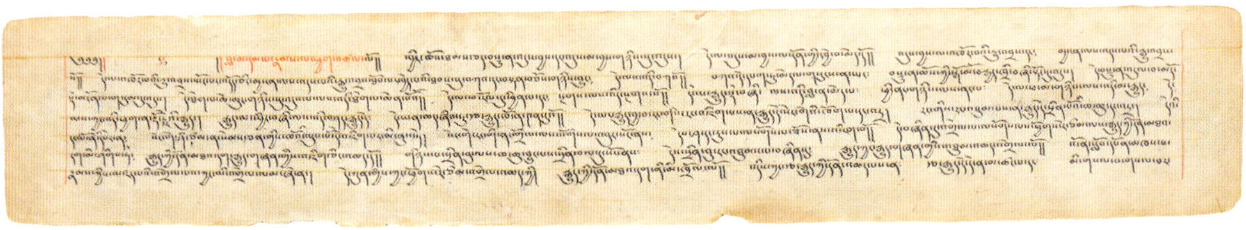

續密概論詮釋　藏文　薇巴瑪爾頓注

元鈔本

具有元代薩迦時期公文書寫特徵，字體筆畫精美。有較高的文獻、版本價值。

西藏圖書館藏 名錄11088

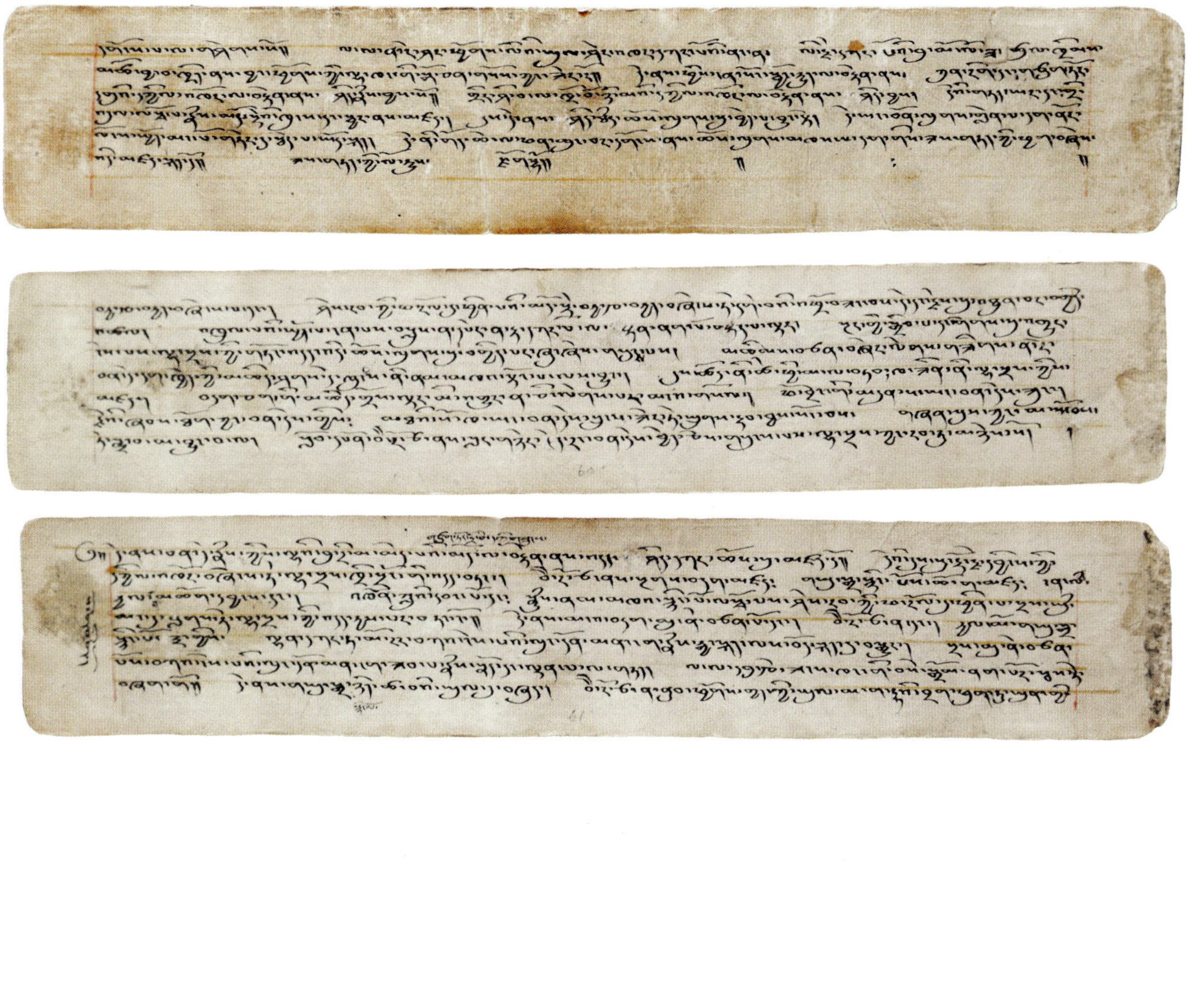

哇協　藏文　巴・賽囊撰

元鈔本

第五世達賴喇嘛在哲蚌寺所藏歷史文獻之一，對研究吐蕃歷史具有較高的價值。

拉薩市政協文史民宗法制委員會藏 名錄11090

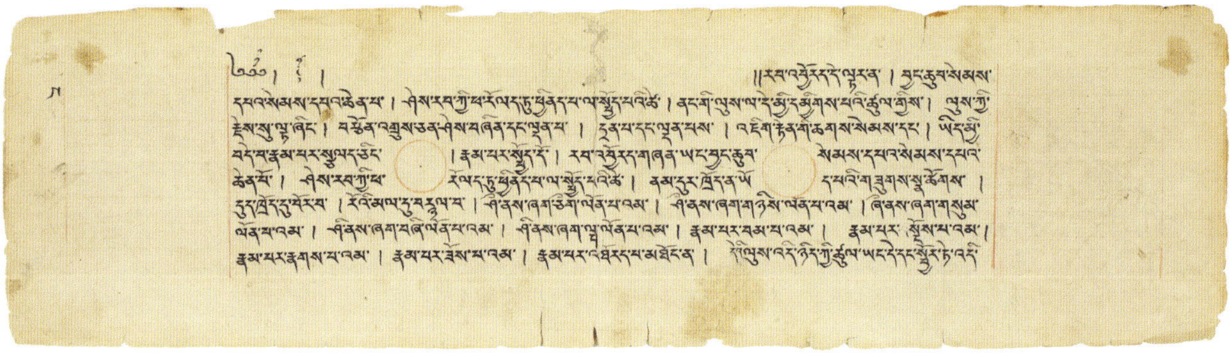

般若波羅蜜多經　藏文　（印度）釋迦塞納 加納悉地 達磨達希拉等譯

明鈔本

版框規格及書寫的字體具有後弘期特點，具有較高的文獻價值。

西藏自治區日喀則夏魯寺藏 名錄11188

萬年曆表　藏文　楞智嘉措撰

清鈔本

朱、墨二色鈔本。内容爲藏曆中三百七十一太陽日長度表，對研究古代藏族天文曆算有重要價值。

西北民族大學圖書館藏 名録11221

雜阿含經卷第一　回鶻文

元鈔本

該經每部經篇幅小且“雜碎”，故稱《雜阿含經》。寫本對研究回鶻佛教文化和書面語具有重要意義。

國家圖書館藏 名録11229

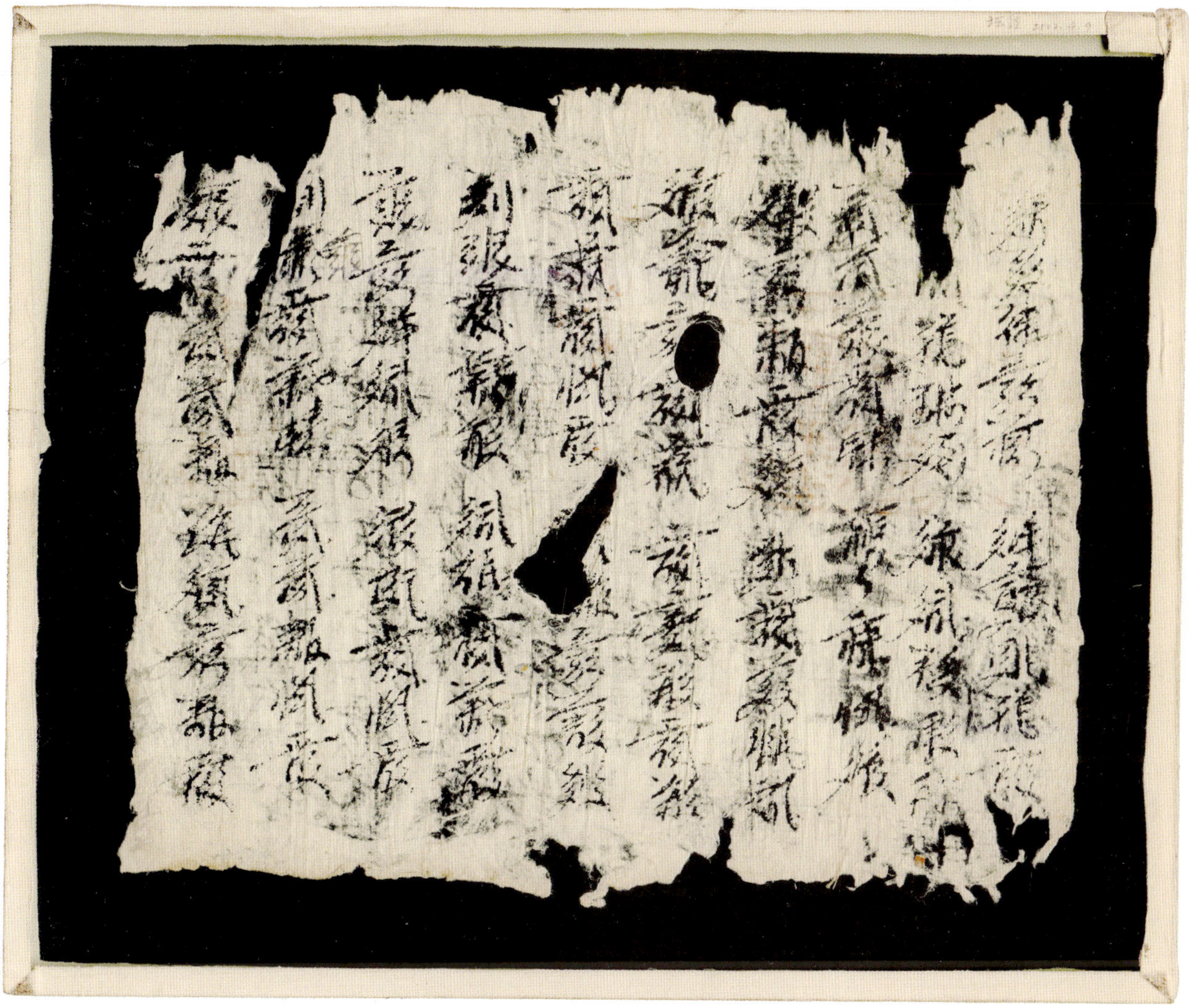

六祖大師法寶壇經　卷背　瓜州審案記錄　西夏文

西夏寫本　存二葉

西夏文《六祖壇經》接近敦煌本，但又有所不同，大體保留原貌。其塗抹改正處文義更爲貼切，説明爲初譯校訂本。另一面爲西夏時期瓜州審案記錄。

國家圖書館藏 名錄11233

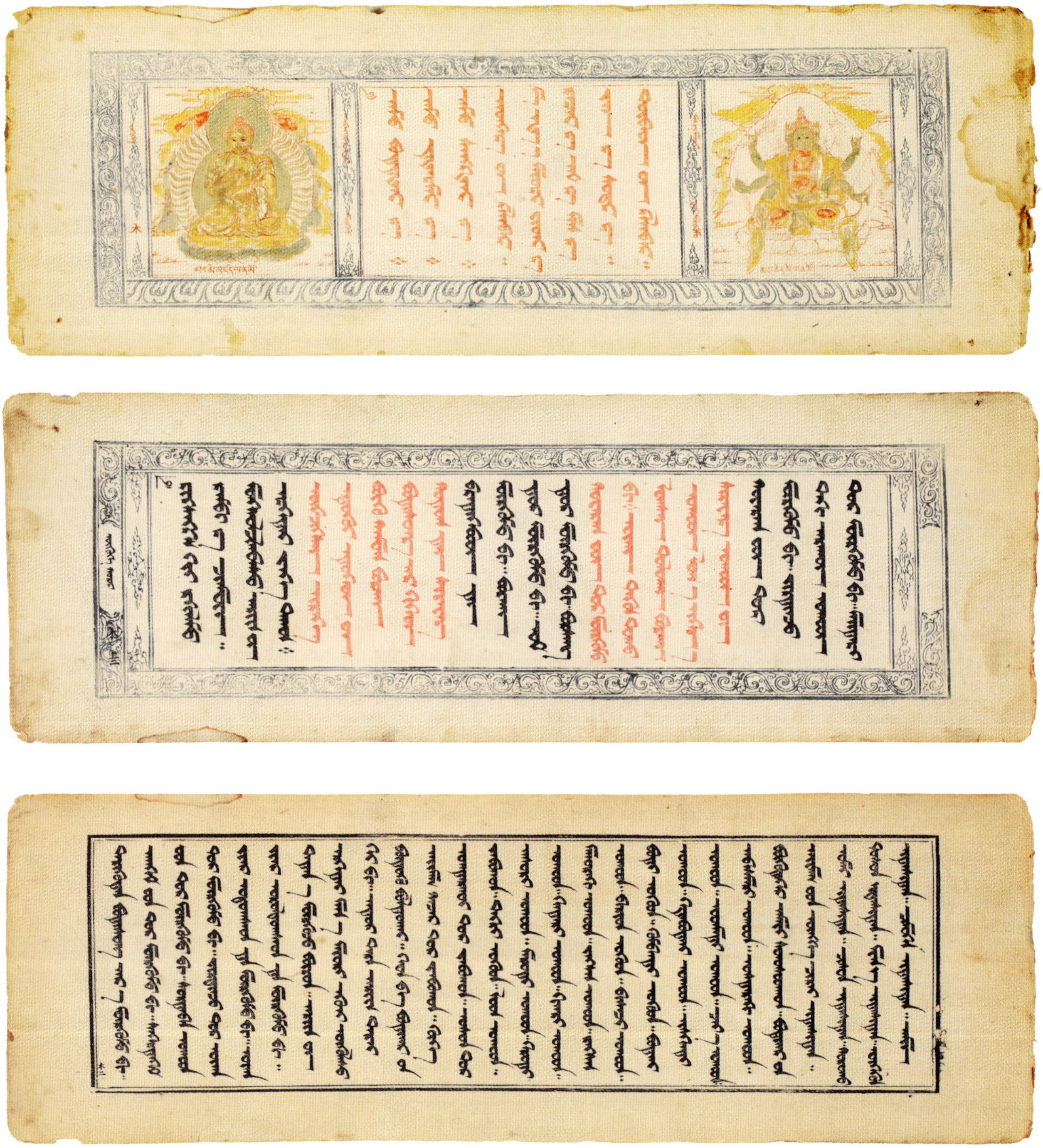

五守護神大乘經五卷　蒙古文　（清）曲勒屯加木措等譯

　　康熙十二年（1673）刻本

　　佛教經典。刻印精緻，字體精美，有彩繪佛像。爲現存較早的蒙古文古籍。

　　中國科學院新疆分院文獻信息中心藏 名録11234

江格爾擊敗殘暴古日古木之章　托忒蒙古文

1949年以前鈔本

蒙古族英雄史詩《江格爾》篇章之一。目前新疆境内發現的唯一鈔本，保存完好。2006年《江格爾》經國務院批准列入第一批國家級非物質文化遺産名録。

新疆維吾爾自治區少數民族古籍搜集整理出版規劃領導小組辦公室藏 名録11248

海米塞（五卷詩）　察合臺文　艾力西爾·納瓦依著

清乾隆四十一年（1776）鈔本

"海米塞"一詞爲阿拉伯語，意爲"五"，在東方伊斯蘭文學中，意爲"五卷詩集"。該書於1483—1485年在赫拉特（今屬阿富汗）完成，影響較大。

新疆大學圖書館藏　名錄11250

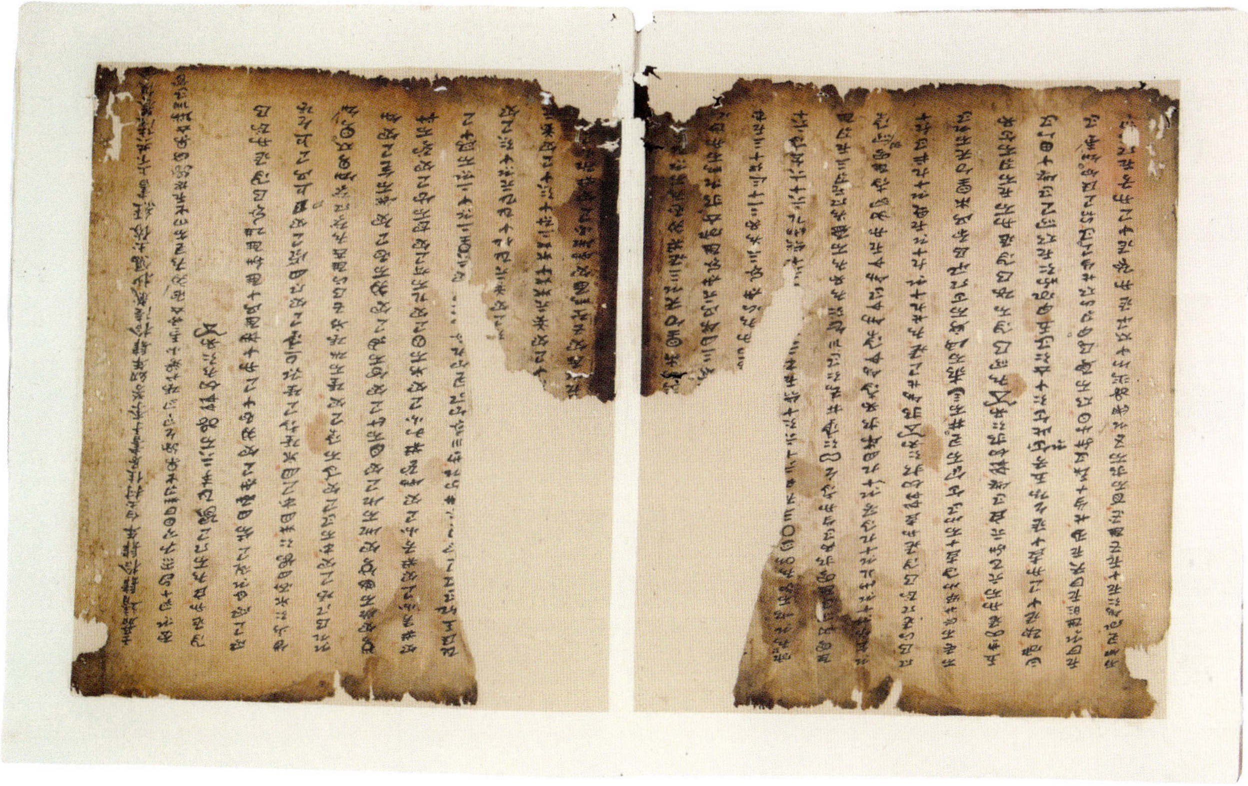

六部經書　彝文

明嘉靖四十四年（1565）鈔本

由《土俗經》、《祭大鬼經》、《祭威榮神經》、《祭龍祈雨經》、《氏族祭典獻天地祈福經》、《祭火經》六部經書組成，明李芳抄寫。記述了諸神起源及彝族祖先崇拜，對研究彝族原始宗教具有重要的學術價值。

國家圖書館藏 名錄11276

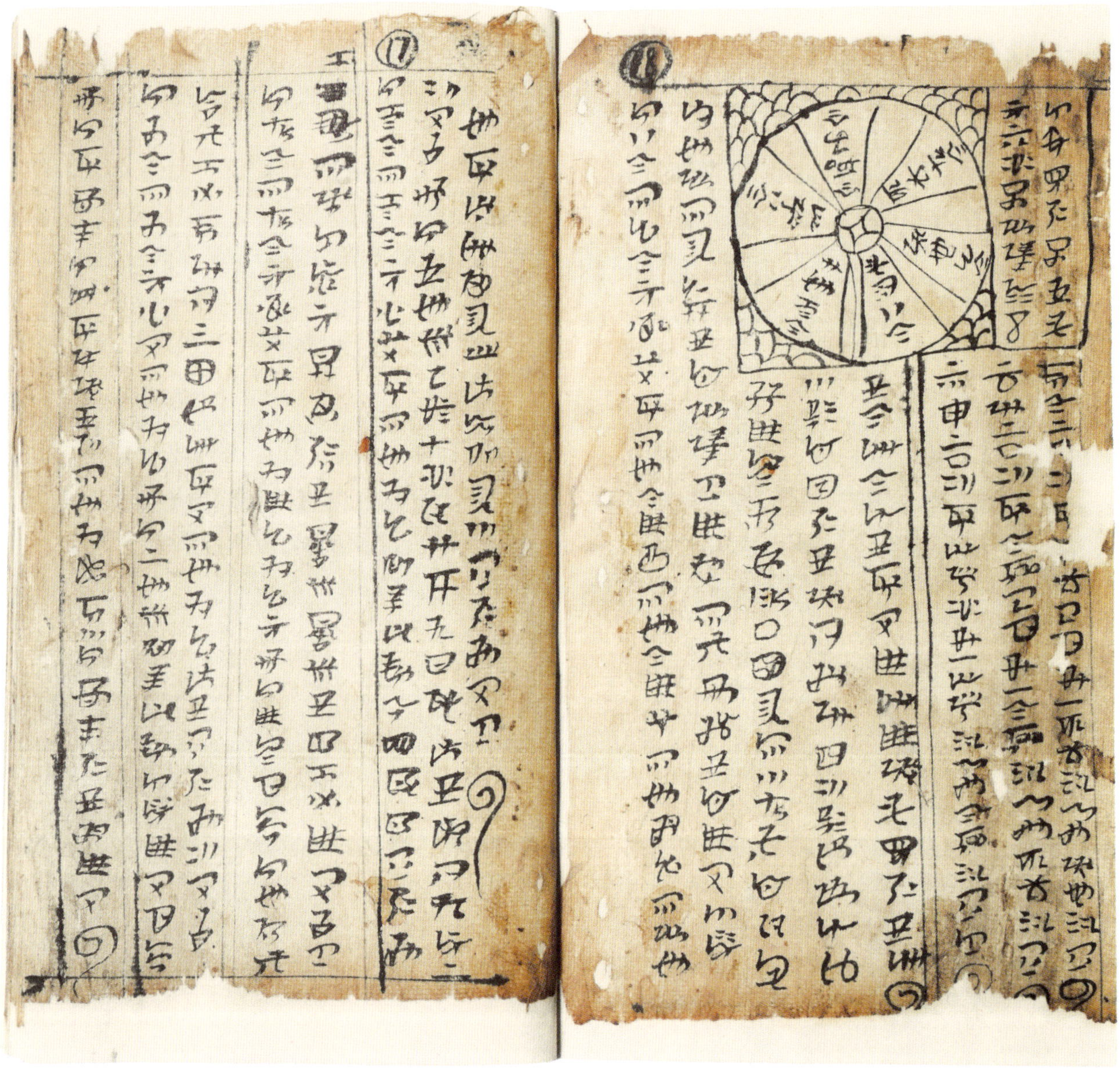

十二部勾則　彝文

清道光元年（1821）鈔本

記載了彝族六祖分支的第五支系慕克克等家支的慕克克傳至諸克博的譜牒。所附《萬年曆》介紹彝族先民用男女的年庚生月對應六十甲子、五行、八卦占吉凶，判生克來婚配。

畢節地區彝文文獻翻譯研究中心藏　名錄11285

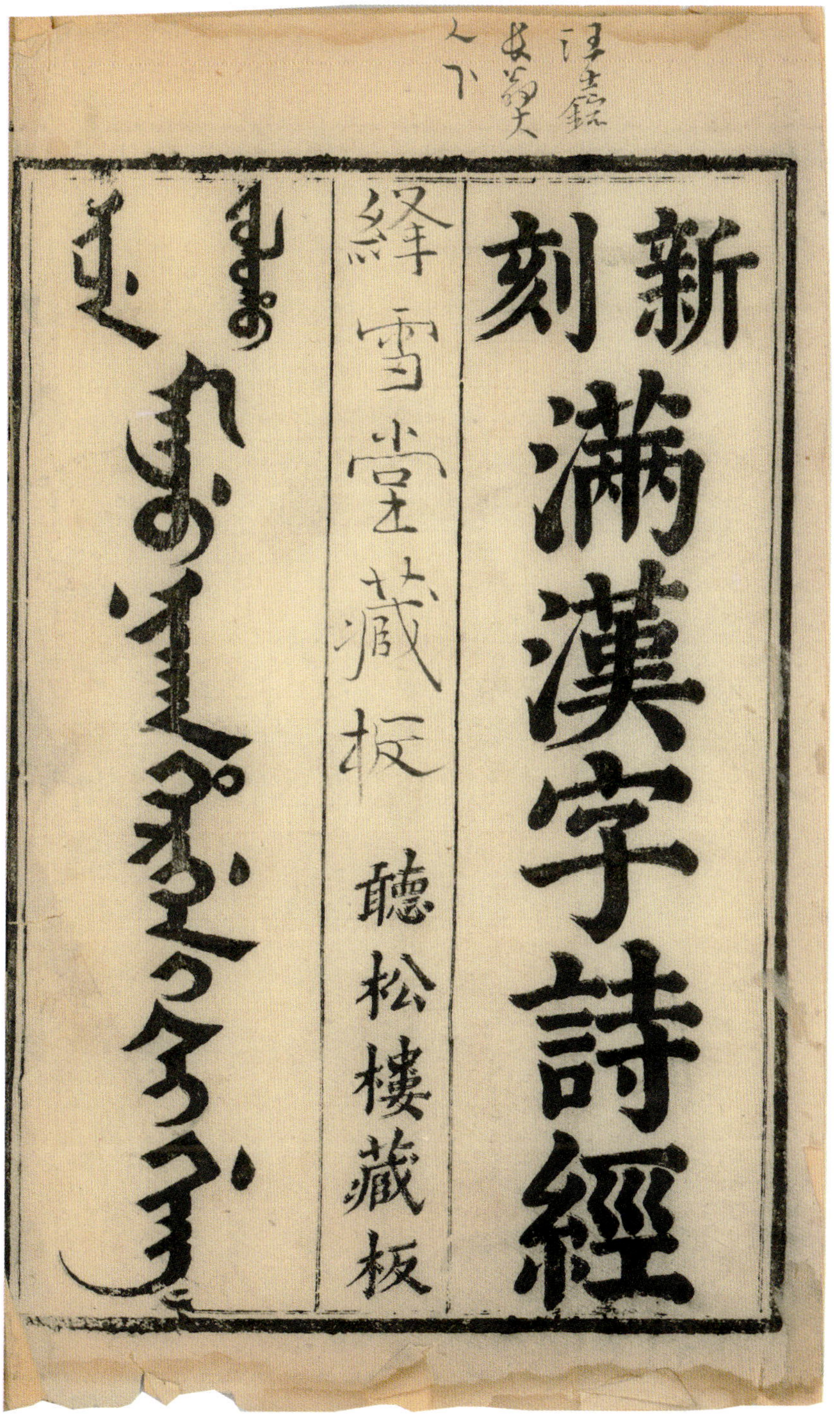

新刻滿漢字詩經六卷　滿文

清順治十一年（1654）聽松樓刻本

清順治敕譯，《詩經》的最早滿文譯本，傳世甚少。書衣上鈐有“慶善”、“同甫”、“樹德堂記”等多枚印章。

齊齊哈爾市圖書館藏 名錄11324

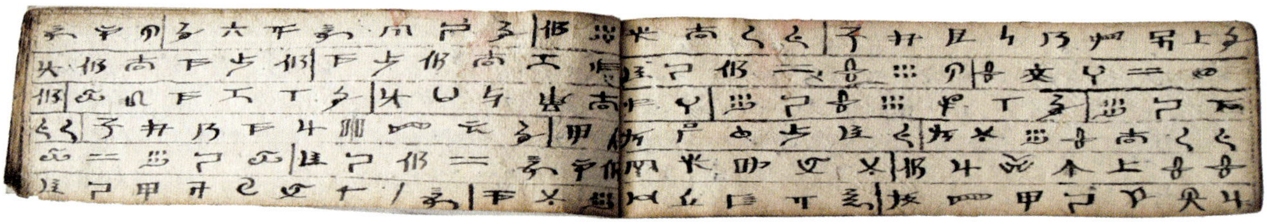

延壽道場·祭勝利神獻飯　東巴文　哥巴文

清鈔本

以東巴文、哥巴文兩種文字記錄向勝利神獻飯之事。

雲南省玉龍納西族自治縣圖書館藏 名錄11336

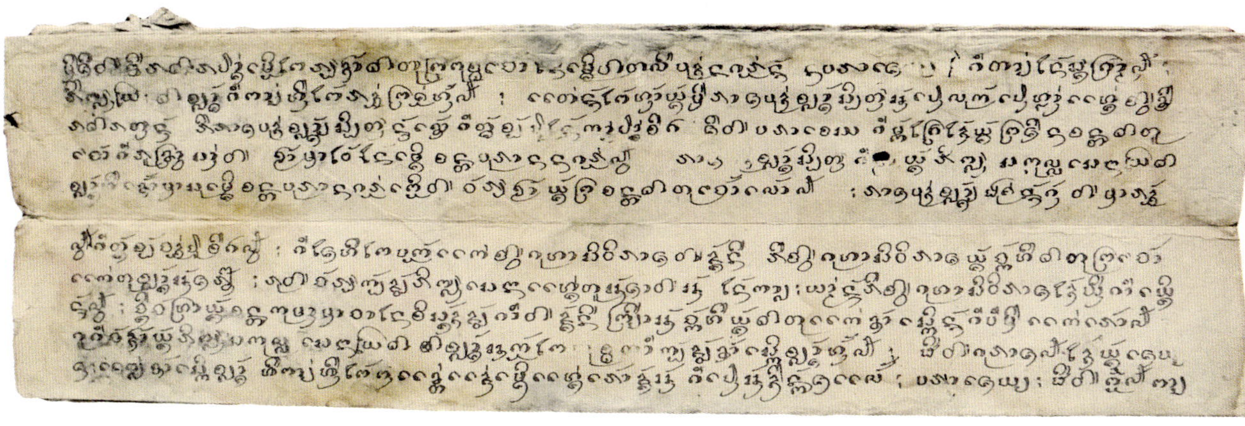

尖達塔度第三册　傣文

清鈔本

記載在勐尖達建造佛塔的故事。“尖達”意爲地名，“塔度”爲塔、佛塔之意。

重慶市黔江區圖書館藏 名録11341

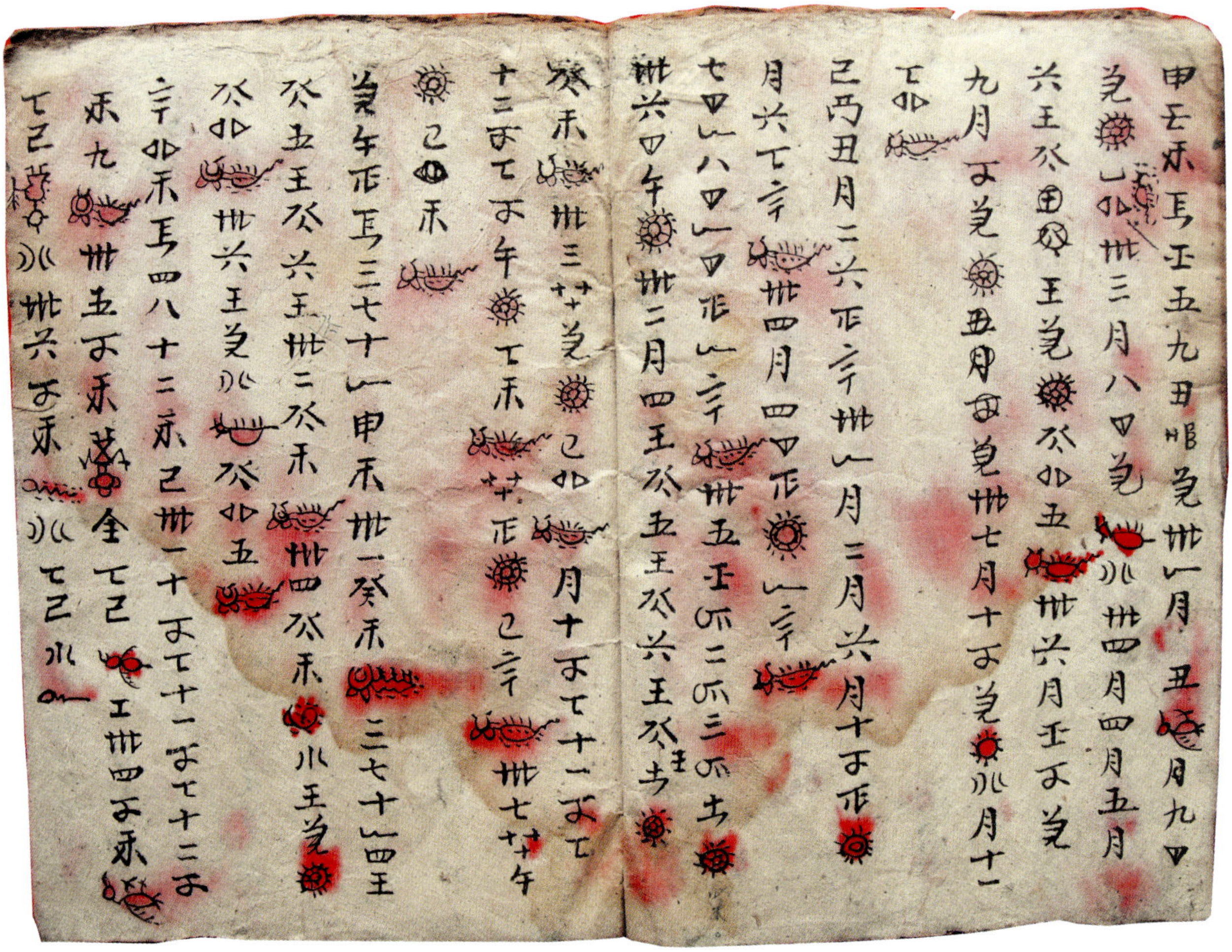

子午卯酉寅申　水文

清同治九年（1870）鈔本

記載水族人民面對突發事件時的處理方式與方法，尤其是對一些惡性循環事件的遏制與預防，體現水族人民追求和平安穩的心態和處理不可抗力性事件的智慧。

黔南布依族苗族自治州圖書館藏 名錄11344

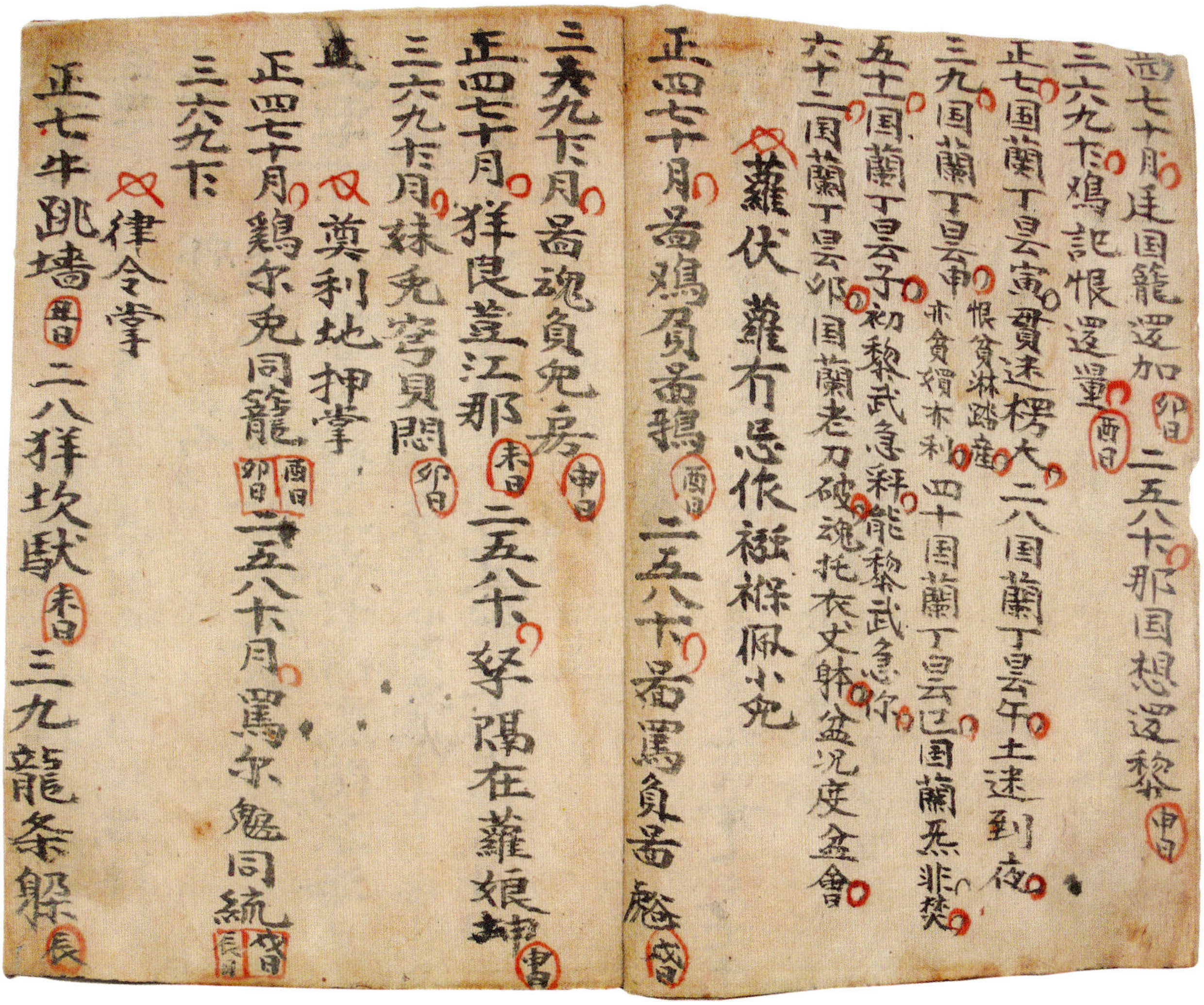

經洛掌書便覽吉日科　古壯字

清光緒二年（1876）黄道誠鈔本

記載脱孝服儀式的程序。叙述亡母十月懷胎、撫育兒女成人的艱辛過程，寄託家人對先母的無限哀思。該鈔本屬壯族道公經書，在壯族道公爲守孝滿三年的子女舉行脱孝服法事儀式時唱誦。經文後半部分爲古壯字抄寫。

廣西壯族自治區少數民族古籍整理出版規劃領導小組辦公室藏 名録11355

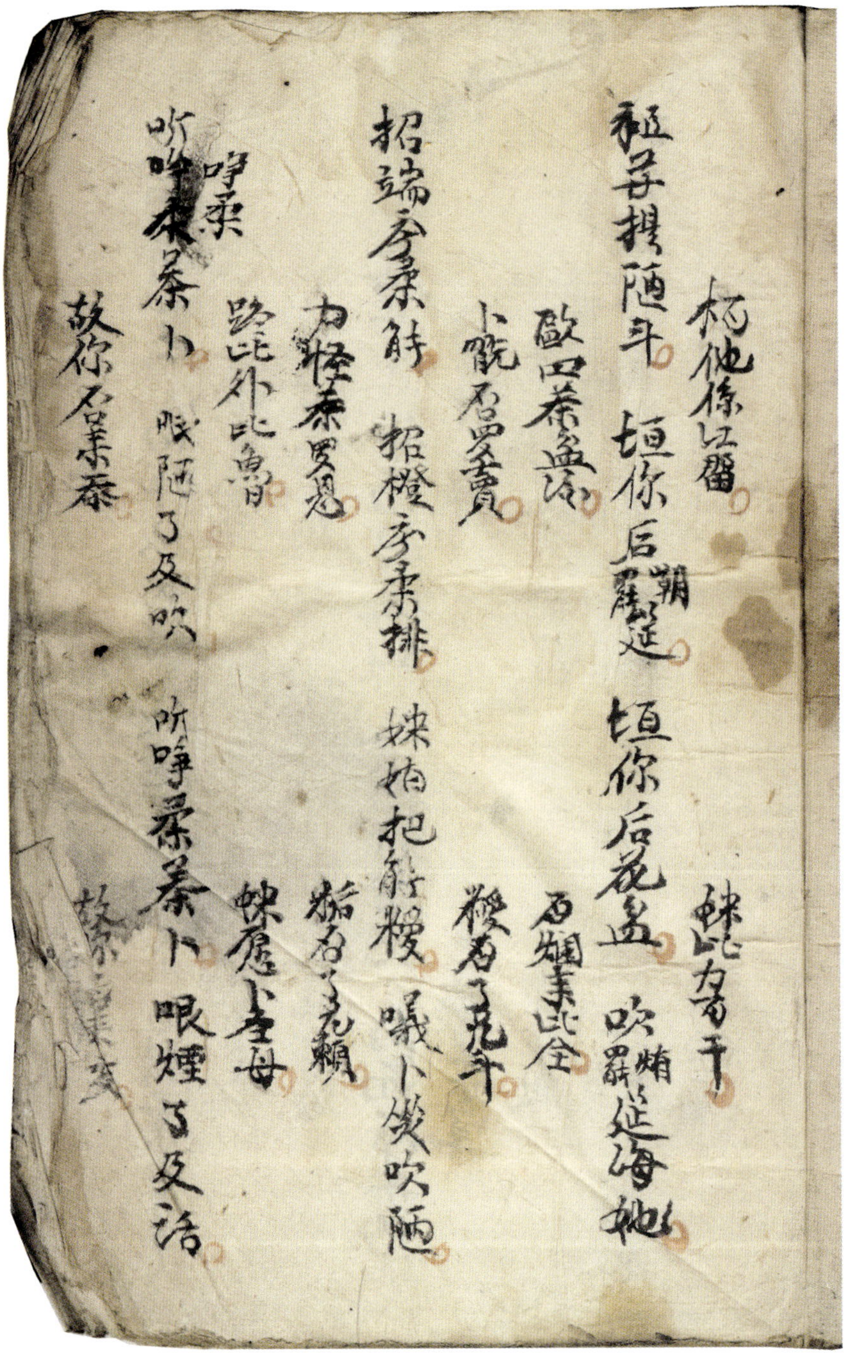

做橋　布依文

清鈔本

“做橋”是布依族民間讚頌送子娘娘將生命托付到人間的大型祭祀活動。此書以孔子爲孝道榜樣，勸導人們孝敬父母、尊重他人。書中有漢文及布依文，全部用布依語言誦讀。

貴州省荔波縣民族宗教事務局布依文古籍研究館藏　名錄11365

外文善本

早期傳入中國並留存至今的外文善本，從一個特殊的角度展示了中西方文化交流與融合的歷史。這部分典籍，既包括歐洲搖籃本，也有早期傳教士手鈔本；既有西方科技著作，又有道德倫理經典，見證了歐風美雨洗禮之下西學東漸的歷史進程，成爲具有獨特意義的文化遺産。

第四批《名録》收録了《佛説普遍光明焰鬘清净熾盛思惟如意寶印心無能勝總持大明王大隨求陁羅尼》、《瑪斯納維》、《聖經》、《反異教大全》、《安哲羅全集》、《法漢蒙滿詞典》和《聖事禮典提要》等9種外文善本。

NICOLAI COPERNICI

net, in quo terram cum orbe lunari tanquam epicyclo contineri diximus. Quinto loco Venus nono mense reducitur. Sextum denique locum Mercurius tenet, octuaginta dierum spacio circũ currens. In medio uero omnium residet Sol. Quis enim in hoc

pulcherrimo templo lampadem hanc in alio uel meliori loco poneret, quàm unde totum simul possit illuminare? Siquidem non inepte quidam lucernam mundi, alij mentem, alij rectorem uocant. Trimegistus uisibilem Deum, Sophoclis Electra intuentẽ omnia. Ita profecto tanquam in solio regali Sol residens circum agentem gubernat Astrorum familiam. Tellus quoque minime fraudatur lunari ministerio, sed ut Aristoteles de animalibus ait, maximam Luna cum terra cognationẽ habet. Cõcipit interea à Sole terra, & impregnatur annno partu. Inuenimus igitur sub hac

REVOLVTIONVM LIB. I. 10

hac ordinatione admirandam mundi symmetriam, ac certũ harmoniæ nexum motus & magnitudinis orbium: qualis alio modo reperiri non potest. Hic enim licet animaduertere, non segniter contemplanti, cur maior in Ioue progressus & regressus appareat, quàm in Saturno, & minor quàm in Marte: ac rursus maior in Venere quàm in Mercurio. Quodque frequentior appareat in Saturno talis reciprocatio, quàm in Ioue: rarior adhuc in Marte, & in Venere, quàm in Mercurio. Præterea quòd Saturnus, Iupiter, & Mars acronycti propinquiores sint terræ, quàm circa eorũ occultationem & apparitionem. Maxime uero Mars pernox factus magnitudine Iouem æquare uidetur, colore duntaxat rutilo discretus: illic autem uix inter secundæ magnitudinis stellas inuenitur, sedula obseruatione sectantibus cognitus. Quę omnia ex eadem causa procedũt, quæ in telluris est motu. Quòd autem nihil eorum apparet in fixis, immensam illorum arguit celsitudinem, quæ faciat etiam annui motus orbem siue eius imaginem ab oculis euanescere. Quoniam omne uisibile longitudinem distantiæ habet aliquam, ultra quam non amplius spectatur, ut demonstratur in Opticis. Quòd enim à supremo errantium Saturno ad fixarum sphæram adhuc plurimum intersit, scintillantia illorum lumina demonstrant. Quo indicio maxime discernũtur à planetis, quodque inter mota & non mota, maximam oportebat esse differentiam. Tanta nimirum est diuina hæc Opt. Max. fabrica.

De triplici motu telluris demonstratio.
Cap. XI.

CVm igitur mobilitati terrenæ tot tantaque errantium syderũ consentiant testimonia, iam ipsum motum in summa exponemus, quatenus apparentia per ipsum tanquam hypotesim demonstrentur, quem triplicem omnino oportet admittere. Primum quem diximus νυχθημέρινον à Græcis uocari, diei noctisque circuitum proprium, circa axem telluris ab occasu in ortum uergentem, prout in diuersum mundus ferri putatur, æquinoctialem circulum describendo, quem nonnulli æquidialem dicunt, imitantes significationem Græcorum, apud

c ij quos

天體運行論　拉丁文　ㄌ波蘭ㄅ尼古拉·哥白尼著　1566年巴塞爾出版

De revolvtionibus orbium Coelestium. Written by Nicolai Copernici Torinensis (1473—1543). Basileae. 1566.

繼1543年紐倫堡初版之後的又一較早版本。該書是哥白尼在“日心論”提綱之基礎上進一步完成的天文學經典著作。

國家圖書館藏 名錄11370

小提琴奏鳴曲　意大利文　（意大利）德里格作曲　18世紀稿本

Sonate a Violino solo col basso del Nepridi: opera terza, parte prima. Composed by Teodorico Pedrini (1671—1746). 18th century. Manuscript.

18世紀手書樂譜，目前所見傳入中國最早的歐洲音樂作品，具有珍貴的研究價值。

國家圖書館藏 名録11373

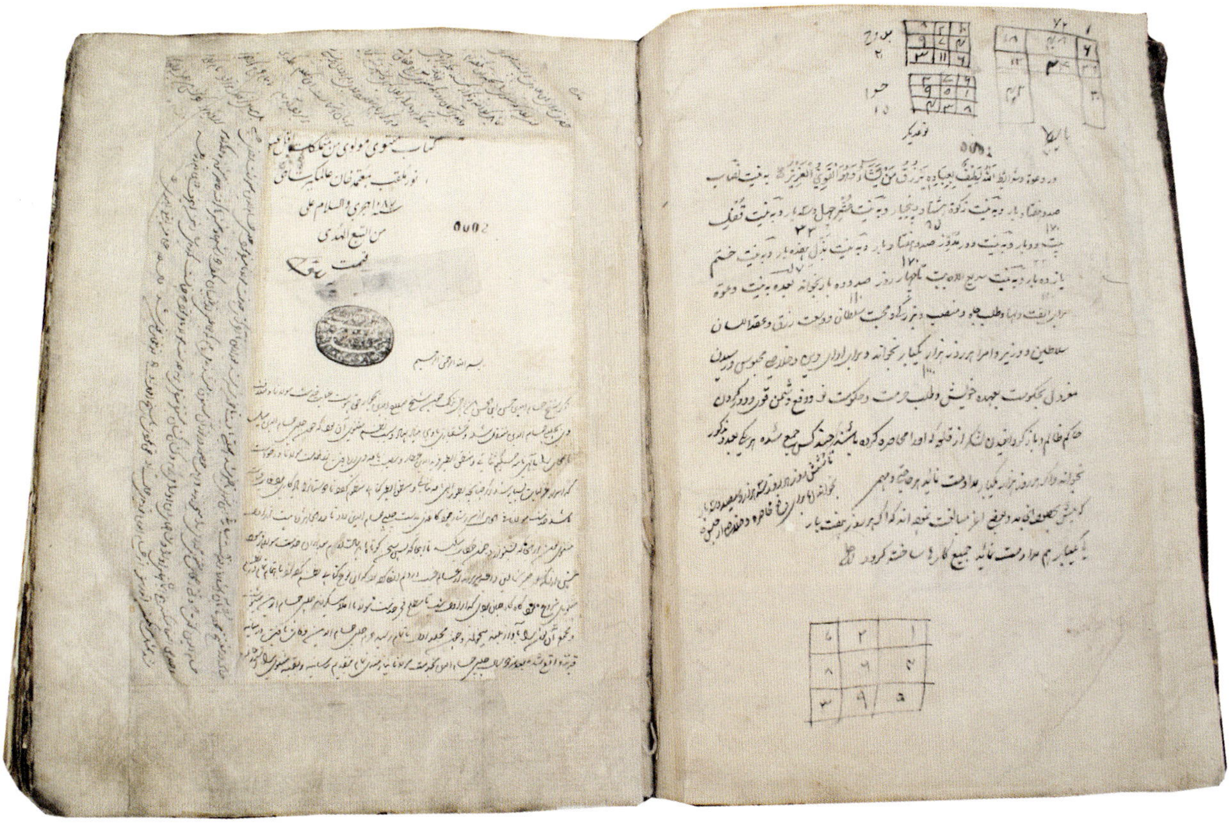

瑪斯納維　波斯文　〔波斯〕哲拉魯丁·魯米撰　1610年手鈔本

雙行哲理訓諭長詩，集中闡述蘇菲主義的認主獨一說、真主獨一說、人主合一說等思想觀點。

新疆維吾爾自治區少數民族古籍搜集整理出版規劃領導小組辦公室藏 名錄11368

古籍普查新發現的珍貴古籍

永樂大典卷之二千二百七十二　六模

湖

詩文　宋黃氏日湖山一覽　西湖佳麗甲天下。富貴家樓臺百萬爭奇築勝。不得所欲。然湖本出南北兩山間。山各繞湖蜿蜒對發。以趂王城千怪狀。彼此互把猶莫能得其全。況山盡水止城居而面墻者乎。余支子陶居此久。時援梯升簷以望。僅見髣髴。則又愈不愜乃一旦傾囊舉貸拔為樓三其層。巋然出牆上。題曰湖山一覽。不特南北山盡擁西湖以獻。凡他人之樓臺上下包絡山川。與夫出城而游。畫船金馬騈闐四時者。無一不為此樓設。至若夜靜月明。水天一色。凭欄下瞰。如身在太虛。此樂與我共之者。又獨造物耳。然則登覽尚得其要。雖富貴有力者莫[illegible]勝況[illegible]此[illegible]游高明以超覽萬理之會有哉

[illegible]

西域文獻

西域文獻發現於十九世紀末二十世紀初，與敦煌遺書、黑水城文書具有同等重要的學術價值。“中華古籍保護計劃”開展以來，國家圖書館先後五次徵集入藏和田等地出土的西域文獻五百餘件，包括三至十一世紀以漢文、梵文、粟特文、龜兹文、于闐文、藏文等文種書寫的公私文書、宗教典籍、經史著作等文獻。其中的梵文佛經係建國以來首次成批發現的梵文文獻，譯自佉盧文的梵文《賢愚經》殘片爲國内外僅存，漢文《孝經鄭氏解》殘片等文獻也非常珍貴。從載體形態角度看，有木簡、函牘、紙質卷軸裝文書、絹質文書等類型，帶有封泥的契約、書信獨具特色。西域文獻是推進西域歷史語言與中外關係史研究的重要史料，我國學者在這些領域已取得豐碩成果。

賢劫經　梵文

三世紀末四世紀初寫本

新疆和田地區出土。譯自佉盧文，可與月氏人竺法護漢文譯本對讀。和田出土紙質寫本中最古老的一件。

國家圖書館藏

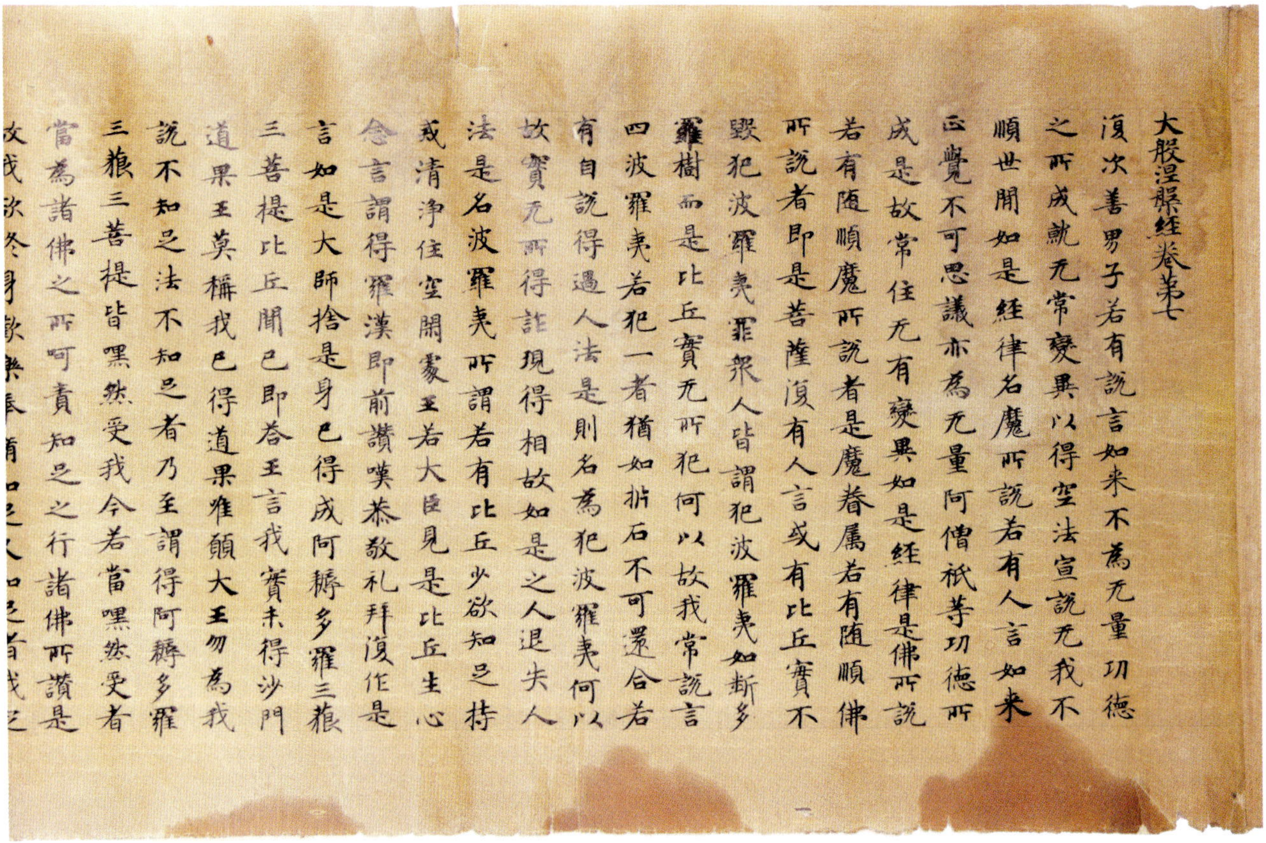

大般涅槃經卷七　（北涼）釋曇無讖譯

隋寫本

敦煌藏經洞出土。全卷由七紙粘連而成，其中五紙單張長度均爲140釐米左右，最長者達143釐米，體現了隋代發達的造紙工藝。

中國書店藏

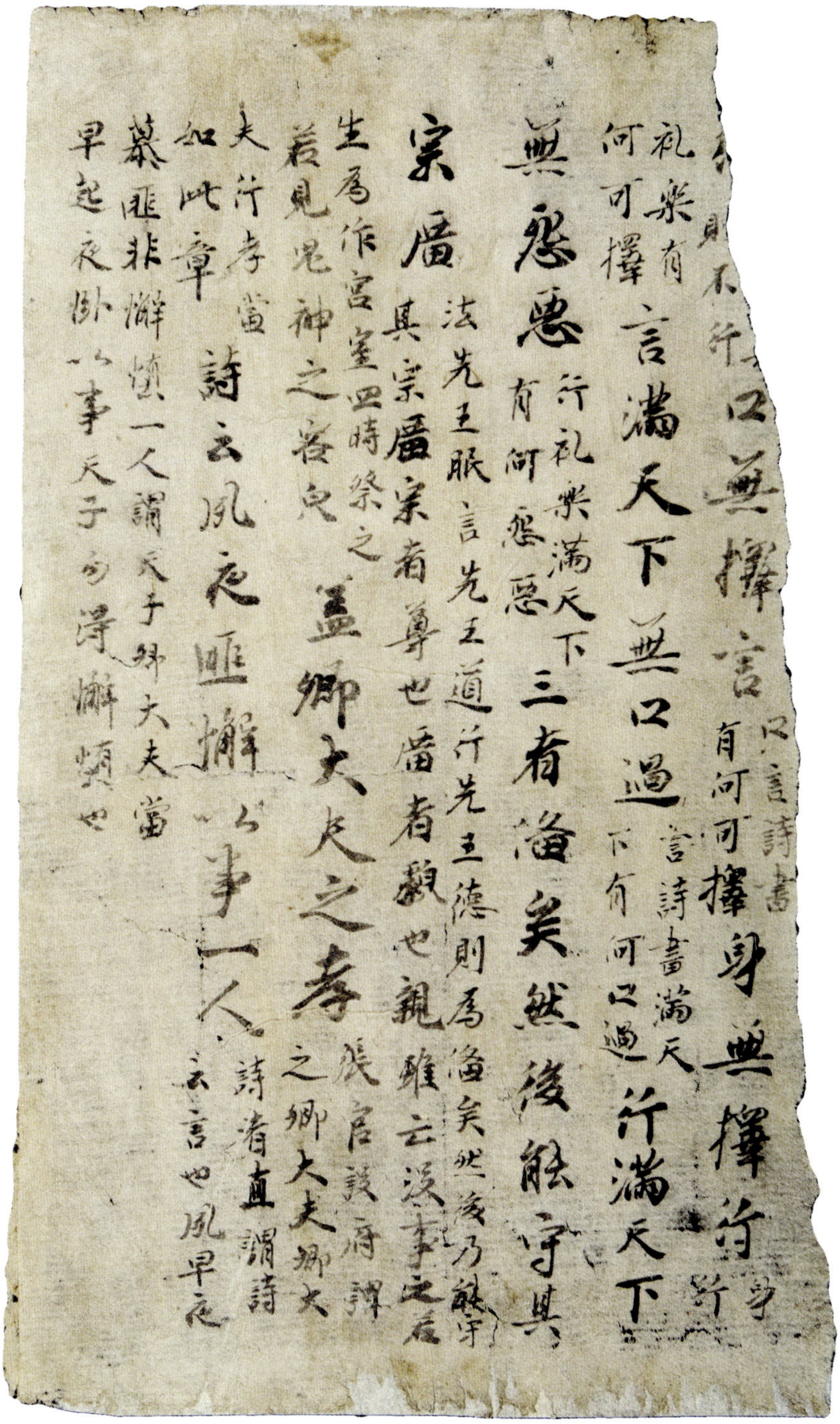

孝經鄭氏解・卿大夫章　（東漢）鄭玄注

唐寫本

新疆和田地區出土。現存最早的《孝經》鄭注寫本之一。

國家圖書館藏

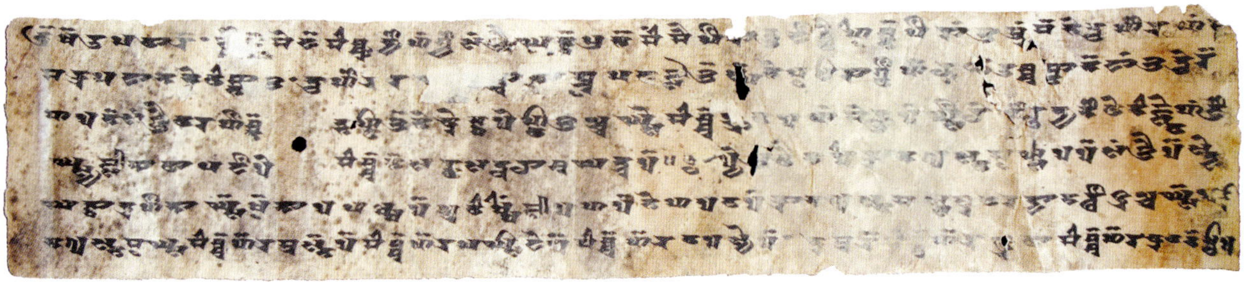

金光明經散脂品　于闐文

八至九世紀寫本

新疆和田地區出土。

國家圖書館藏

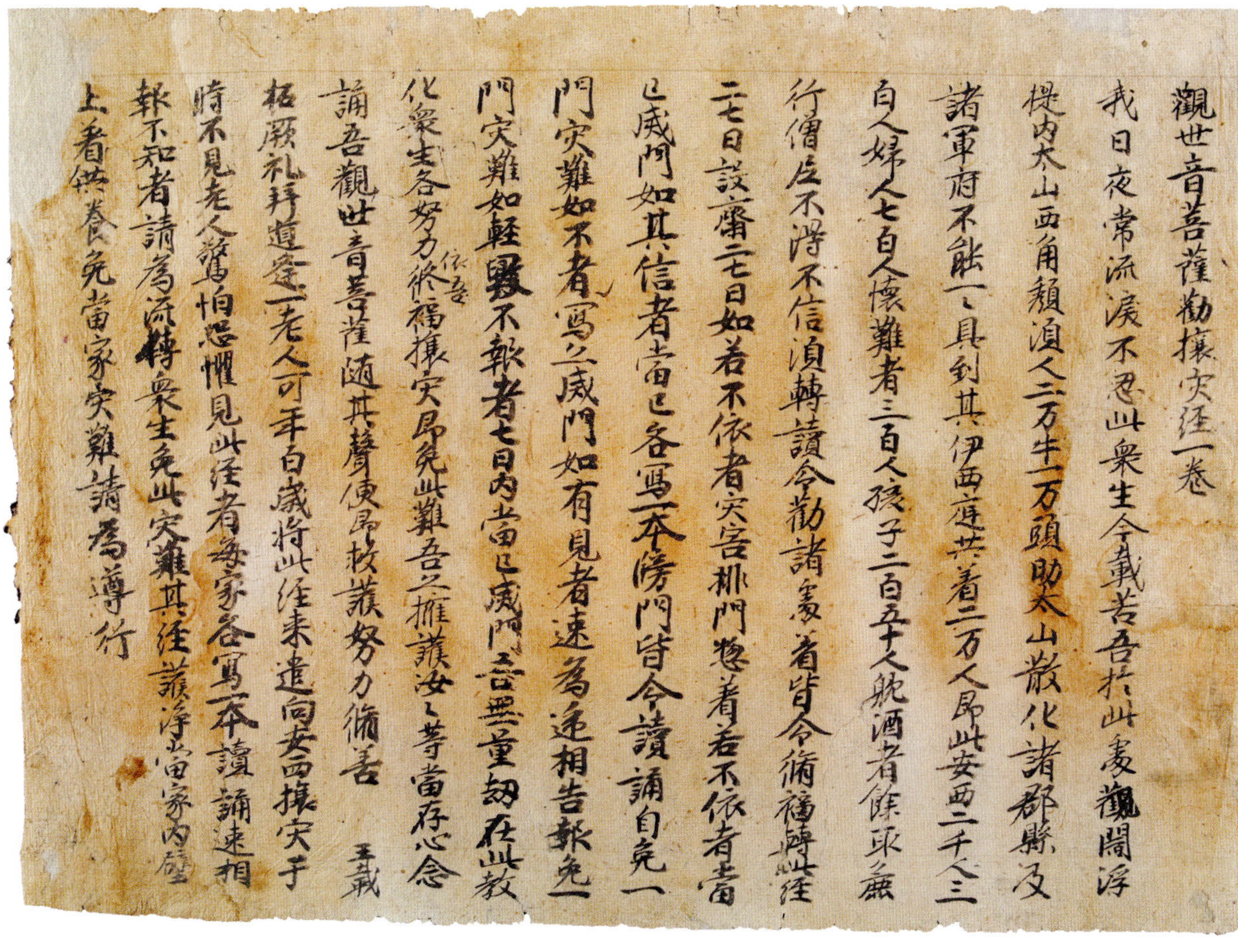
觀世音菩薩勸攘災經一卷
我日夜常流淚不忍此衆生今𦍑苦吾於此處觀閻浮
提内太山西角頹須人二万牛一万頭助太山散化諸郡縣及
諸軍府不能一一具到其伊西庭共着二万人即此安西二千人三
白人婦人七百人懷難者三百人孩子二百五十人飲酒者餘求麻
行僧尼不得不信須轉讀今勸諸處處者皆令備福轉此経
二七日設齋二七日如若不依者灾害排門悉着若不依者當
已滅門如其信者當已各寫一本傍門皆令讀誦自免一
門灾難如不者寫之滅門如有見者速為遞相告報免一
門灾難如輕毀不報者七日内當已滅門吾無量劫在此教
化衆生各努力依経福攘灾即免此難吾之擁護汝等當存心念
誦吾觀世音菩薩隨其聲使即救護努力備善
枯厥礼拜道逢一老人可年百歲將此経來遠向安西攘灾于
時不見老人驚怕恐懼見此経者每家各寫一本讀誦速相
報不知者請為流轉衆生免此灾難其経護淨安置家内壁
上看供養免當家灾難請為導行

觀世音菩薩勸攘災經一卷

八世紀中期寫本

新疆和田地區出土。早期漢文疑僞經，反映了佛教與中國民間信仰的結合。

國家圖書館藏

書信　猶太波斯文

九世紀寫本

新疆和田地區丹丹烏里克出土。反映了猶太人在絲綢之路東段的活動。

國家圖書館藏

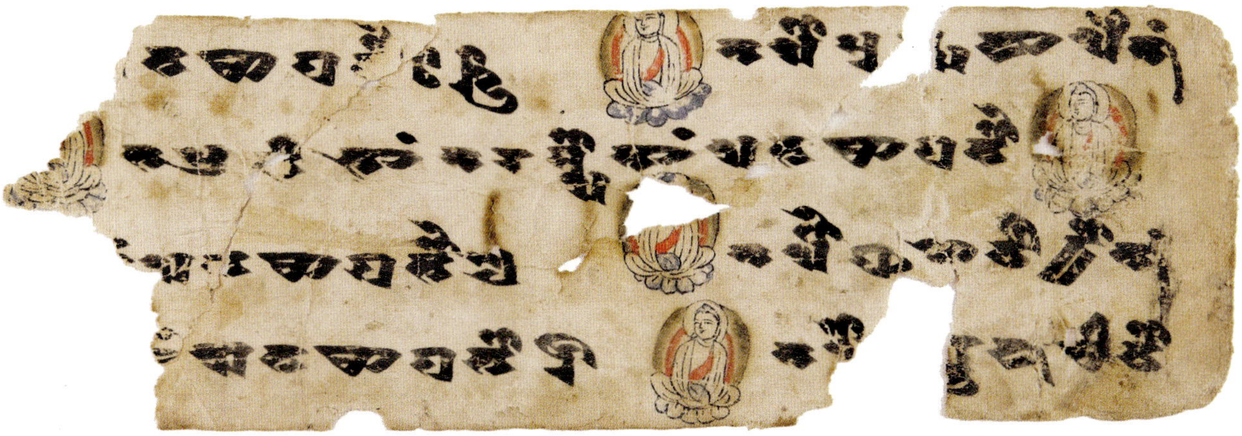

佛名經　梵文

三至四世紀寫本

新疆和田地區出土。

國家圖書館藏

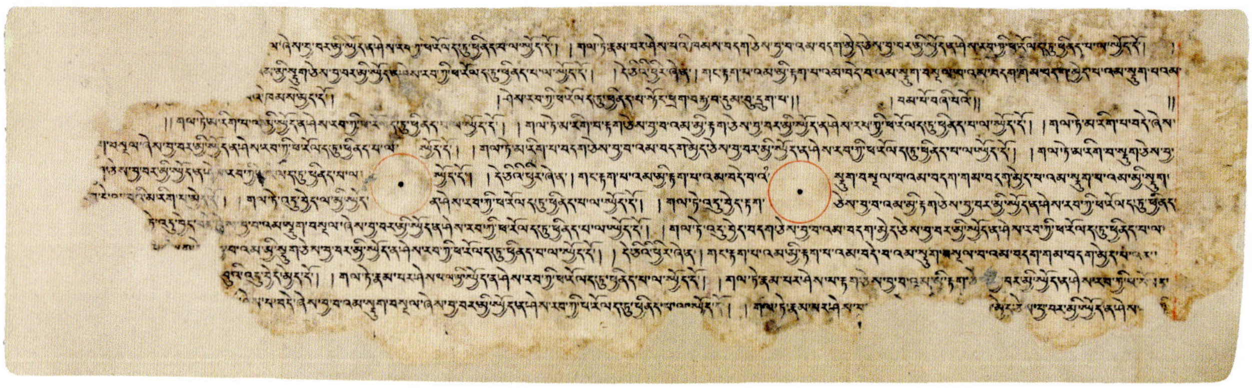

般若波羅蜜多經八千頌　藏文

九至十一世紀寫本

新疆和田地區出土。反映了藏傳佛教在西域的流傳。

國家圖書館藏

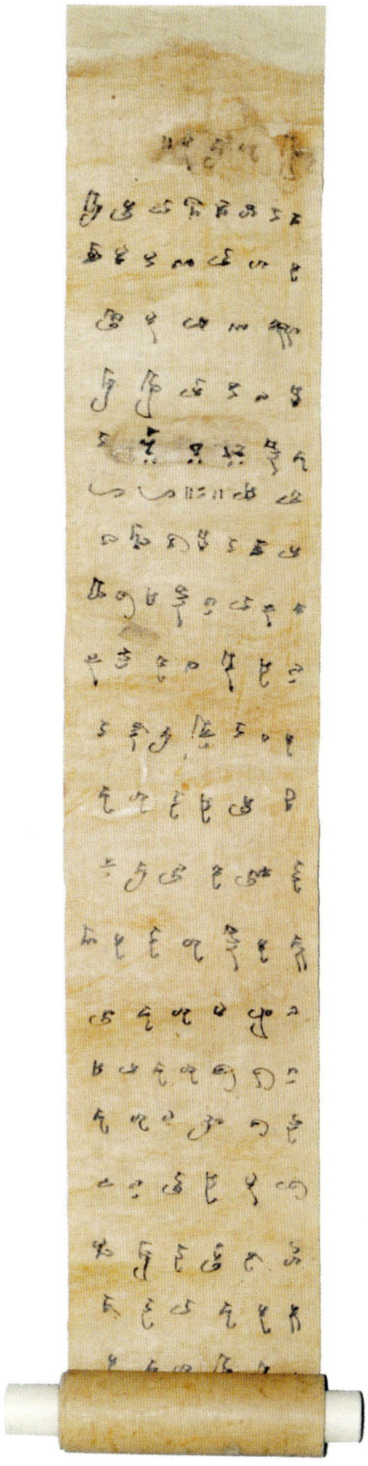

對治十五鬼護身符　于闐文

八世紀寫本

新疆和田地區丹丹烏里克出土。據卷尾題記，這是爲一位于闐貴婦人sävākä量身定製的佩戴物。

國家圖書館藏

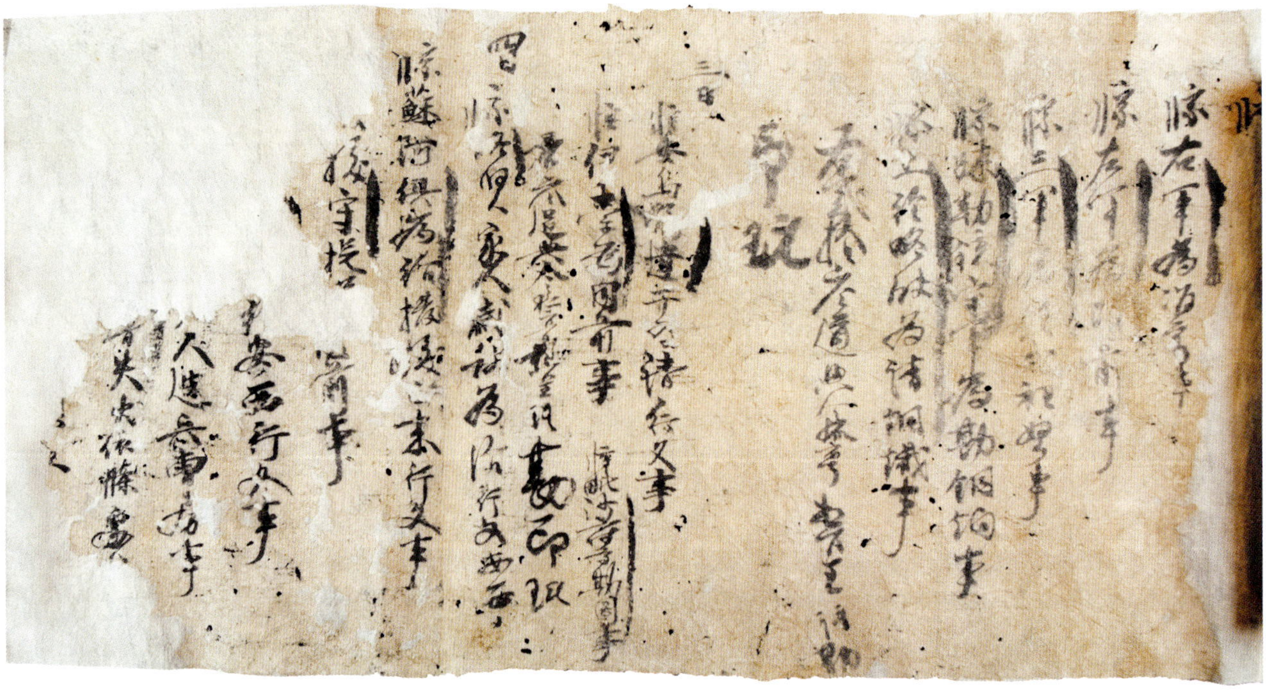

于闐鎮守軍勘印曆

唐開元間（713—741）寫本

新疆和田地區出土。反映了唐代鎮守軍對羈縻州行政運作的具體影響。

國家圖書館藏

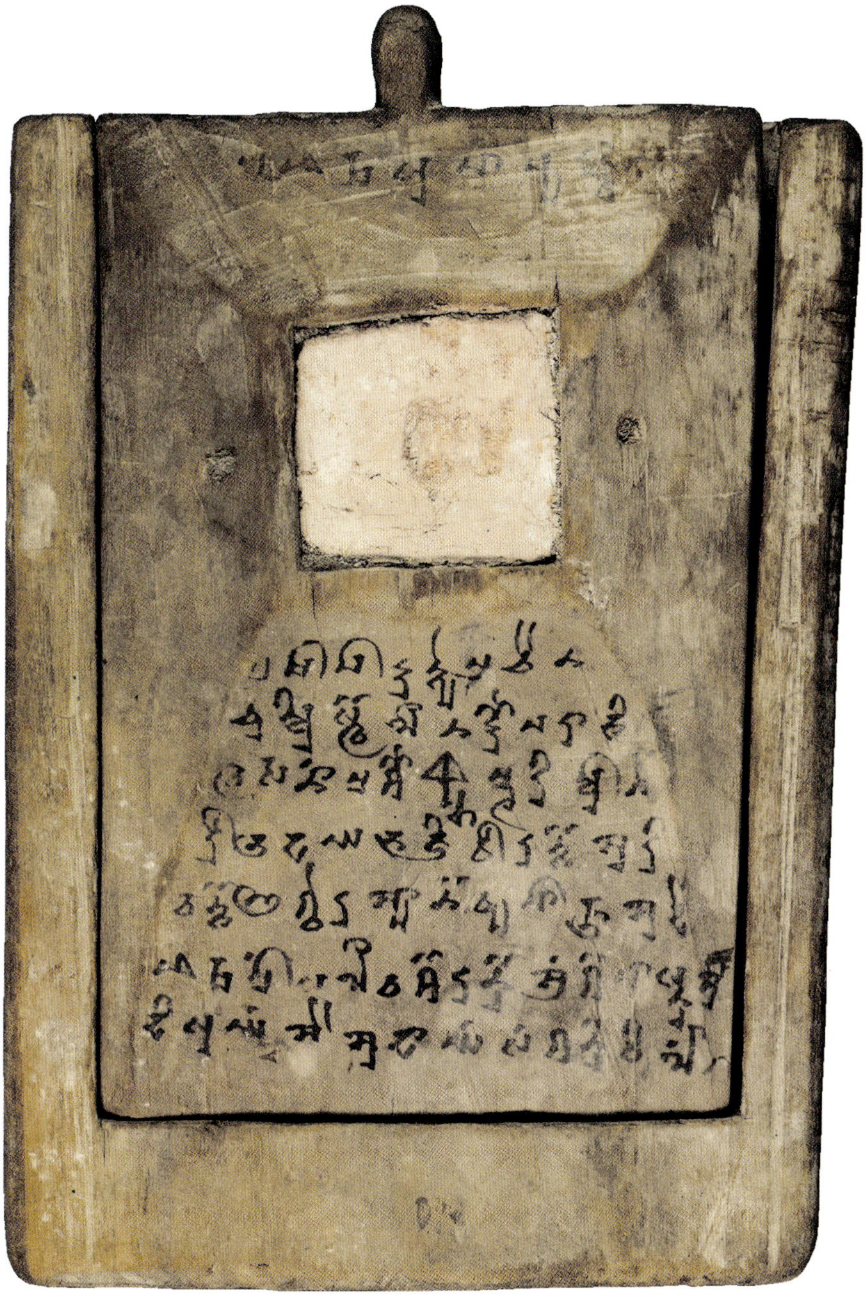

高僧買奴契約函牘　于闐文

新疆和田地區丹丹烏里克出土。時代爲七世紀末。記載于闐王Väkrraṃ第四年第一月第五天，屋悉貴地方的法師起賢，在傑謝鎮官吏與衆人見證下，以4000錢買下Äskhili的自家生人Kharsali。

國家圖書館藏

佛教典籍

2007年全國古籍普查工作開展以來，在各收藏單位和民間發現一批過去從未見著録的重要佛典，獨具風采，令人歎爲觀止。據統計，目前存世宋元古籍以佛典數量最多，許多還是早期印刷品的重要樣本。但是，傳統收藏界向不重視佛典收藏。近代以來，隨着學術進步，佛典文獻價值日益彰顯，其收藏逐漸引起各界關注。國家圖書館2006年購入的《元官藏》、2007年購入的開寶藏本《大寶積經》，山西博物院收藏的北宋寫本《雜阿毗曇心論》和宋刻本《建中靖國續燈録》，廣東省立中山圖書館收藏的金元民間刻本《金剛般若波羅蜜經》，緣督室私人收藏的五代宋初刻本《妙法蓮華經》，堪爲新發現重要佛典的代表。

金剛般若波羅蜜經　（後秦）釋鳩摩羅什譯

金元間刻本

全書20版，半葉寬11釐米，5行14字；總長1055釐米，紙幅高33.2釐米，框高24.5釐米。卷首有扉畫，卷尾存隰州百姓姚鈞捨資雕印題記。從整體雕版風格看，爲罕見的金元民間刻本。

廣東省立中山圖書館藏

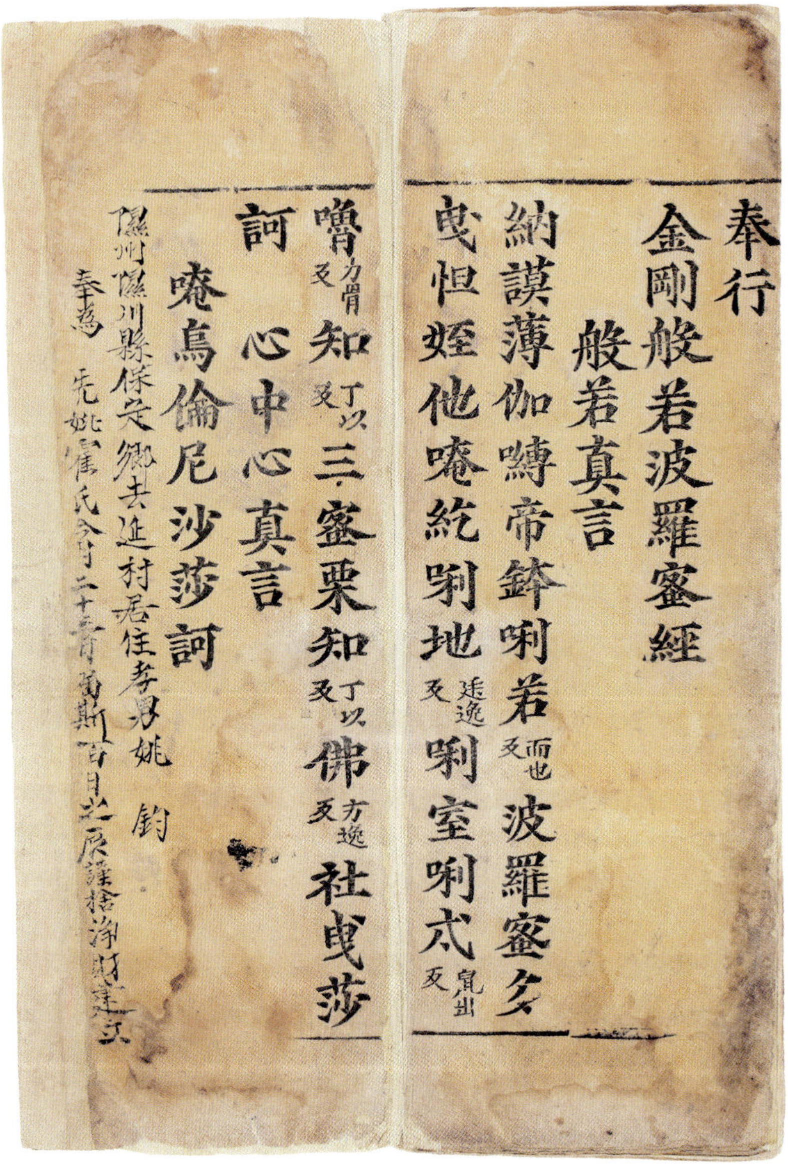

奉行

金剛般若波羅蜜經

般若真言

納謨薄伽嚩帝鉢唎若(而也反)波羅蜜多

曳怛姪他唵紇唎地(迭逸反)唎室唎戌(卑出反)

嚕(力胃反)知(丁以反)三蜜栗知(丁以反)佛(方逸反)社曳莎

訶

心中心真言

唵烏倫尼沙莎訶

隰州隰川縣保定鄉去延村居住孝男姚鈞

奉為　先妣崔氏今月二十五日當斯百日之辰謹捨淨財建文

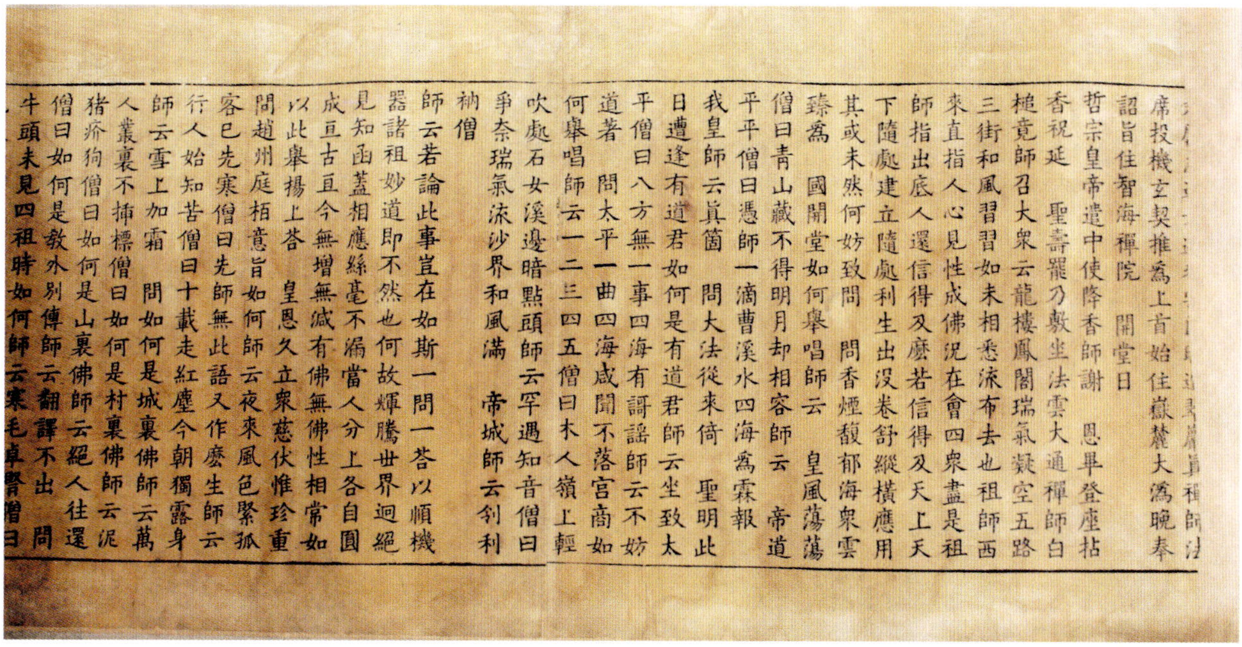

建中靖國續燈錄三十卷　（宋）釋惟白編

宋刻本　存一卷（十四）

首尾殘，全卷存21紙，總長913.5釐米，每紙高33釐米，長43.5釐米；經文每紙24行17字。每紙右端有版片號“續登十四”。此卷内“玄”、“竪”兩字缺筆避諱，是爲北宋單刻本，彌足珍貴。

山西博物院藏

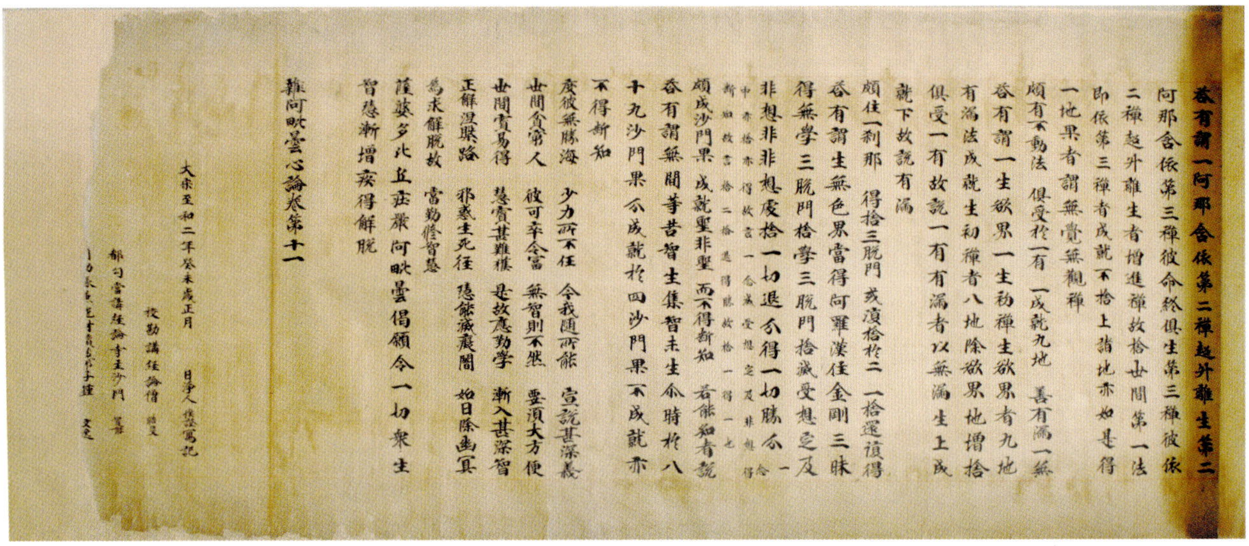

雜阿毗曇心論十一卷　（南朝宋）釋僧伽跋摩等譯

北宋至和二年（1055）寫大藏經本　存一卷（十一）

本件卷尾保留功德銜名：“大宋至和二年癸未歲正月日净人懷證寫記；校勘講經論僧晧旻；都勾當講經論寺主沙門智能；續藏弟子鍾文逸。”卷面及卷背鈐“鍾文逸續藏紙”圓印，表明抄寫此經的紙爲“鍾文逸”施捨本藏專用。

山西博物院藏

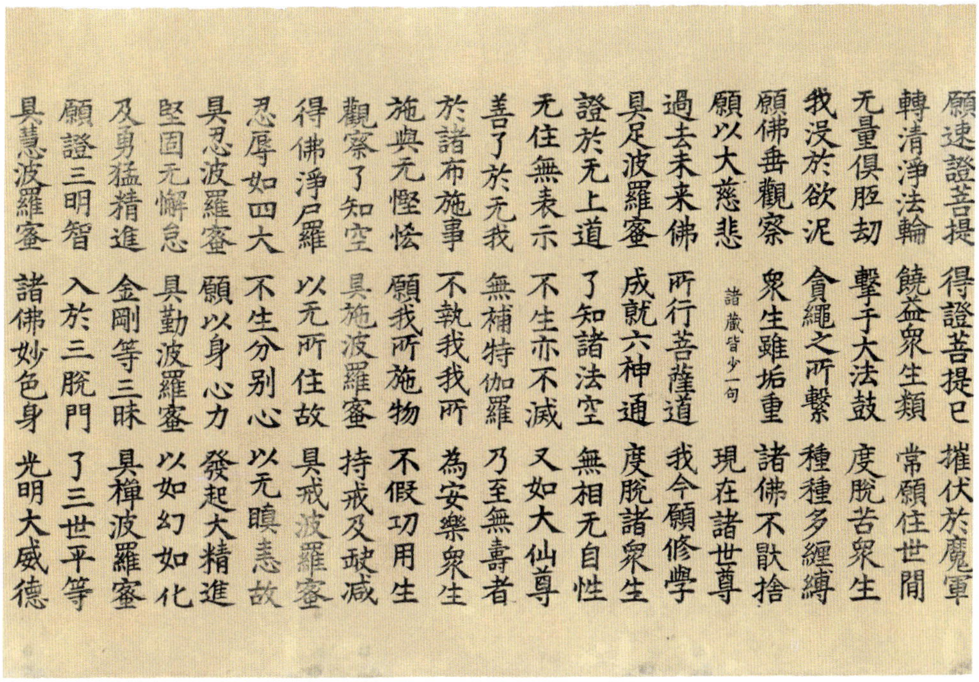

願速證菩提　得證菩提已　摧伏於魔軍
轉清淨法輪　饒益衆生類　常願住世間
无量俱胝劫　擊于大法鼓　度脱苦衆生
我沒於欲泥　貪繩之所繫　種種多纒縛
願佛垂觀察　衆生雖垢重　諸佛不猒捨
願以大慈悲　諸藏皆少一句　現在諸世尊
過去未来佛　所行菩薩道　我今願修學
具足波羅蜜　成就六神通　度脱諸衆生
證於无上道　了知諸法空　無相无自性
无住無表示　不生亦不滅　又如大仙尊
善了於无我　無補特伽羅　乃至無壽者
於諸布施事　不執我我所　為安樂衆生
施與无慳悋　願我所施物　不假功用生
觀察了知空　具施波羅蜜　持戒及破戒
得佛淨戸羅　以无所住故　具戒波羅蜜
忍辱如四大　不生分別心　以无瞋恚故
具忍波羅蜜　願以身心力　發起大精進
堅固无懈怠　具勤波羅蜜　以如幻如化
及勇猛精進　金剛等三昧　具禪波羅蜜
願證三明智　入於三脱門　了三世平等
具慧波羅蜜　諸佛妙色身　光明大威德

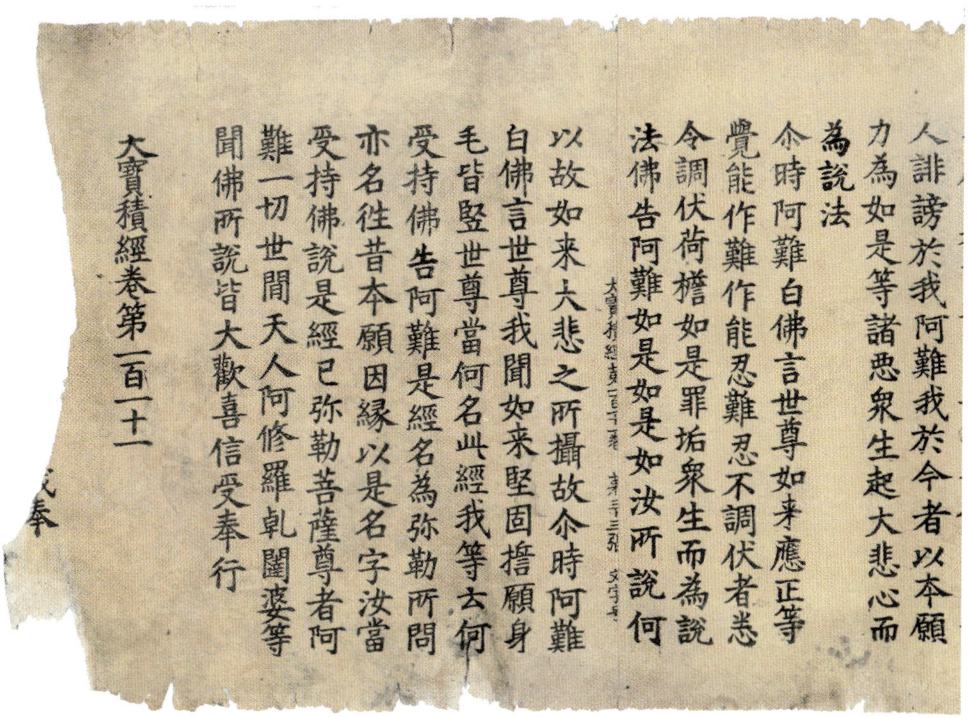

人誹謗於我阿難我於今者以本願
力為如是等諸惡衆生起大悲心而
為説法
尒時阿難白佛言世尊如来應正等
覺能作難作能忍難忍不調伏者悉
令調伏荷擔如是罪垢衆生而為說
法佛告阿難如是如是如汝所說何
大寶積經第一百十一卷　第三十三張　文字号
以故如来大悲之所攝故尒時阿難
白佛言世尊我聞如来堅固誓願身
毛皆竪世尊當何名此經我等云何
受持佛告阿難是經名為弥勒所問
亦名往昔本願因縁以是名字汝當
受持佛説是經已弥勒菩薩尊者阿
難一切世間天人阿修羅乾闥婆等
聞佛所説皆大歡喜信受奉行
大寶積經卷第一百一十一
……奉

大寶積經一百二十卷　（唐）釋菩提流志等譯

北宋開寶四年（971）刻開寶藏本　存一卷（一百十一）

紙張堅韌闊大，典型宋體字。每版23行14字，版端刊經名卷次、千字文號、版片號。《開寶藏》全世界僅存13件（卷），極爲寶貴。

國家圖書館藏

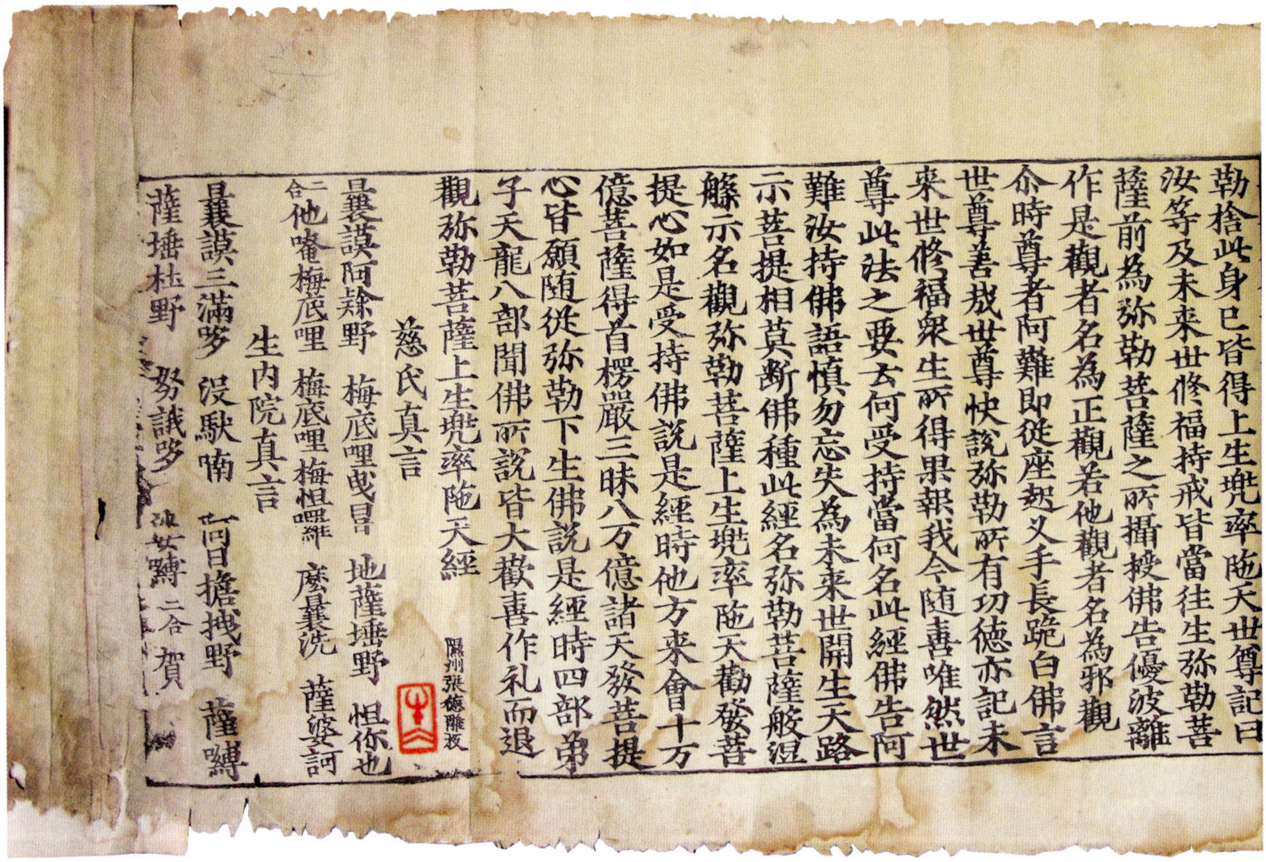

勒捨此身已皆得上生兜率陁天世尊記曰
汝等及未來世修福持戒皆當往生弥勒菩
薩前為弥勒菩薩之所攝授佛告優波離
作是觀者名為正觀若他觀者名為邪觀
佘時尊者阿難即從座起叉手長跪白佛言
世尊善哉世尊快說弥勒所有功德亦記未
來世修福衆生所得果報我今隨喜唯然世
尊此法之要云何受持當何名此經佛告阿
難汝持佛語慎勿忘失為未來世開生天路
示菩提相莫斷佛種此經名弥勒菩薩般涅
槃亦名觀弥勒菩薩上生兜率陁天勸發菩
提心如是受持佛說是經時他方來會十方
億菩薩得首楞嚴三昧八万億諸天發菩提
心皆願隨從弥勒下生佛說是經時四部弟
子天龍八部聞佛所說皆大歡喜作礼而退
觀弥勒菩薩上生兜率陁天經　隰州張德雕板
慈氏真言
曩謨阿𮪍野　梅底哩曳冐　地薩埵野　怛你也
二合他唵梅底哩　梅底哩梅怛𠼝　麼曩曩洗　薩婆訶
生內院真言
曩謨三滿多　沒馱喃　阿日擔搋野　薩嚩
薩埵杜野　努誐多　嚩二合　賀

觀彌勒菩薩上生兜率陀天經　（北涼）釋沮渠京聲譯

五代至宋初山西隰州張德刻本

每紙長55.6釐米，高31.6釐米，框高22.6釐米。從紙張、字體、格式、傳本等方面考察，刊刻時代約在五代至北宋初年。

國家圖書館藏

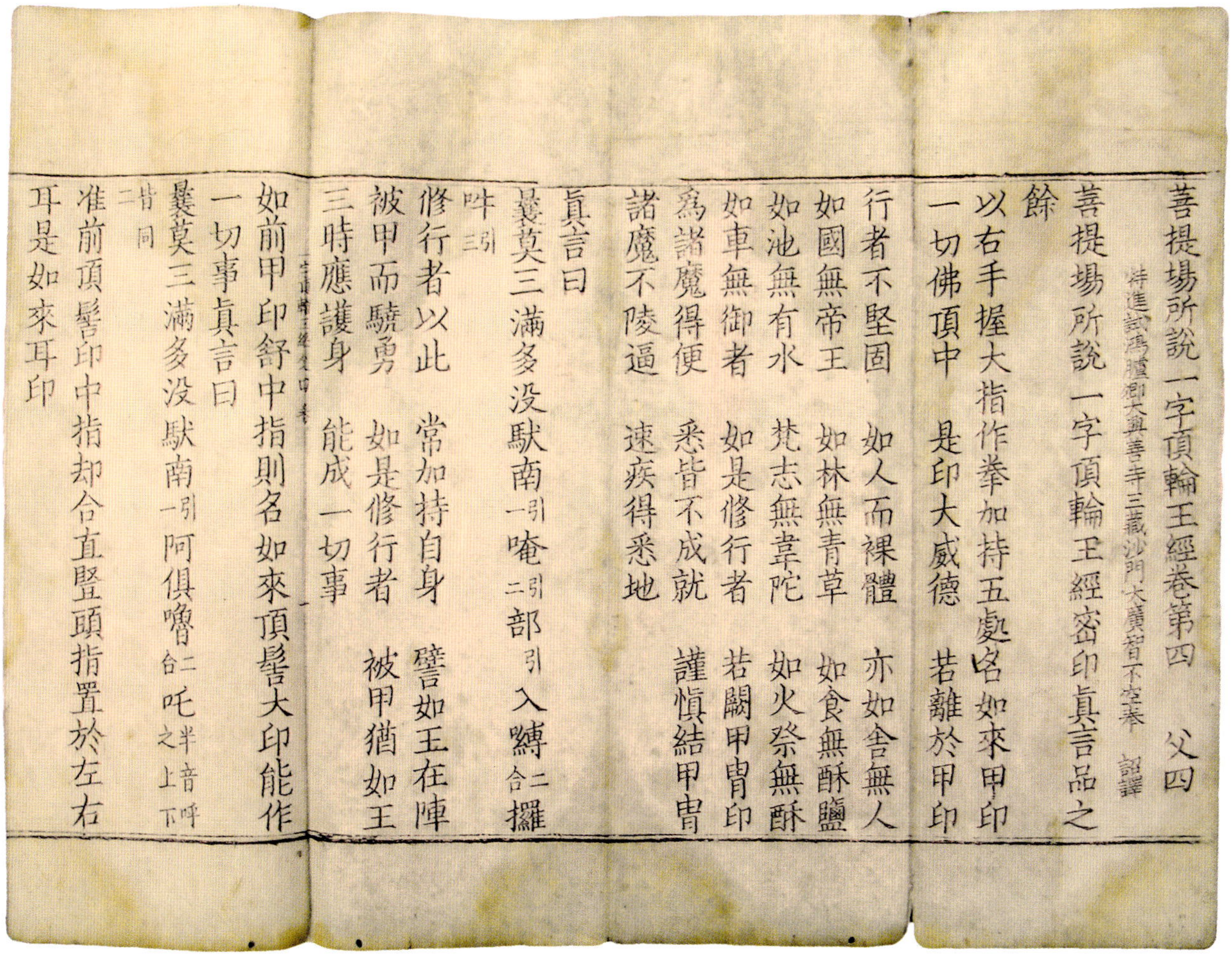

元官藏

元至順三年至至元二年（1332—1336）徽政院刻本　存九卷

元至元二年（1336）元惠宗（順帝）太皇太后發願施印，字體、紙張堪稱上品。《元官藏》是一種不見於史料記載的佛教大藏經，目前全世界存數不過百卷，至爲寶貴。

國家圖書館藏

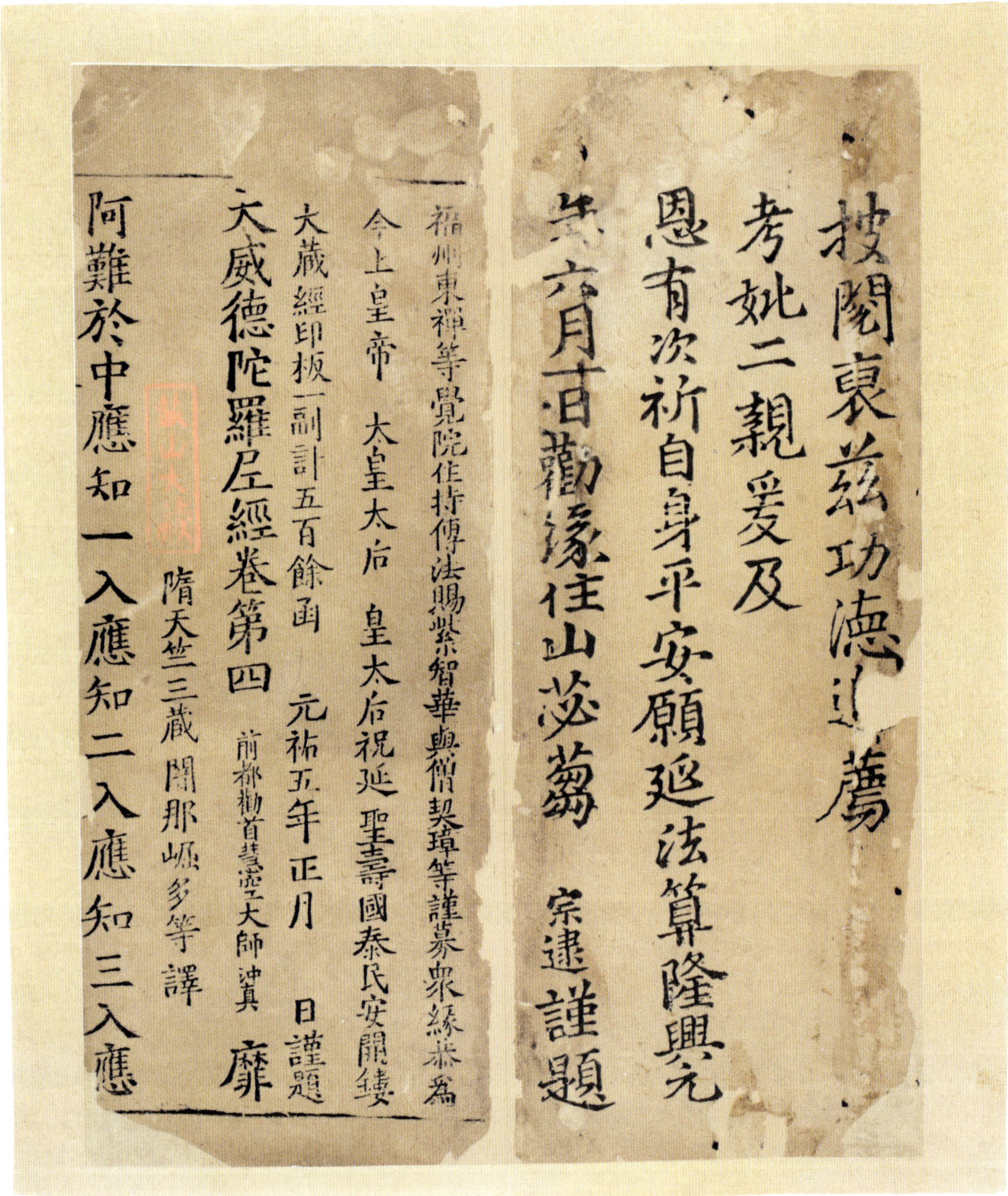

大威德陀羅尼經二十卷　（隋）釋闍那崛多譯

北宋元祐五年（1090）福州東禪等覺院刻隆興元年（1163）印崇寧萬壽大藏本　存一卷（四）

卷端存宗逮施捨題記，題名前存開版題記，卷尾存功德銜名。《崇寧藏》國内已無全藏，此本甚爲寶貴。

福建省圖書館藏

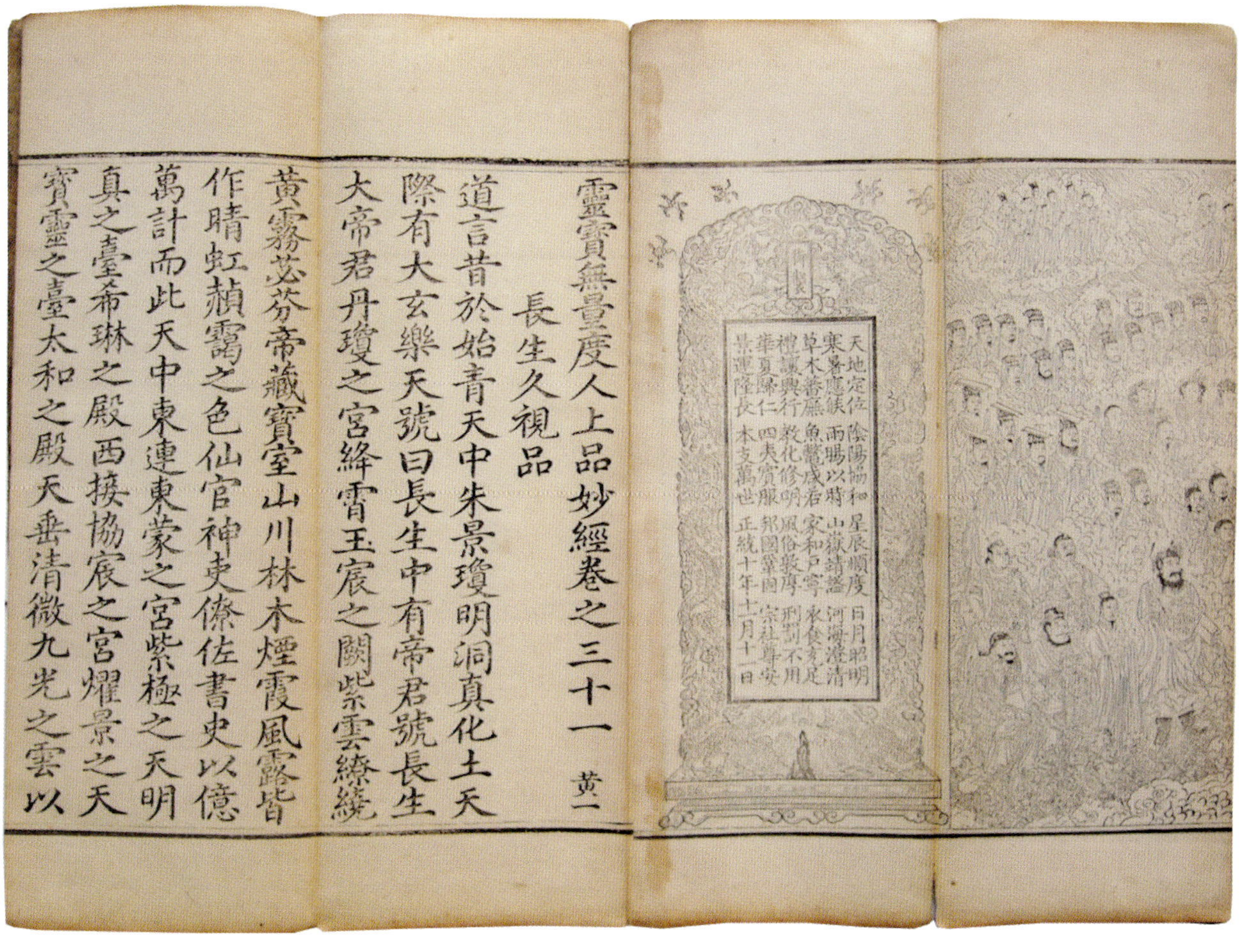

道藏五千三百零五卷　（明）張宇初等編

明正統十年（1445）内府刻萬曆二十六年（1598）官印本　存一千三百六十卷

經折裝，半葉5行17字。全藏依千字文編號，按三洞、四輔、十二部分類，收書一千四百三十種。今存《正統道藏》多爲清代刷印，此爲明刻明印，係萬曆二十七年（1599）神宗朱翊鈞頒賜岱廟者，頒賜的聖旨亦保存完好，極爲珍貴。

泰安市博物館藏

善本古籍

《國家珍貴古籍名録》申報工作在全國範圍内展開後，近百家《中國古籍善本書目》未涉及的單位進入學界視野，如軍事科學院軍事圖書資料館、中國文化遺産研究院、中國第一歷史檔案館、中國科學院上海生命科學信息中心等，所藏不乏珍貴古籍。

軍事科學院軍事圖書資料館所藏《十三經注疏》，是現存三部元刻明修本中内容最全、品相最好的一部，《孫子兵法》、《五火玄機》則爲中國古兵書之代表。安徽皖西學院圖書館所藏宋衢州州學刻元明遞修本《三國志》爲現知存世兩部全本之一，卷末溫廷敬長跋一一辨識書中的元代補版，頗具學術價值。

中國書店、上海圖書公司所藏宋元珍本爲《名録》增添亮色。此外，芷蘭齋、白河書齋、緣督室等私人藏書家，所申報古籍也頗引人矚目。

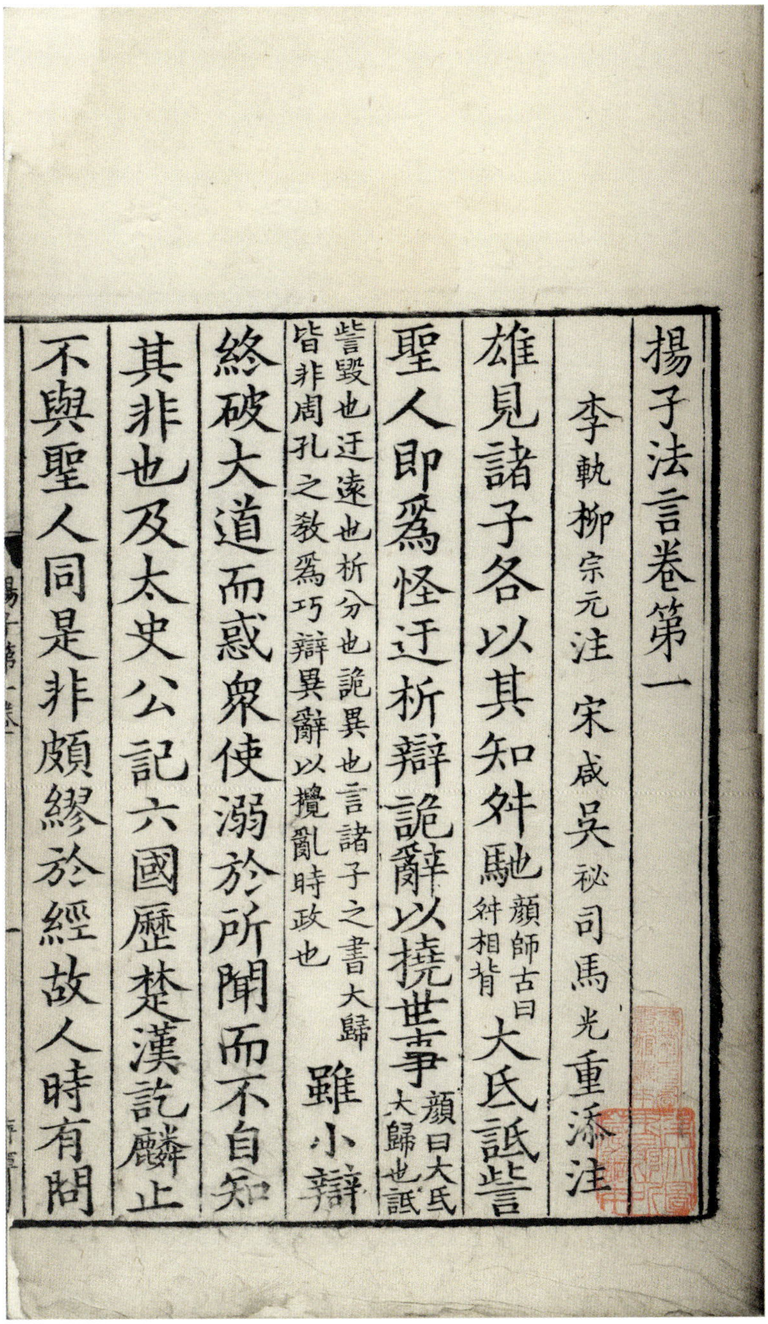

揚子法言十三卷　（漢）揚雄撰　（晉）李軌　（唐）柳宗元　（宋）宋咸 吴祕 司馬光注　音義一卷

宋淳熙八年（1181）刻本

《中國古籍善本書目》著録爲宋刻本，近年經專家考證，進一步認定爲淳熙八年唐仲友台州公使庫刻本。清天禄琳琅舊藏。入選第二批《國家珍貴古籍名録》。

遼寧省圖書館藏

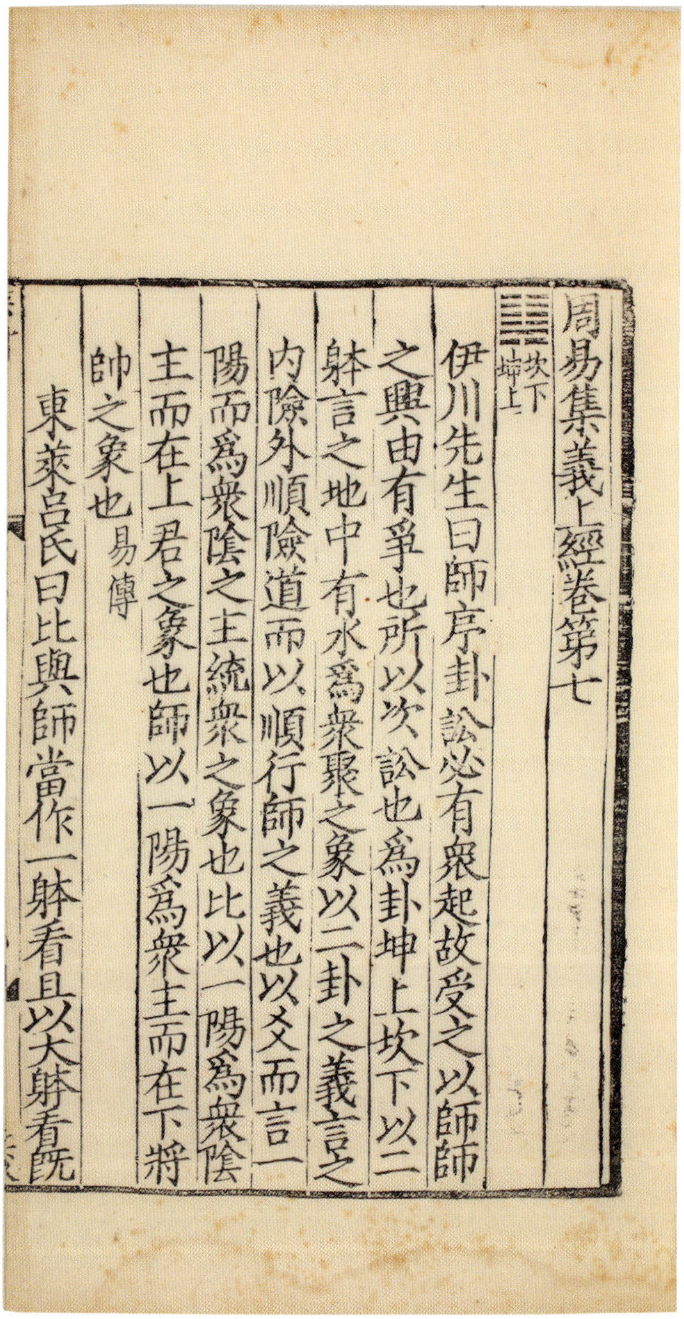

周易集義上經卷第七

䷆ 坎下坤上

伊川先生曰師序卦訟必有衆起故受之以師師之興由有爭也所以次訟也爲卦坤上坎下以二躰言之地中有水爲衆聚之象以二卦之義言之內險外順險道而以順行師之義也以爻而言一陽而爲衆陰之主統衆之象也比以一陽爲衆陰主而在上君之象也師以一陽爲衆主而在下將帥之象也易傳

東萊呂氏曰比與師當作一躰看且以大躰看既

大易集義六十四卷　（宋）魏了翁輯

宋淳祐十二年（1252）魏克愚徽州紫陽書院刻本　存五十四卷（一、五至十七、十九至二十八、三十一、三十六至六十四、其中卷十一至十七配補鈔本）

《大易集義》又名《周易集義》，係魏了翁輯錄宋十七家解《易》之説而成。《中國古籍善本書目》著録此本作明刻本《周易集義》，存36卷。在近年的古籍普查工作中審訂爲宋刻本，實存54卷。

北京市委圖書館藏

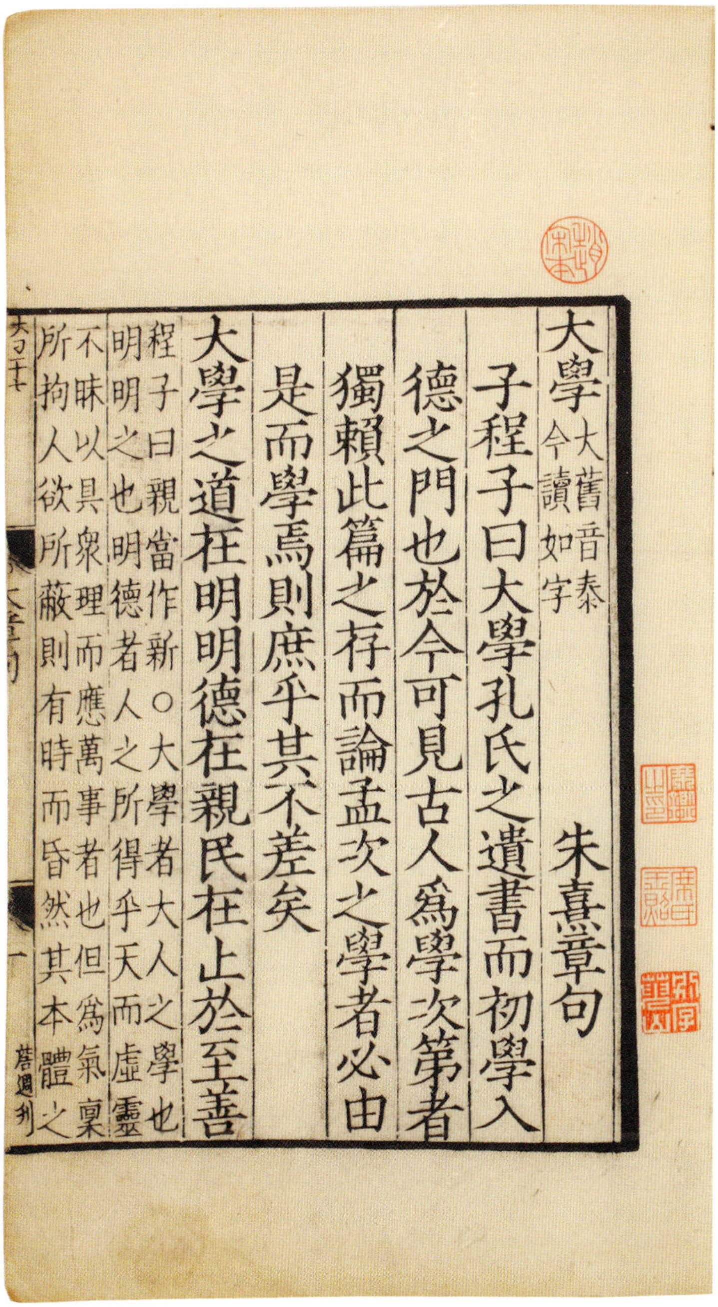

四書章句集注二十八卷　（宋）朱熹撰

南宋刻本（《中庸》卷一、《論語》卷一至二、《孟子》卷六至十四配影宋鈔本）

刊刻於南宋晚期。印紙係三層薄紙粘褙而成，每層皆有字迹，非常罕見。曾被視爲殘破無用之書，近年從待處理的書堆中重新揀選出來。席鑒舊藏，鈐“虞山席鑒玉照氏收藏”、“釀花草堂”等印記。《中國古籍善本書目》未收錄此版本，洵爲可珍。入選第四批《國家珍貴古籍名錄》。

徐州市圖書館藏

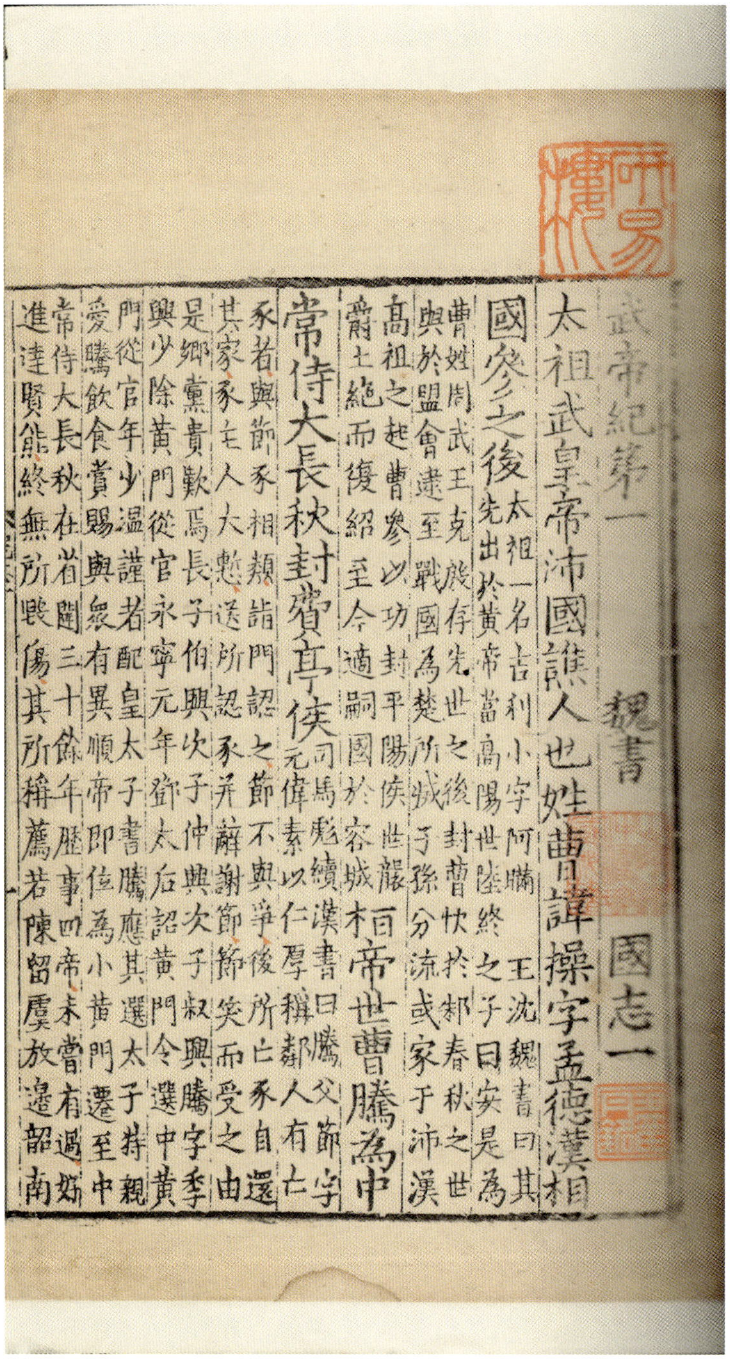
武帝紀第一　　魏書　　國志一

太祖武皇帝沛國譙人也姓曹諱操字孟德漢相國參之後太祖一名吉利小字阿瞞王沈魏書曰其先出於黃帝當高陽世陸終之子曰安是為曹姓周武王克殷存先世之後封曹俠於邾春秋之世與於盟會逮至戰國為楚所滅子孫分流或家于沛漢高祖之起曹參以功封平陽侯世襲爵土絕而復紹至今適嗣國於容城桓帝世曹騰為中常侍大長秋封費亭侯司馬彪續漢書曰騰父節字元偉素以仁厚稱鄰人有亡豕者與節豕相類詣門認之節不與爭後所亡豕自還其家豕主人大慚送所認豕并辭謝節節笑而受之由是鄉黨貴歎焉長子伯興次子仲興次子叔興騰字季興少除黃門從官永寧元年鄧太后詔黃門令選中黃門從官年少溫謹者配皇太子書騰應其選太子特親愛騰飲食賞賜與衆有異順帝即位為小黃門遷至中常侍大長秋在省闥三十餘年歷事四帝未嘗有過好進達賢能終無所毀傷其所稱薦若陳留虞放邊韶南

三國志六十五卷　（晉）陳壽撰　（南朝宋）裴松之注

宋衢州州學刻元明遞修本　温廷敬跋

現存最早的《三國志》版本之一，傳世較少，且多爲殘帙。此本保存完整，書品較好，不爲學術界所知。入選第二批《國家珍貴古籍名錄》。

皖西學院圖書館藏

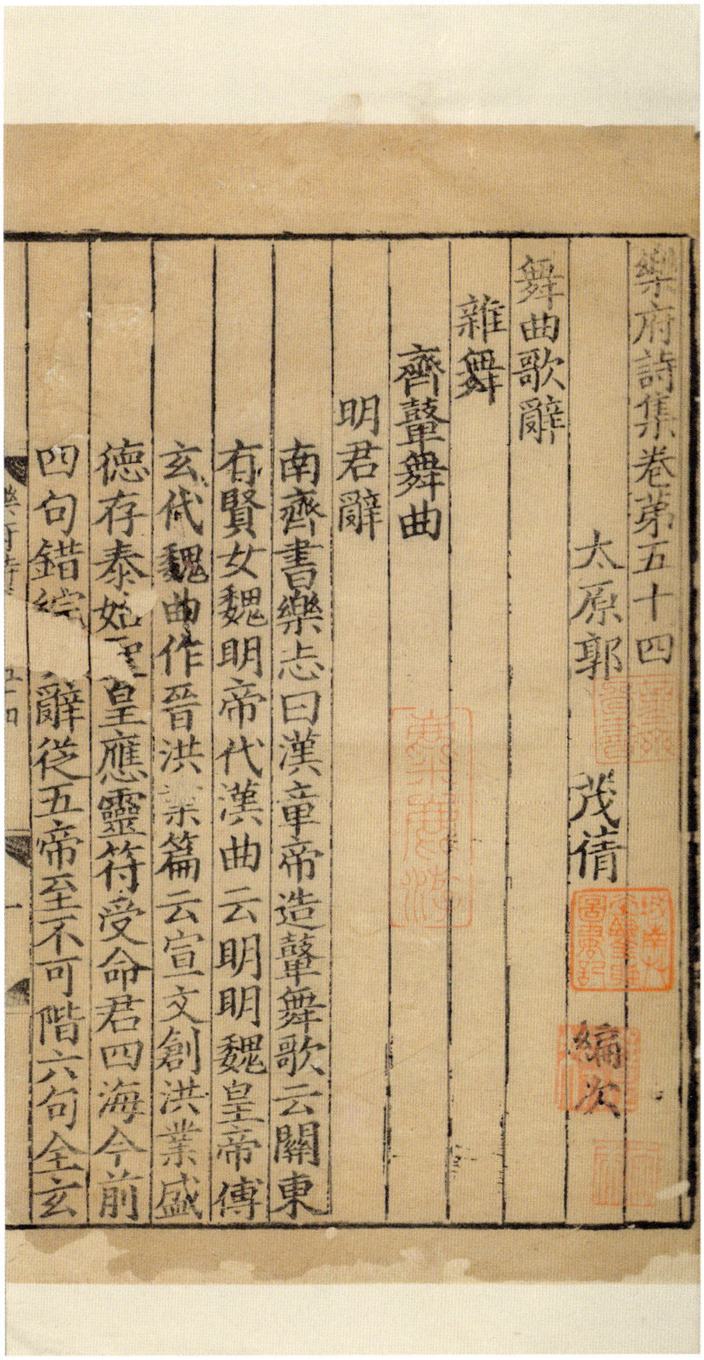

樂府詩集卷第五十四　太原郭　茂倩　編次
舞曲歌辭
雜舞
齊鞞舞曲
明君辭
南齊書樂志曰漢章帝造鞞舞歌云關東有賢女魏明帝代漢曲云明明魏皇帝傳玄代魏曲作晉洪業篇云宣文創洪業盛德存泰始聖皇應靈符受命君四海今前四句錯綜辭從五帝至不可階六句全玄

樂府詩集一百卷　（宋）郭茂倩輯

元至正元年（1341）集慶路儒學刻明修本　存二十八卷（四十八至七十五）

輯録唐前樂府歌辭最爲完備的詩歌總集。曾經清富察昌齡、秦更年收藏。《中國古籍善本書目》未著録。入選第二批《國家珍貴古籍名録》。

皖西學院圖書館藏

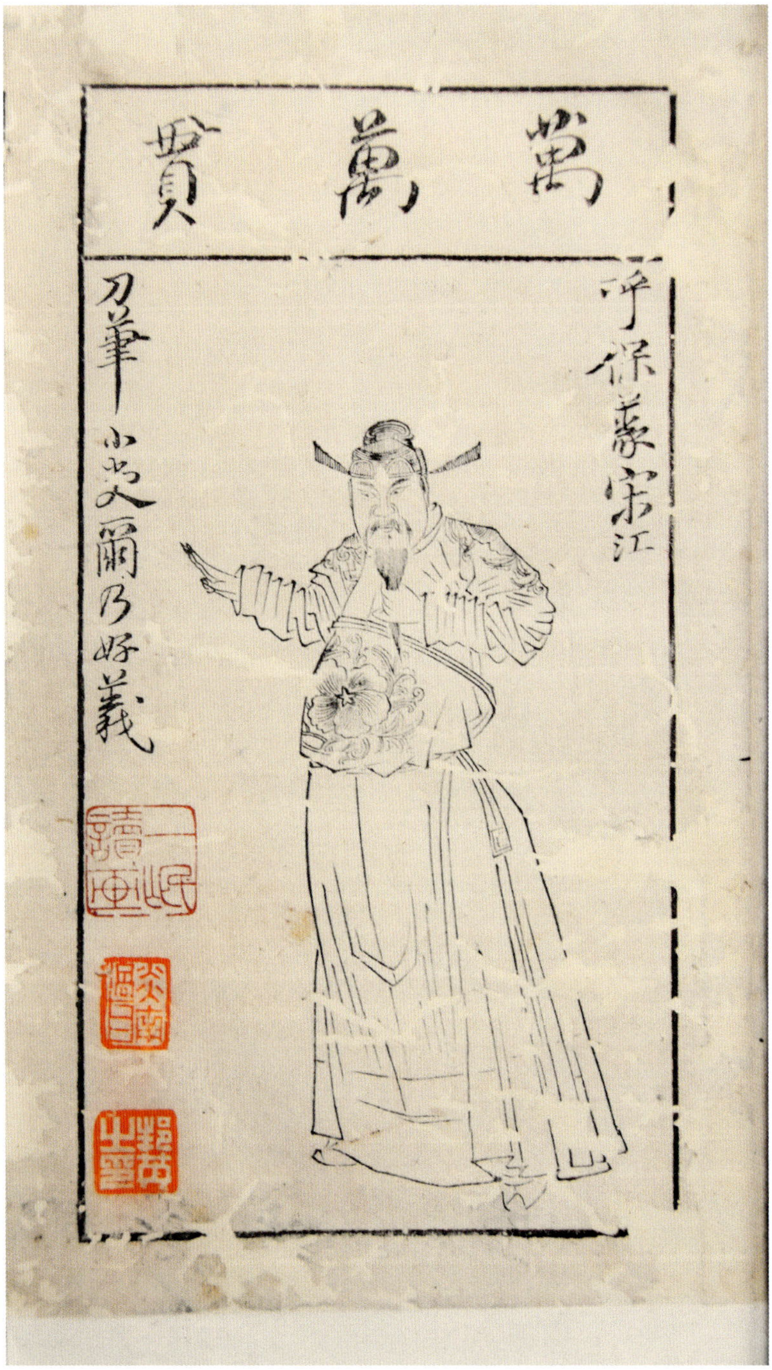

水滸葉子不分卷　（明）陳洪綬繪

清初刻本　盧子樞 賴少其 王貴忱跋

陳洪綬（1598—1652），字章侯，號老蓮，明末傑出畫家。此其手繪酒令紙牌，精妙刻畫了宋江、魯智深等40位《水滸》人物。爲現存《水滸葉子》之精本。李一氓舊藏。入選第三批《國家珍貴古籍名錄》。

四川省圖書館藏

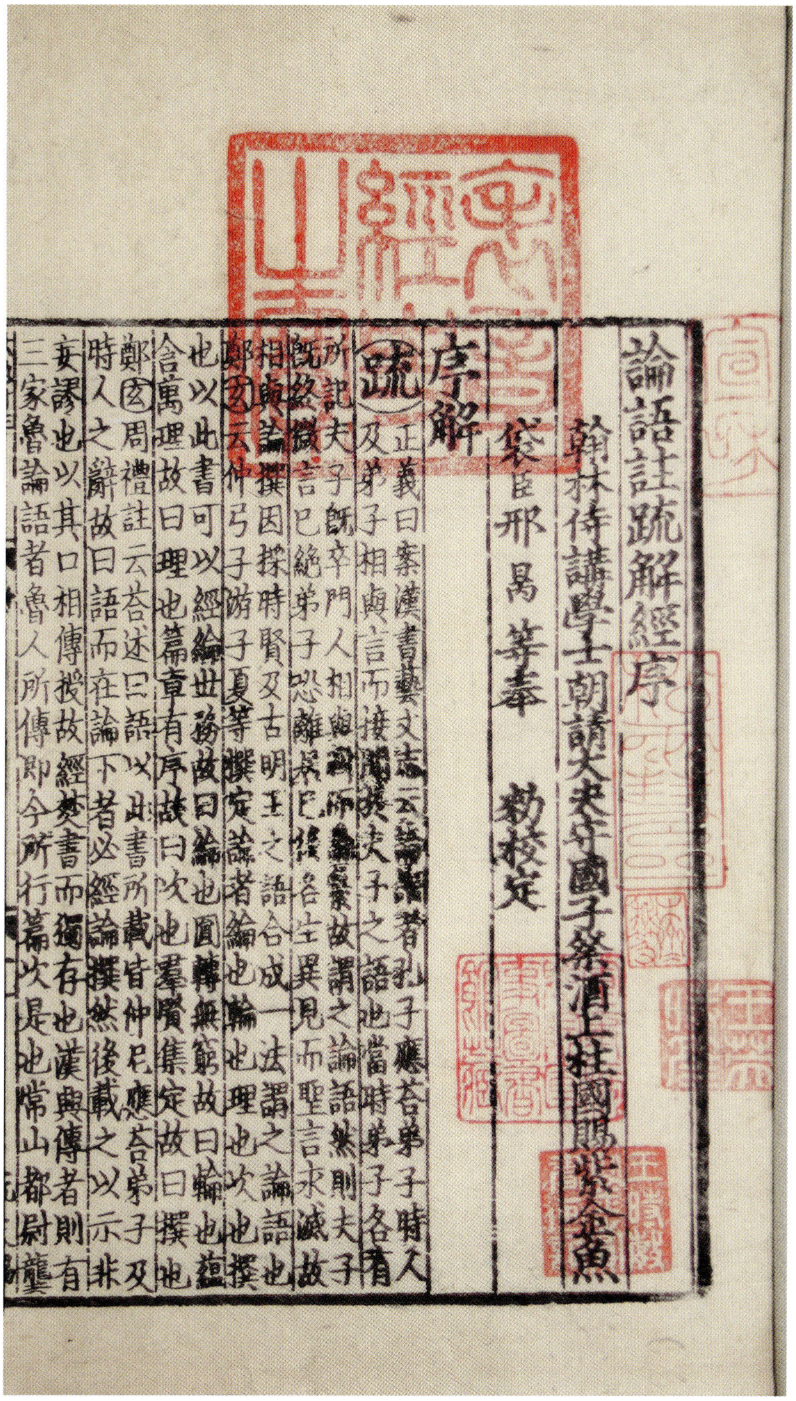
論語註疏解經序
翰林侍講學士朝請大夫守國子祭酒上柱國賜紫金魚
袋臣邢昺等奉　勑校定
序解
疏　正義曰案漢書藝文志云論語者孔子應荅弟子時人
及弟子相與言而接聞於夫子之語也當時弟子各有
所記夫子既卒門人相與輯而論纂故謂之論語然則夫子
既終微言已絕弟子恐離居已後各生異見而聖言永滅故
相與論撰因採時賢及古明王之語合成一法謂之論語也
鄭玄云仲弓子游子夏等撰定論者綸也輪也理也次也撰
也以此書可以經綸世務故曰綸也圓轉無窮故曰輪也蘊
含萬理故曰理也篇章有序故曰次也羣賢集定故曰撰也
鄭玄周禮註云荅述曰語以此書所載皆仲尼應荅弟子及
時人之辭故曰語而在論下者必經論撰然後載之以示非
妄謬也以其口相傳授故經焚書而獨存也漢興傳者則有
三家魯論語者魯人所傳即今所行篇次是也常山都尉龔

十三經注疏三百五十三卷

元刻明修本　存三百四十一卷

此本乃元代坊間翻南宋劉叔剛十行諸經注疏本。明初，版歸南京國子監，遞有修補。全書僅缺《尚書》卷一至十一、《孟子》卷一，是現存最完整、品相最佳的一部。入選第一批《國家珍貴古籍名錄》。

軍事科學院軍事圖書資料館藏

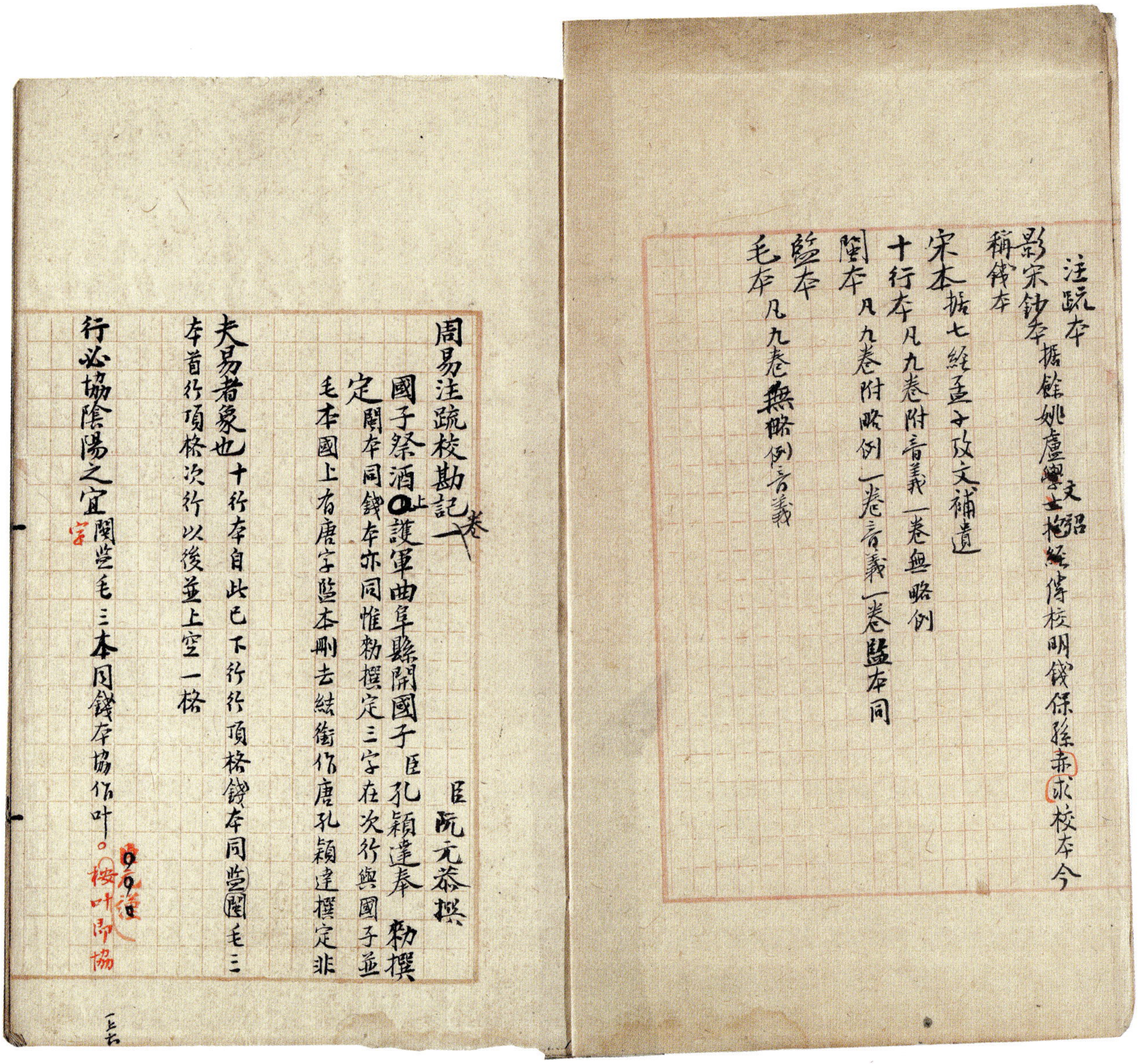

周易注疏校勘記九卷　（清）阮元撰

稿本　存五卷（一至三、八、九）

有阮元硃筆校訂，反映了阮氏辨析學術、闡明訓詁的學術識見。

國家圖書館藏

永樂大典二萬二千八百七十七卷　（明）解縉等輯

明嘉靖内府寫本　存三卷（二二七二至二二七四）

此爲“模”字韻“湖”字一册。國家圖書館原藏“湖”字兩册，此册恰爲中間部分，可使内容前後相綴。原藏海外，2009年回歸。

國家圖書館藏

永樂大典卷之二千二百七十二　六模

湖

詩文

宋黄氏日抄湖山一覽　西湖佳麗甲天下富貴家樓臺百萬爭奇築勝莫不得所欲然湖本出南北兩山間山各繞湖蜿蜒對簽以趍王城千怪萬狀彼此互挹猶莫能得其全況山盡水止城居而面墻者乎余支子陶子居此久時援梯升簷以望僅見髣髴則又愈不懨乃一旦傾曩舉貸拔屋為樓三其層巋然出牆上題曰湖山一覽不特南北山盡擁西湖以獻而凡他人之樓臺上下包絡山川與夫出城而游畫船金馬騈闐四時者殆無一不為此樓設至若夜静月明水天一色凭欄下瞰如身在太虚此時此樂與我共之者又獨造物耳然則登覽苟得其要雖富貴有力者莫能勝況脱去凡近而游高明以超覽萬理之會者哉景定五年九月記家則堂先生瀛州集月湖記騷人勝士留連光景感激時序見月而悲嗟晤月而賞歎情與境遷其逐也外非真知月者也學道君子反觀内照乃能有得於月是所謂義理之學與騷情異矣夫月之行

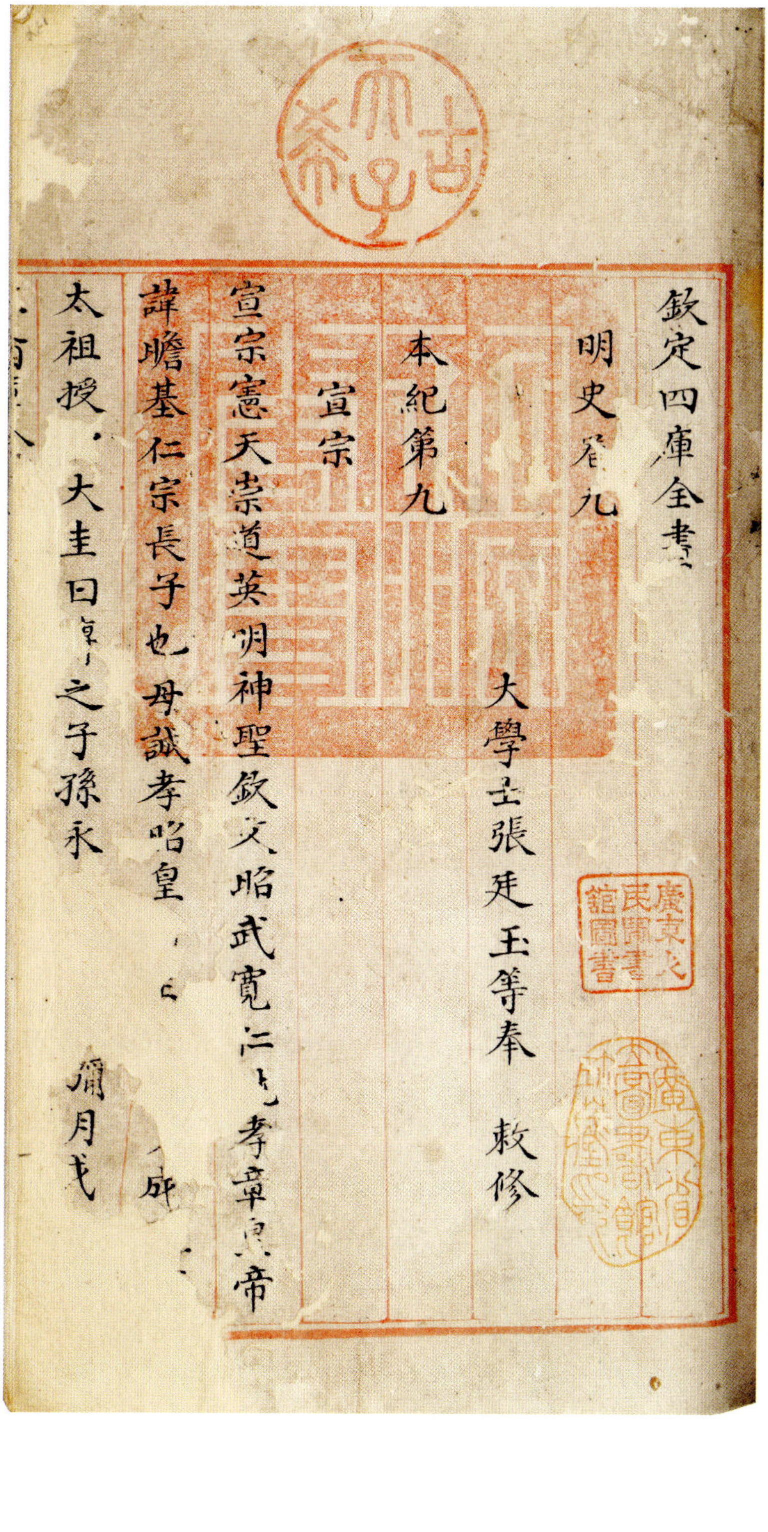

明史三百三十六卷　（清）張廷玉等撰

清乾隆内府寫文源閣《四庫全書》本　存五卷（九至十三）

《四庫全書》修成後，抄寫七部，分藏“北四閣”、“南三閣”。此本應爲文源閣《四庫全書》校訂撤换本，可從書中删改取捨痕迹，探尋《四庫全書》的編纂過程。入選第一批《國家珍貴古籍名録》。

廣東省立中山圖書館藏

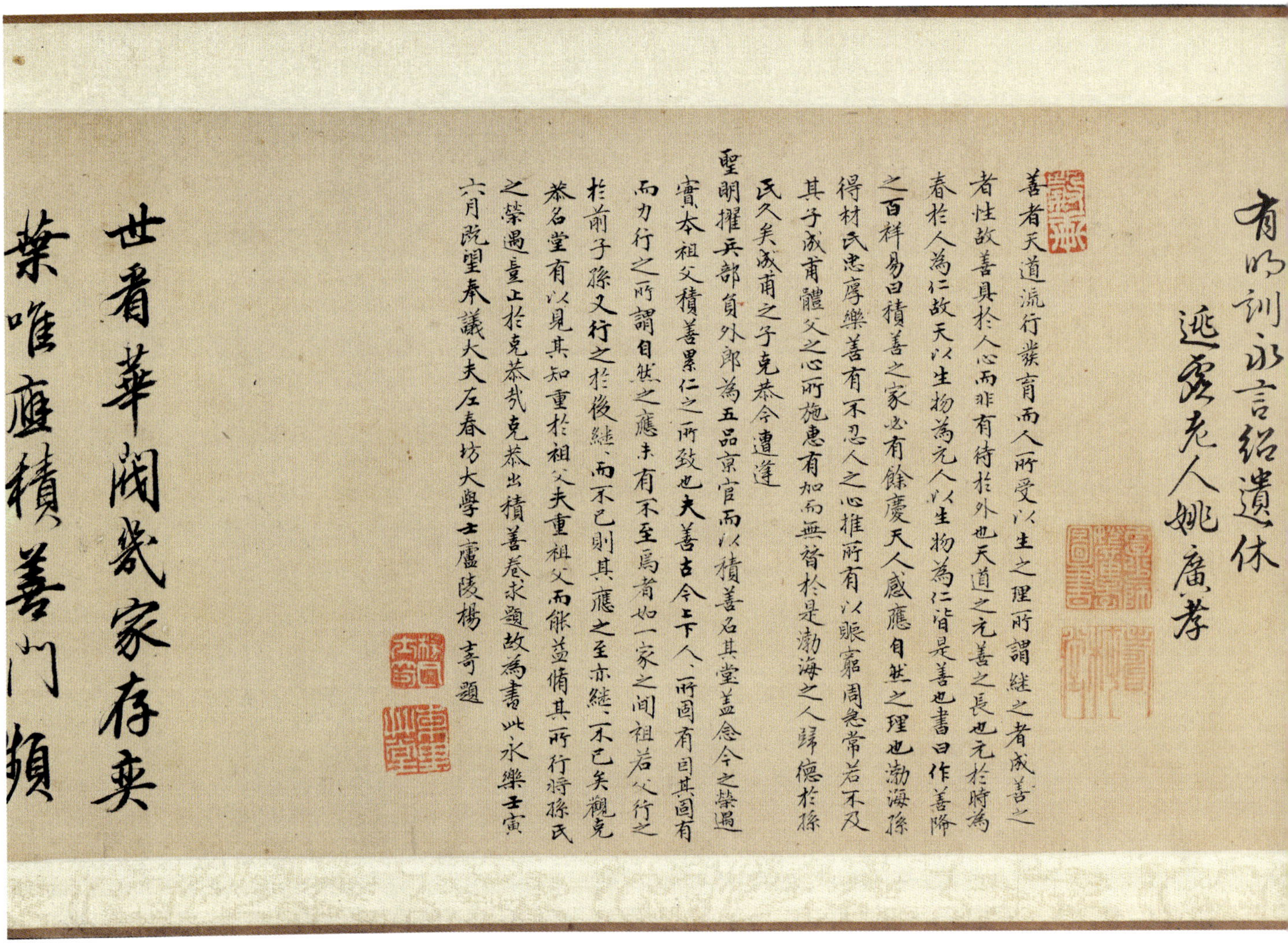
有明訓永言紹遺休
逃虛老人姚廣孝
善者天道流行發育而人所受以生之理所謂繼之者成善之
者性故善具於人心而非有待於外也天道之元善之長也元於時為
春於人為仁故天以生物為元人以生物為仁皆是善也書曰作善降
之百祥易曰積善之家必有餘慶天人感應自然之理也渤海孫
得材氏忠厚樂善有不忍人之心推所有以賑窮周急常若不及
其子成甫體父之心所施惠有加而無替於是渤海之人歸德於孫
氏久矣成甫之子克恭今遭逢
聖明擢兵部員外郎為五品京官而以積善名其堂蓋念今之榮遇
實本祖父積善累仁之所致也夫善古今上下人人所固有自其固有
而力行之所謂自然之應未有不至焉者如一家之間祖若父行之
於前子孫又行之於後繼繼而不已則其應之至亦繼繼不已矣觀克
恭名堂有以見其知重於祖父夫重祖父而能益脩其所行將孫氏
之榮遇豈止於克恭哉克恭出積善卷求題故為書此永樂壬寅
六月既望奉議大夫左春坊大學士廬陵楊寓題
世看華閥幾家存奕
葉唯應積善門頻

明渤海孫氏積善堂題贊手卷　（明）曾棨 姚廣孝等撰

稿本　（明）孫國重跋　鄧之誠 沈兼士 黄侃題識

保留了明清時期曾棨、姚廣孝、楊榮、沈度等43位名家的墨迹，是研究明代文史、書法史、家族文化的重要參考資料。2012年孫氏後人捐贈。

國家圖書館藏

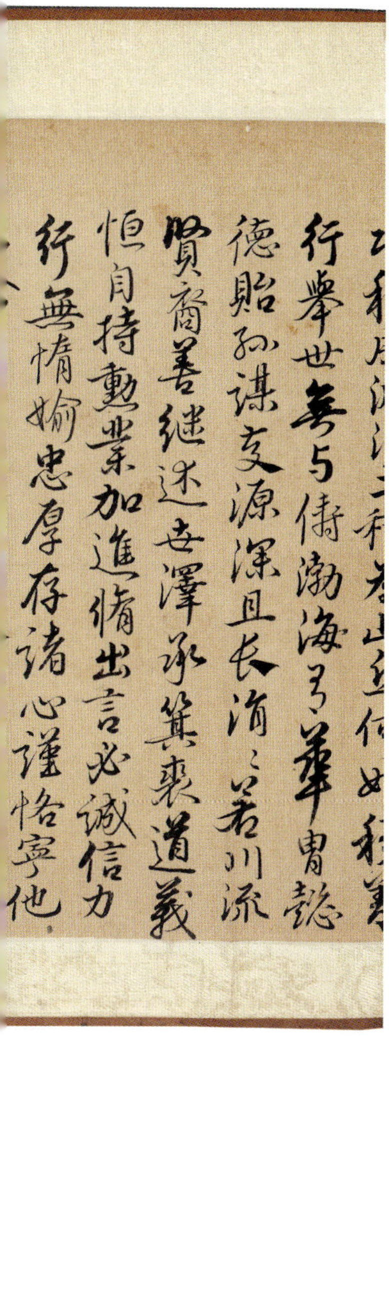

[illegible]
行舉世無與儔渤海子孫胄懿
德貽孫謀支源深且長滔滔若川流
賢裔善繼述[illegible]澤承箕裘道義
恒自持勳業加進脩出言必誠信力
行無惰媮忠厚存諸心謹恪寧他

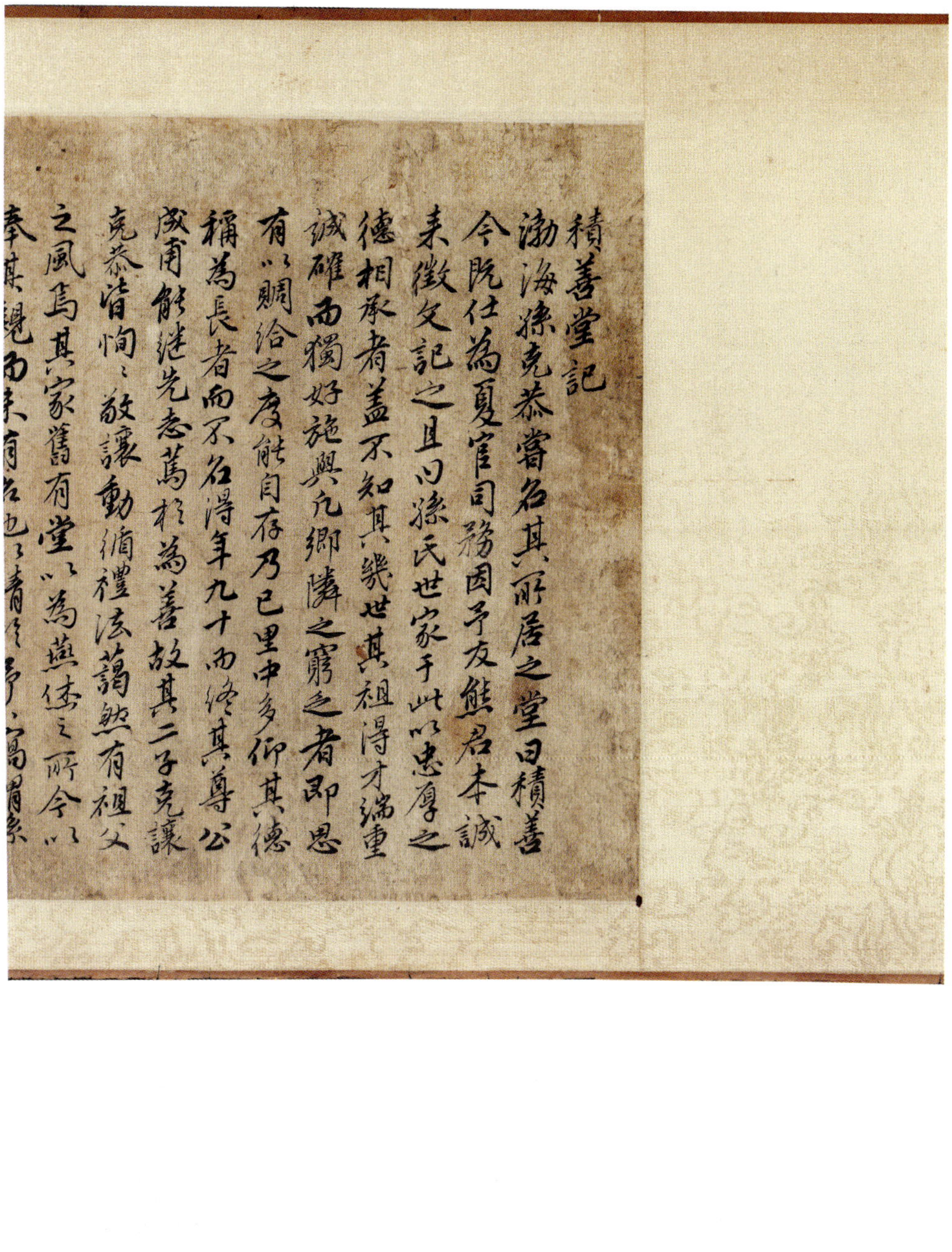

積善堂記
渤海孫克恭嘗名其所居之堂曰積善
今既仕為夏官司務因予友熊君本誠
來徵文記之且曰孫氏世家于此以忠厚之
德相承者蓋不知其幾世其祖得才端重
誠確而獨好施與凡鄉鄰之窮乏者即思
有以賙給之度能自存乃已里中多仰其德
稱為長者而不名得年九十而終其尊公
成甫能繼先志篤於為善故其二子克讓
克恭皆恂恂敬讓動循禮法藹然有祖父
之風焉其家舊有堂以為燕休之所今以
奉其親而未有名也請[illegible]寫[illegible]

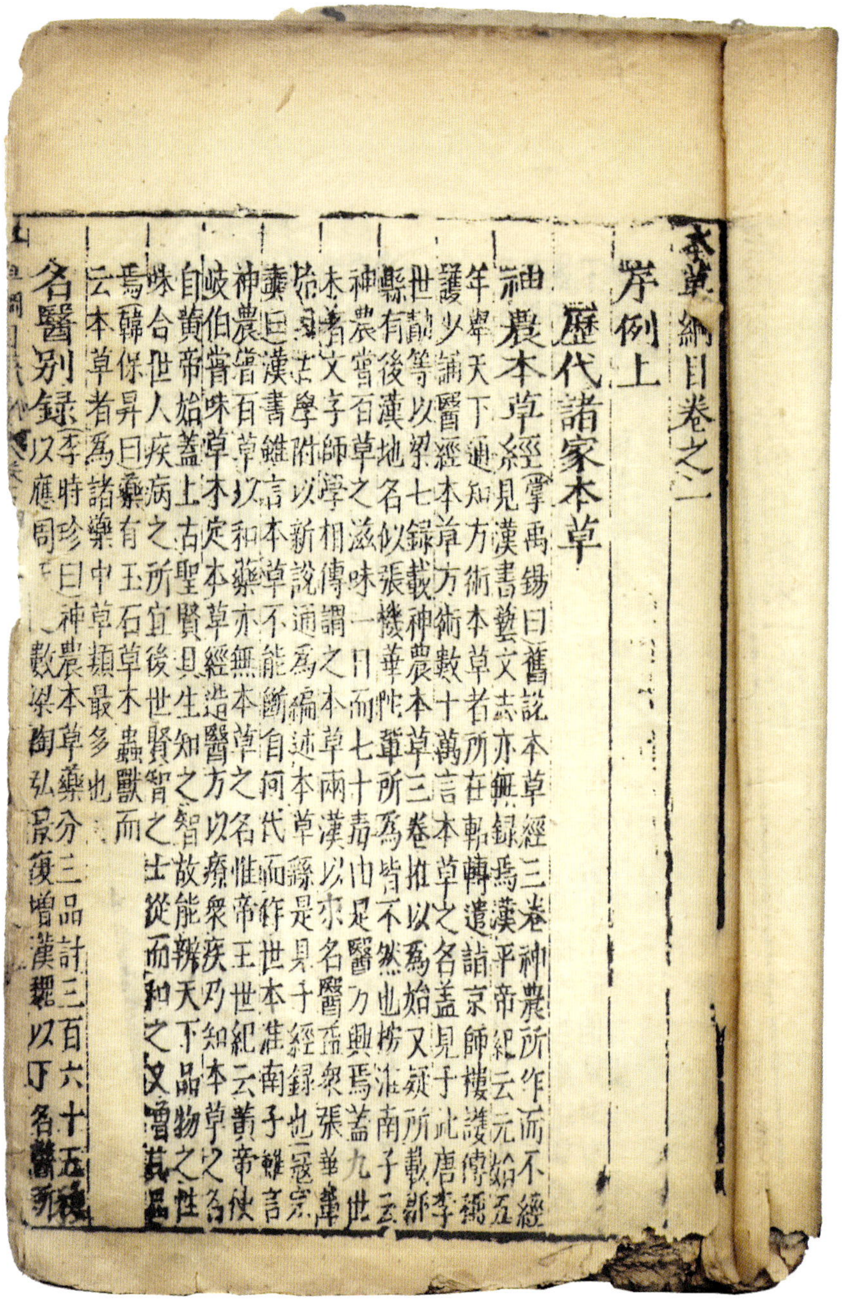

本草綱目五十二卷圖二卷　（明）李時珍撰

明萬曆二十一年（1593）金陵胡承龍刻明重修本

“金陵本”《本草綱目》爲諸本之祖，存世較少，國内僅存兩部。此據“金陵本”重修，未見書目記載，爲近年重大發現。入選第三批《國家珍貴古籍名錄》。

白河書齋藏

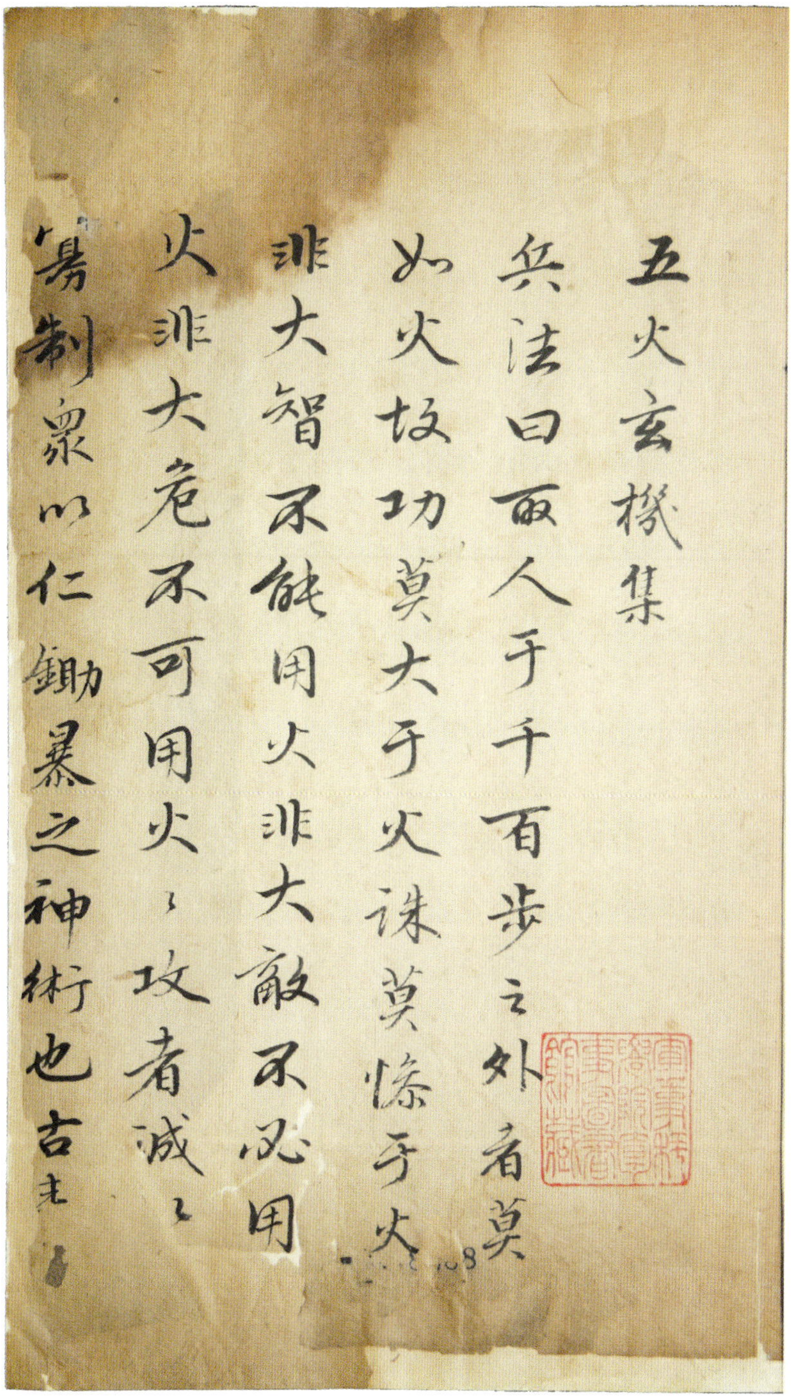
五火玄機集
兵法曰敵人千千百步之外者莫
如火故功莫大于火誅莫慘于火
非大智不能用火非大敵不必用
火非大危不可用火〻攻者滅〻
寡制衆以仁鋤暴之神術也古

五火玄機二十卷　（明）劉基撰

明洪武元年（1368）鈔本

《中國古籍善本總目》未著録，入選第一批《國家珍貴古籍名録》。劉基，字伯温，明初著名政治家、軍事謀略家。

軍事科學院軍事圖書資料館藏

碑帖拓本

碑帖拓本是我國古代文獻中一種重要類型，爲研究古代政治、經濟、軍事、歷史、宗教等方面提供了豐富的資料；又是書法藝術的寶庫，歷代書法作品多賴以傳世。

“中華古籍保護計劃”開展以來，一批此前鮮見著錄的珍貴拓本陸續出現，其中不乏宋元舊拓與名家舊藏。第一批《國家珍貴古籍名錄》所收故宫博物院藏明初拓《石鼓文》，拓製精良，爲國内現存最早的《石鼓文》拓本之一。第三批《國家珍貴古籍名錄》所收天津博物館藏宋拓《絳帖》，傳世極少，爲清内府舊藏，又經畢沅等名家題簽、題跋，彌足珍貴。

近年陝西西安、河南洛陽等地多有墓誌石刻出土，誌主不乏名人，誌石所載往往可以補史傳之不足。國家圖書館藏隋裴遺業墓誌拓片，記載了誌主“聘高麗使主”的身份和事蹟，史料價值較高。

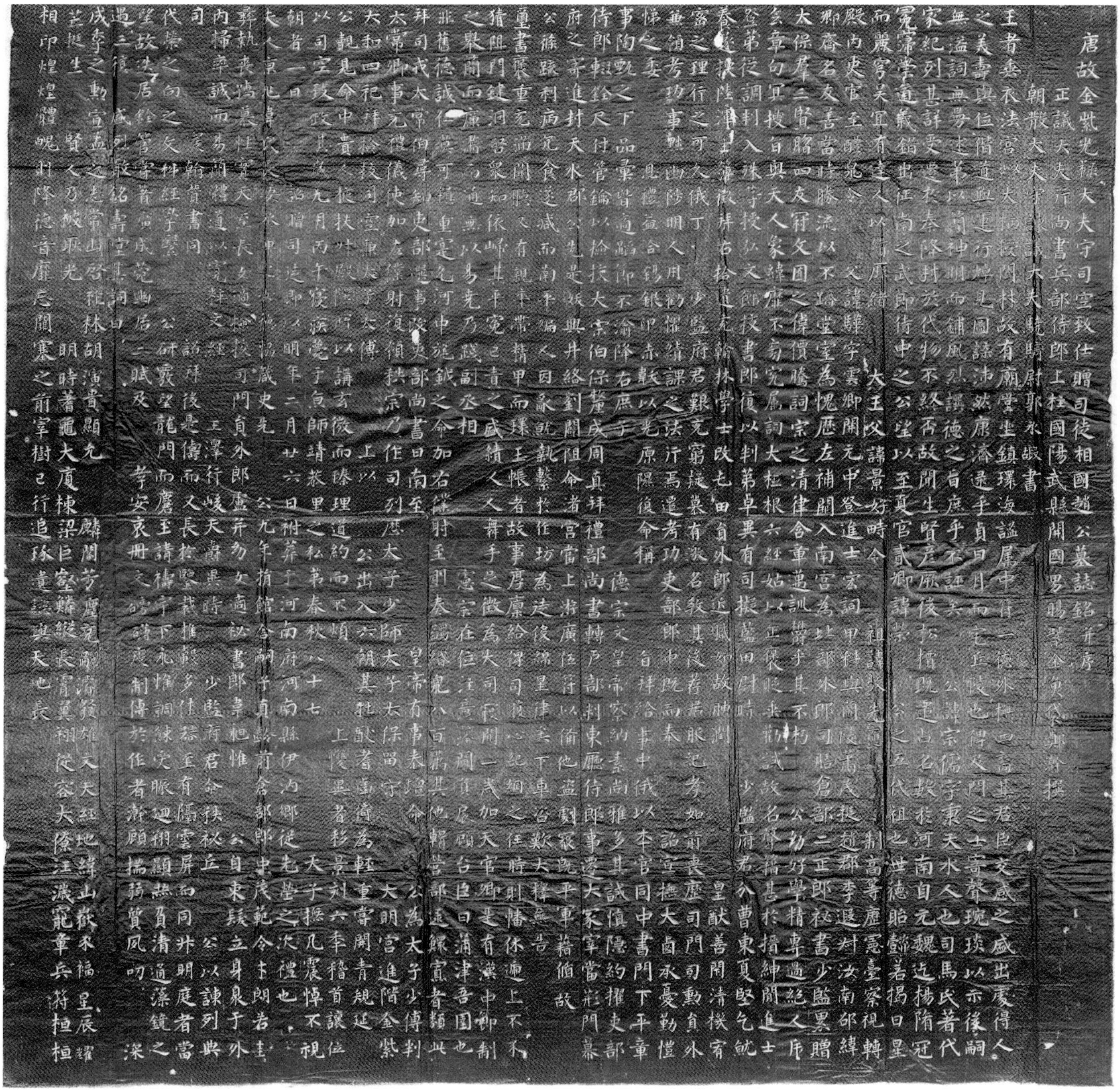

趙宗儒墓誌　（唐）鄭瀚撰　（唐）郭永暇正書

1張，高93釐米，寬93釐米，42行41字。唐大和七年（833）二月二十六日葬，2006年河南省洛陽市出土。趙宗儒，唐德宗時宰相。

國家圖書館藏

是英等始開口論請公亦推誠心與之從復臣盡得其所以來之狀上聞且請遣大臣至館

女嫁其子梁王或增歲遺公闢之謂所親曰北虜無名肆慢不得已者可少增歲幣索何以婚姻許之四月除樞密直學士辭不受尋假資政殿學士尚書戶部侍郎使契丹至虜帳其館伴劉六符曰公來得非以結婚與歲遺事耶公曰然六符曰北朝皇帝堅欲割地亦嘗議及之乎公曰北朝若欲割地此必志在敗盟假此爲名南朝決不從有橫戈相待耳六符曰若兩朝堅執則事安得濟公曰北朝無故求地南朝不即發兵拒卻而遣使好詞更議嫁女益歲幣猶不從乃是北朝堅執非南朝執也及見虜主公曰兩朝人主父子繼好垂四十年一旦忽求割地不知何故兩主無由相見故遣愚臣問其所以虜主曰南朝違約塞鴈門又河北展塘水治城隍點民兵將以何爲諸臣競請興兵寡人謂不若遣使求關南故地求而不得興兵未晚公對曰鴈門近元昊境慮其潛有侵軼故塞之塘水成於何承矩事在通好前以地卑水聚故滋廣耳城隍完葺其舊民兵按故籍補之皆非創有增立也虜主曰微卿言不知其詳又曰朕欲得者祖宗故地耳公曰晉高祖以盧龍一道賂契丹周世宗復取關南皆異代事宋興已九十年豈得復理前代所取之地乎必欲各理舊疆恐非北朝之利也虜主無言徐曰元昊稱藩尚主南朝加兵獨不先告我何也公曰北朝向伐高麗黑水豈嘗報南朝乎然 天子遣臣致意於陛下曰嚮不知元昊與弟國通姻以其負恩擾邊故加討戮而弟有煩言擊之則傷兄弟之情不擊則不忍坐視吏民之死而莫救也不知弟何以處之虜主顧其臣胡語良久曰元昊爲寇豈有使南朝不擊之理他日六符謂公曰昔 南朝太宗皇帝既平河東遂襲幽燕今雖去西邊用兵無乃復欲謀燕薊乎公曰其時北朝先遣拽剌梅里來聘既而復出兵石嶺關以助河東 太宗怒其反覆遂伐燕薊蓋北朝自取之也六符又曰吾主恥受金帛堅欲十縣如何公曰 南朝皇帝嘗言朕爲人子孫豈敢妄以 祖宗土地與人昔澶淵白刃相向 章聖尚不與昭聖關南縣豈今日而可割地耶且北朝要十縣不過利其租賦耳今以金帛代之亦足坐資國用朕念兩國生民不欲使之肝腦塗地不愛金帛屈己以徇北朝之意譬如家人兄順其弟弟亦順兄則睦矣兄既順弟而弟不順兄則必致爭鬩若北朝必欲得地是志在背盟棄好朕獨得避用兵乎且澶淵之盟天地神祇實共臨之今北朝先發兵端朕不愧於心亦不愧天地神祇矣六符謂其介曰 南朝皇帝存心如此大善當共奏使兩主意通翌日虜主召公同獵引公馬自近問所欲言公曰南朝唯欲歡好之久耳虜主曰我得地則歡好可久公曰 南朝皇帝遣臣聞於陛下北朝欲得祖宗故地南朝亦豈肯失 祖宗故地耶且北朝既以得地爲榮則南朝以失地爲辱矣兄弟之國豈可使一榮一辱朕非忘燕薊舊封亦安可復理哉此事正應彼此自諭耳退而六符謂公曰皇帝聞公榮辱之言意甚悟然金帛必不欲取唯結婚可議耳公曰結婚易以生釁況夫婦情好難必復人命脩短或異則所託不堅不若增金帛之便也六符曰 南朝皇帝必自有女公曰 帝女才四歲成婚須在十餘年後雖允寧女成婚亦在四五年後今欲釋目前之疑豈可待哉公又揣虜欲結婚意在多得金幣因曰南朝嫁長公主故事資從不過十万緡耳由是虜緩結婚之意且諭公歸公曰二論未決安敢徒還願留畢議虜主曰俟卿再來當擇一事受之宜以誓書俱至也公乃還奏 仁宗悅除吏部郎中樞密直學士又辭不受七月復假前官持二事以往受書并口傳之詞于政府公既行至樂壽獨念未嘗見國書其中或有與口傳者異則無以折敵示信乃發書視之果不同遂疾馳復至京師日欲晡矣徑叩閤門求對因宿待漏舍一夕易書而行至其國虜主曰寡人熟思卿前言誠不如金帛便然受之無名須於書中加一獻字乃可公曰獻字乃下奉上之辭非可施於敵國況南朝爲兄豈有兄獻於弟乎虜主曰南朝以厚幣遺我是懼我也獻字何可惜公曰 南朝皇帝守 祖宗之土宇繼 先皇之盟好以善意相承故致幣帛以代干戈蓋生靈是恤豈懼北朝哉今陛下忽發此言正欲絕棄舊好以必不可冀相要耳則南朝亦何暇顧生靈哉虜主曰改爲納字如何公曰亦不可虜主曰卿毋固執恐敗乃主事我若擁兵南下豈不禍乃國耶公曰陛下出兵能保其必勝否虜主曰不能公曰勝既不保安知其不敗耶虜主曰南朝既以厚幣與我納字何惜況自古有之公曰自古唯唐高祖臣事突厥而借兵焉當時賂遺或稱獻納則不可知其後頡利爲太宗所擒豈復更有此理虜主默然見公詞色俱厲度不可奪曰我自遣使與 南朝皇帝議之公自至虜中日與其君臣論難或自旦及夕至指帳前高山曰此尚可踰若欲獻納二字則如天不可得而升也使臣頭可斷此議決不敢諾於是虜留所許歲增金帛誓書復遣耶律仁先劉六符齎其國誓書以來仍求納字公至都言曰契丹求獻納二字甚急臣既以死拒之矣願 朝廷終絕之公初奉使聞一女卒再奉使聞一男生皆不顧亟行尋遷翰林學士公上章及面啓曰 朝廷方事西略河北無備臣奉使所以不敢死爭者實慮興戎以敗國事功於何有而遽受賞哉願 陛下增修武備俟釁而動以洗國耻卒不拜 仁宗益嘉公勞而不有三年三月遂 命公爲樞密副使辭不受拜資政殿學士兼翰林侍讀學士知審官院七月再除樞密副使辭固不受至持 詔命納於 上前而罷逾月復除 前命值元昊使辭群臣班于紫宸殿門有 詔促公綴樞密院班方御殿且命宰相諭 旨曰 朝廷用賢不緣使虜之勞公知不可辭方受拜公既典幾密自以爲遭時得位知無不爲時晏元獻公爲宰相范文正公參知政事杜祁公居樞密公與之同心合力期致太平 仁宗開龍圖天章閣 命輔臣各條天下大政公列上十餘事及河北安邊十三策又乞擇宗室之才者試以爲政漸壯藩屏又言安民在守宰請令二府合議擇諸路轉運使委轉運使擇知州知州擇知縣則天下得人矣元昊遣使奉書稱男兀卒曩霄上父皇帝而不臣公又言事在慎始向聞西路待其使過厚又聽其稱僞官入見賜與亦加多此適足長其驕慢之心耳且曩霄尚臣屬契丹奈何後中國乎由是 朝廷却其使卒令稱臣四年七月契丹來告舉兵討元昊十二月 朝廷冊元昊爲夏國主使將行復止以俟虜使公又言虜使未至而行則是事由我出使至而後行則恩歸契丹矣遂遣使行契丹發兵會元昊討呆兒族道出河東境外 仁宗面諭輔臣宜設備待之公發九事料其必不入寇已而果然時天下久安事或靡敝不振京師要司厚廩多近倖領之至有十年不代者公爲立三考之任州縣官吏偷惰不舉職置按察使以糾之中外多不便公者會大臣亦有以飛語中公 仁宗雖不聽而公懼不自安因保州賊平求爲河北路宣撫使以避之使還道除資政殿學士知鄆州兼京東西路安撫使尋又罷公安撫使後歲餘讒不驗加給事中移知青州兼京東東路安撫使河北大水民流入京東者不可勝數公擇所部豐稔者五州勸民出粟隨所在貯之以易振給行於鄉村城郭得廬舍可以寓人者十餘万所官吏自前資待闕寄居者各給以俸即民所聚選其老幼病瘠者籍名授券分主而均稟之下至器用薪芻微細之物處之皆有法不幸死者即爲收瘞公自爲文祭之其明年夏麥既登仍爲計其道里遠近裹糧遣歸業所全活者五十萬人募而爲兵者又萬餘人 天子聞之遣使勞公即拜禮部侍郎公曰恤災振乏職也辭不受王則據貝州叛齊之禁兵謀以千人屠其城以應有告變者公以齊非所部且慮事泄變作會中使張從訓銜命在青州公徵從訓會齊官吏捕之悉就擒戮而自劾擅遣中使之罪 仁宗嘉之再除禮部侍郎公又懇辭我遷資政殿大學士明堂遂拜禮部侍郎以秦國太夫人久去鄉里求從京西移知鄭州又移蔡州加觀文殿大學士知河陽遷戶部侍郎至和二年拜宣徽南院使判并州兼河東路經略安撫使六月拜同中書門下平章事集賢殿大學士與文潞公同日宣制 仁宗遣小黃門數輩覘於廷士大夫皆以得人相慶後數日翰林歐陽公對 仁宗曰近除文彥博富弼作宰相士人相賀古人求相或得之夢卜今朕得於人情何待夢卜也歐陽公頓首稱賀嘉祐初 仁宗弗豫不御殿者久之雖執政不得詳知其起居狀公與文潞公率輔臣求入侍疾內侍都知止之曰未有 詔旨公叱曰豈有宰相一日不見 天子乎遂徑入見 上因請以監視禳禱留宿殿中自是宮掖事無巨細皆白宰相而後敢行中外晏然 仁宗春秋漸高 國嗣未立公與同列議擇宗室之賢者以建儲貳遂以 英宗名上 仁宗曰朕志已定卿等勿疑也三年加禮部尚書昭文館大學士監修國史時 仁宗倦勤庶政皆仰成宰府公以州縣繇役賦斂或非法 制乃選使分行諸道命之曰寬恤民力多所蠲正人賴其澤又弛茶禁通商販民以不犯法刑爲之省五年丁秦國太夫人憂 詔特罷春宴五遣中使起公復位公懇求終喪從之仍給半俸辭不受 英宗即位公服除拜樞密使同中書門下平章事遷戶部尚書踰年以足疾求解機務章二十上拜鎮海軍節度使同中書門下平章事判河陽封祁國公 今上踐祚移鎮武寧軍進封鄭國公屢乞罷將相任 上以公累朝輔佐年耆德盛尤虛心待之以尚書左僕射觀文殿大學士集禧觀使 召公公以足疾未任拜固辭 詔以新官復判河陽熙寧元年正月徙判汝州且俾入 覲以公足疾許肩輿至崇政殿門令男紹隆扶掖以進且 命不拜又以門距殿遠更 御內東門便殿見之賜坐從容日昃始退仍賜其子緋衣銀魚蓋近世寵遇大臣未有恩禮如此之厚也 上欲復以集禧觀使留之公懇辭之鎮明年正月再 召赴闕 上之將 召公先遣中使諭 旨曰卿今茲毋得重辭當力疾入輔爲 宗社計二月遂除司空兼侍中昭文館大學士賜甲第一區皆不受復拜左僕射門下侍郎同平章事未陛見會有以災異皆常數不繫人事得失言於 上前者公上章曰春秋書災異所以警悟人君使恐懼修省洪範庶證亦以五事而致未聞歸之天數也 陛下萬一過聽寅畏消復之意有時而怠則虧損 聖德無甚於此是時群臣請上 尊號及聽樂 上以久旱不許而群臣猶固請聽樂公又言故事有災變皆徹樂恐 陛下以同天節契丹使與群臣當上壽故未斷其來請臣以爲 陛下始親庶政四海屬耳目尤宜日新盛德以示夷狄願并上壽罷之益見 陛下嚴恭天戒之美從之即日而雨公又言 陛下荅謝天戒不爲不至上天報應不爲不速願 陛下不以今日得雨爲喜更以累年災變爲懼遠離姦佞親近忠良恭畏上天則太平可致 上親書荅詔曰義忠言親理正文直苟非意在愛君志存王室何以臻此敢不置之枕席銘諸肺腑終老是戒更願公不替今日之志則天災不難弭太平可立俟也公又陳君子小人情僞繫王道之消長天下之安危望 陛下深加辨察所喜者不可遽用所怒者不可遽棄用捨小失則招致禍敗不細矣八月以疾辭位拜武寧軍節度使同中書門下平章事判河南府復用請改判亳州四年提舉常平倉趙濟言公格青苗法不行除左僕射判汝州再上章願歸洛養疾許之其年冬請老拜司空復武寧軍節度使同中書門下平章事進封韓國公致仕元豐三年官制改授開府儀同三司又以同老言嘉祐中其父嘗與啓建 儲事 上嘉諸公初不自言特拜司徒仍以其子紹京爲閤門祇候公爲人端厚沉正臨事而慎其處己謀國必熟復周慮度不萬全不發接士大夫盡誠以有禮雖布衣必與之亢妄笑語以下賓客爲聲名嘉善嫉邪出於天性居閒猶詢問當世人物以知其賢不肖尤慎許與未嘗輕以加人出入尊寵垂四十年而服用素約無聲色之玩雖高年未嘗一日廢書不觀以至釋氏老莊方外之說莫究極精致有文集八十卷藏于家公嘗語人曰吾才智非能過人但有不欺耳蓋公之所以自養者如此故其行己也外如其中其事 君也終如其初久而益見信於天下雖窮閻遠國莫不知公之姓與官號北虜每至必候公出處問其安否公雖退居 明詔之所咨訪密章之所啓告蓋不乏矣至其將沒猶以遺藁一通付其子上之然其詳莫得而知也推公之意苟可以益 君上厚民人者蓋忘其身之老且死而言之呼可謂忠已初公之將生秦國太夫人夢幡旗鶴鴈甚衆降集其家云天有赦寤而生公其將薨有大星殞於所居還政堂之後噫天之生大賢不數生則必福其國澤其民如公之爲相則首定 儲位以啓社稷無疆之休其奉使則辯折強虜壞其姦萌易干戈爲和好其撫東夏則安輯流亡以食以處續將絕之命者數十萬人則其兆神靈之應錫壽寵之享固其理然惡足怪哉公之配曰周國夫人晏氏元獻公之靜有法度公以爲眞吾匹男子三人曰紹庭朝奉郎曰紹京供備庫副使後公一月卒曰紹隆光祿寺丞早卒女子四人長適觀文殿學士馮京卒又以其次繼室封延安郡夫人次適宣德郎范大琮次適[illegible]孫男女各三人周國夫人與其孤遂以公薨之年冬十一月庚申奉公之柩葬於河南府河南縣金谷鄉南張里從秦國公之兆也謂維辱公之知實厚且久以銘見屬義不得辭銘曰

富氏之先 其尚莫窮 辰見于周 仕而不逢 驟諫弗察 以死償忠 爰及後世 顯莫如公 公之始仕 遘我 仁宗 奮辭發策 厥問載鴻 遂
達 帝之聰 朝對夕啓 靡言不從 左右王體 蔚然古風 乃奉使指 抗𤄷龍庭 扶義據正 折其姦萌 完地息民 訖如初盟 出撫東夏
峙糧備器 畀給其求 既安既飽 復其先疇 凡公之爲 主是歸正 有其害之 必攘必爭 姦謀險言 以撼 皇聽 崎嶇杌隉 卒莫能病
惟誠之勝 爰命作相 付畀邦政 質於朝言 人用胥慶 匪夢匪卜 天子神聖 嘉祐之末 主鬯虛位 聿求宗藩 首定 聖嗣 繄公一言
上眷舊德 恩無與二 義忠言親 形于詔旨 辭隆即安 屏翰是寄 公拜稽首 謝不任事 將旄相綬 歸老于第 優游偃息 默與道會
物莫奸志 惟是報國 老而益厲 忠規讜謀 沒然後已 昔周之宣 天錫良輔 賦政四方 明國若否 柔亦不茹 剛亦不吐 迹公猷爲
礱堅勒休 誌公墓 猗萬斯年 爲 宋山甫

鄉貢進士曹貴之摹刻

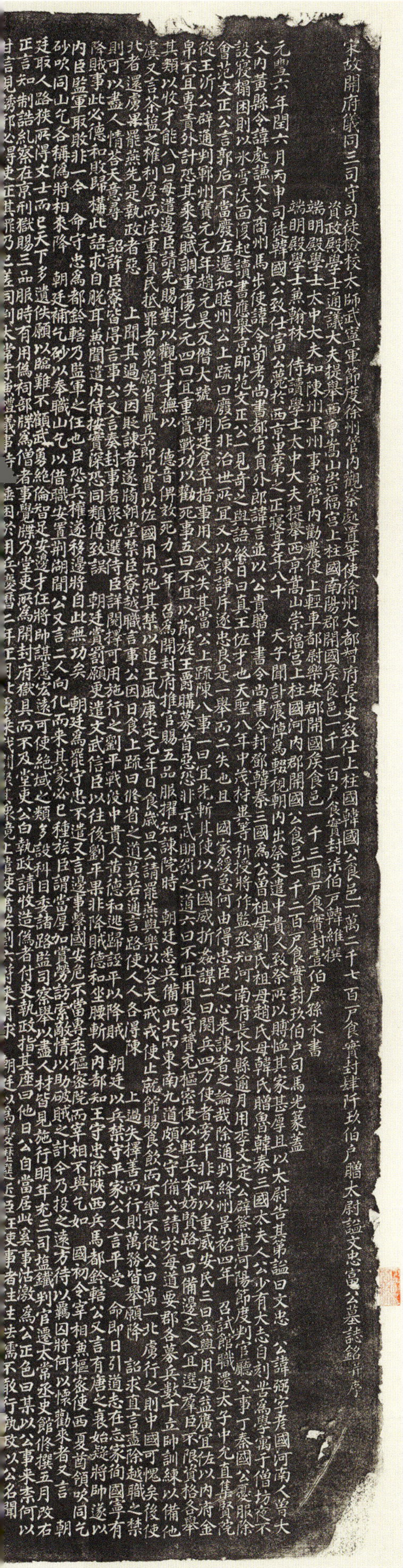

富弼墓誌　（宋）韓維撰　（宋）孫永正書　（宋）司馬光篆蓋　（宋）曹貫之刻

2張，誌高140釐米，寬140釐米，蓋高162釐米，寬164釐米；誌85行84字，蓋5行5字。北宋元豐六年（1083）十一月十九日葬，2008年河南省洛陽市出土。富弼，北宋名臣。

國家圖書館藏

富弼妻晏氏墓誌　（宋）李藻撰　（宋）馮京正書　（宋）孫固篆蓋　（宋）王誠刻

1張，高91釐米，寬92釐米，46行47字。北宋元祐二年（1087）二月一日葬，2008年河南省洛陽市出土。

國家圖書館藏

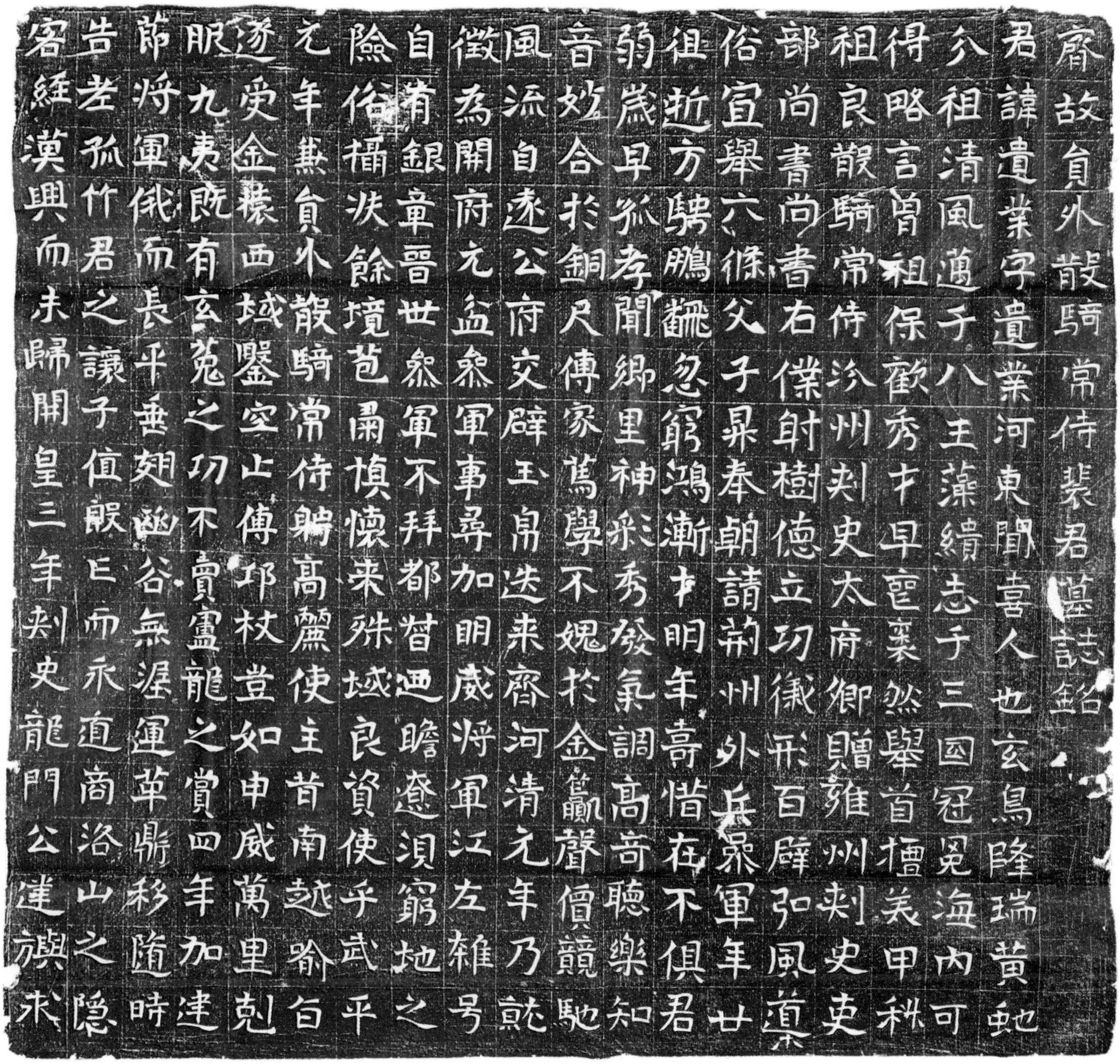

齊故員外散騎常侍裴君墓誌銘
君諱遺業字遺業河東聞喜人也玄鳥降瑞黃虵
分祖清風邁于八王藻續志于三國冠冕海內可
得略言曾祖保歡秀才早宦褰然舉首擅美甲科
祖良散騎常侍汾州刺史太府卿贈雍州刺史吏
部尚書尚書右僕射樹德立功儀形百辟弘風導
俗宜舉六條父子鼎奉朝請荊州外兵參軍年廿
徂逝方騁鵬翮忽窮鴻漸中明年壽惜在不俱君
弱歲早孤孝聞鄉里神彩秀發氣調高奇聽樂知
音妙合於銅尺傳家篤學不媿於金籯聲價競馳
風流自遠公府交辟玉帛迭來齊河清元年乃就
徵為開府元盆參軍事尋加明威將軍江左雜号
自有銀章晉世參軍不拜都督廼瞻遼須窮地之
險俗播洪餘境苞爾慎懷來殊域良資使乎武平
元年兼員外散騎常侍聘高麗使主昔南越踰白
遂受金裝西域鑿空上傳邛杖豈如申威萬里剋
服九夷既有玄菟之功不貴盧龍之賞四年加建
節將軍俄而長平垂翅幽谷無遷運革鼎移隨時
告老孤竹君之讓子值殷亡而永直商洛山之隱
寄經漢興而未歸開皇三年刺史龍門公建旗求

裴遺業墓誌

3張，誌高43釐米，寬45釐米，蓋陰高43釐米，寬45釐米 ，蓋高45釐米，寬49釐米。正書。誌20行19字，蓋陰17行19字，蓋無字。隋開皇十一年（591）十一月七日葬，2011年陝西省西安市出土。裴遺業，北齊武平元年任“聘高麗使主”。

國家圖書館藏

莫妙選賢明以州都右豎早辟相待君顧此徒勞
稱疾解退優遊名教服膺典禮溫恭昆弟貽訓子
孫追石慶之家風踵陳寔之門法爰降詔使表
義旌閭宗族稱榮耆舊長歎樂天知命澹乎淵靜
桐君之録何言鴻珤之篇無驗開皇十年八月廿
七日遘疾平於豐義里春秋六十三言尋遺事但
得玄經還豎荒庭唯餘無竹粤以十一年十一月
七日瘞於舊塋高陽題里逸民封墓陵谷或遷纖
緗有蠹乃為銘曰
昆田珍物后土神光山川靈異英彥連芳穢承餘
祉不忝珪璋西河成學北冀賓王幕府曳裾海隅
銜命楛矢無闕貊弓唯令不煩明友何勞去病秦
徽和璧齊匕玉鏡於世告歸自斯知止州后致辟
固辭乃已義斷明也名垂惇史文德先生宜明君
子時同電奄天道寧論玄扃永閟白日恒昏煙凝
石闕風慘□□唯當孤鳥啼對幽魂
一子君洽

少數民族文字文獻

2007年“中華古籍保護計畫”實施以來，在少數民族文字古籍名錄評審及其古籍普查登記工作中，發現了一批重要古籍，爲學術研究提供了豐富的資料。

2009年11月西藏古籍保護工程啓動以來，西藏自治區加強了對古籍的保護力度，在古籍普查中新發現了一批珍貴古籍。西藏博物館藏元至元第三任帝師達瑪巴拉（1268—1287）大都刻本《釋量論》、拉薩市尼木縣恰嘎曲德寺新發現《量理寶藏》等六種元代刻本，進一步證明元代已有藏文文獻刻本，對西藏歷史文化的研究有重大意義。

阿里地區札達縣托林寺發現了十七世紀藏紙抄蒙古文本《蒙古秘史》異本，充分證明該文獻民間傳有異本，並流入西藏，鈔寫流傳，具有重要的文物、文獻價值。

彝文古籍長期以來大多由畢摩以手抄的形式在内部通過儀式來傳承，存世的彝文古籍70%爲孤本。近年國家圖書館加大徵集力度，2009年、2010年分別入藏一批明清時期抄寫的《六部經書》、《字集》、《夜郎悲歌》等珍貴彝文古籍，内容包括宗教、哲學、詩歌辭賦、歷史、天文、地理等方面，大多首次面世，是研究彝族歷史文化的重要資料。

釋量論　藏文　ヵ印度 ヶ法稱撰　俄・羅丹西饒等譯

元至元第三任帝師達瑪巴拉大都刻本

首次發現的有明確紀年的元刻本藏文古籍，具有重要的版本價值。

西藏博物館藏

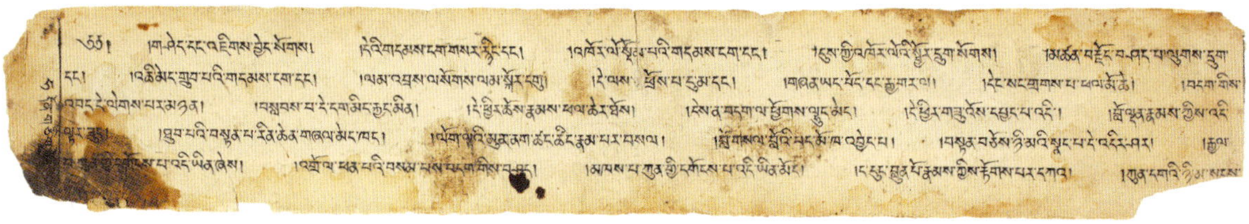

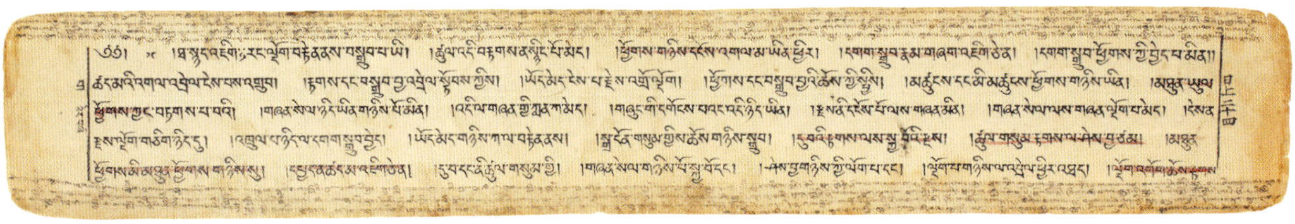

量理寶藏　藏文

元刻本

以漢文“日”字排帙號。

西藏自治區尼木縣恰嘎曲德寺藏

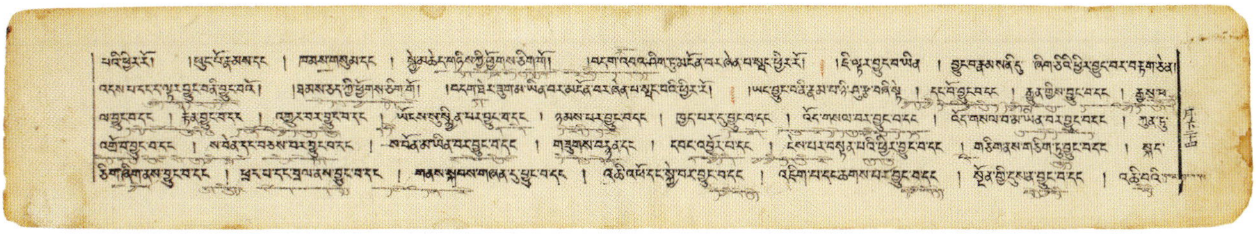

阿毗達磨雜集論　藏文

元刻本

以漢文“月”字排帙號。

西藏自治區尼木縣恰嘎曲德寺藏

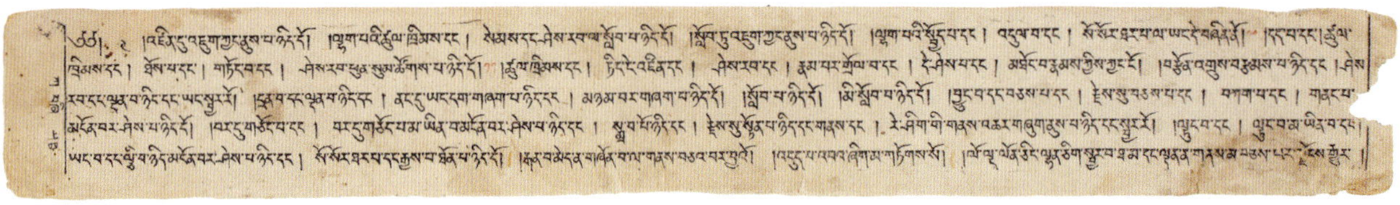

律藏　藏文

元刻本

以漢文“中”字排帙號。

西藏自治區尼木縣恰嘎曲德寺藏

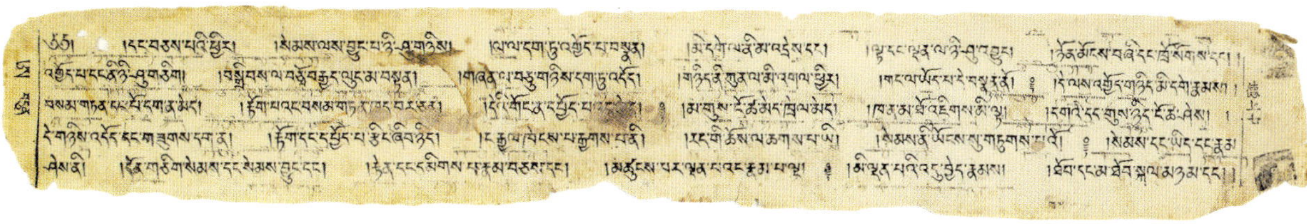

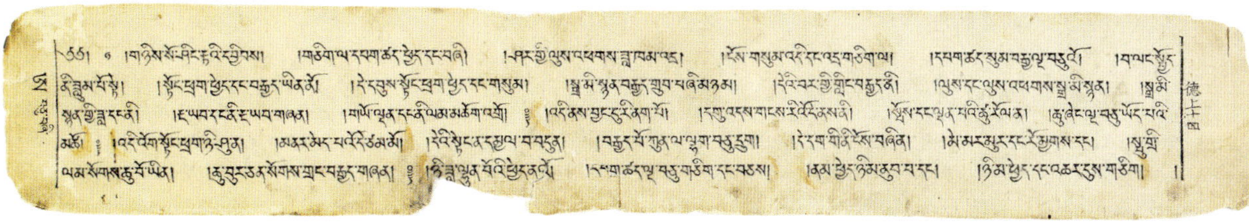

阿毗達磨俱舍論　藏文

元刻本

以漢文“德”字排帙號。

西藏自治區尼木縣恰嘎曲德寺藏

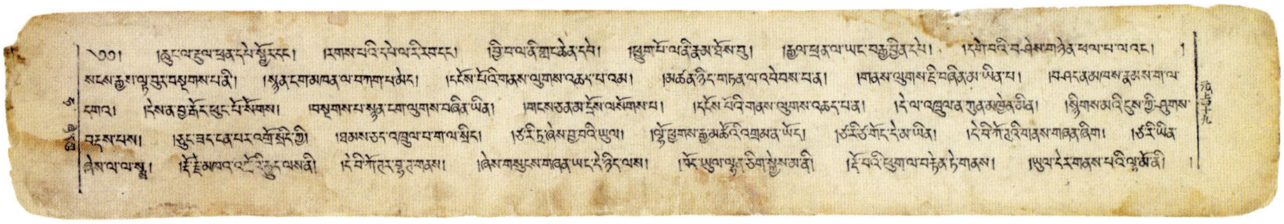

三律儀軌　藏文

元刻本

以漢文“元”字排帙號。

西藏自治區尼木縣恰嘎曲德寺藏

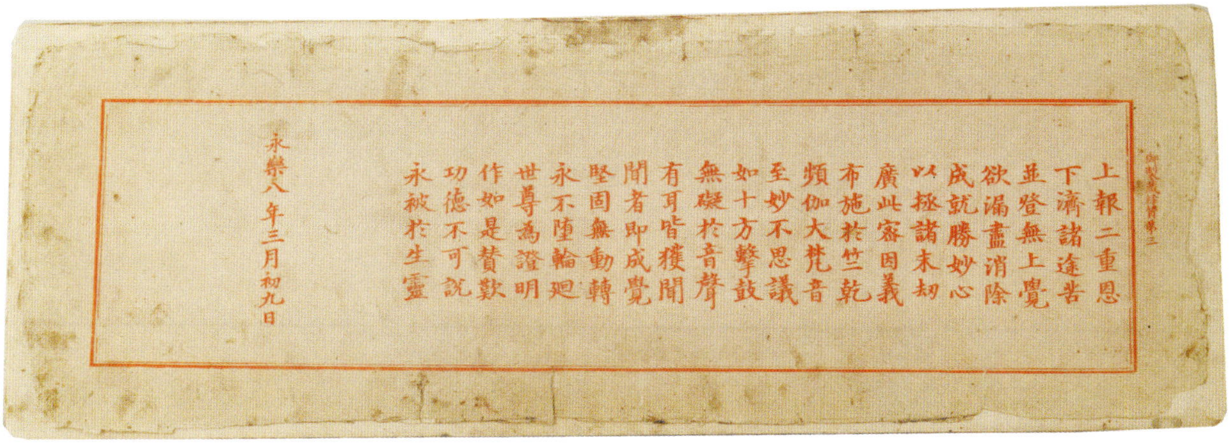

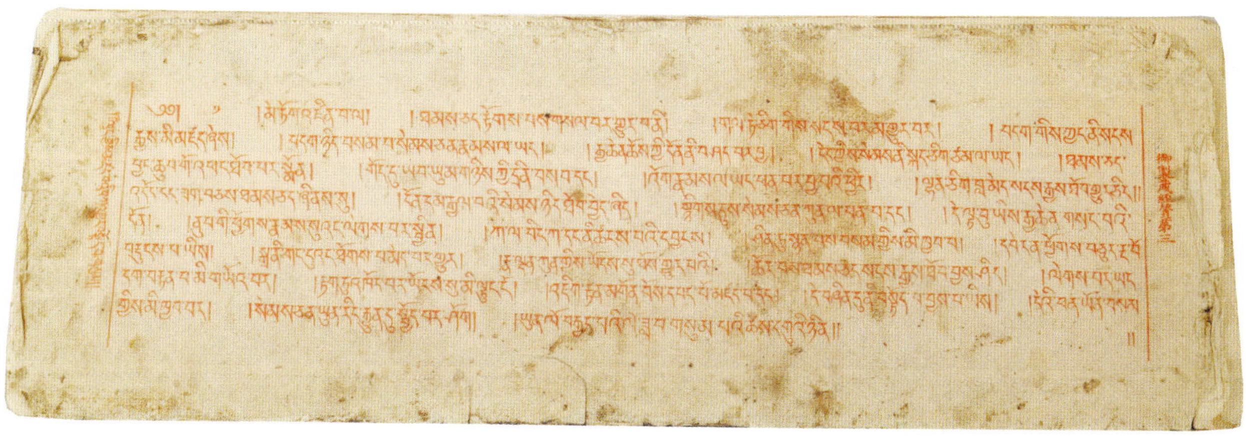

大藏經・甘珠爾　藏文

明永樂八年（1410）刻本

依據蔡巴《甘珠爾》鈔本刊刻，是現存最早的藏文大藏經《甘珠爾》刻本，有較高的文獻、版本價值。

西藏自治區布達拉宮管理處藏

尊勝陀羅尼經　藏文　頓巴西熱撰

清鈔本

苯教創始人頓巴西熱著作，極具苯教歷史和文獻研究價值。

西藏自治區尼瑪縣雍仲桑丹林寺藏

蒙古秘史異本　蒙古文

十七世紀鈔本

《蒙古秘史》蒙古文原本失傳，此件爲近年所發現的葉數較多的蒙古文本，充分證明該文獻民間傳有異本，並在西藏抄寫流傳，文獻價值較高。

西藏自治區札達縣托林寺藏

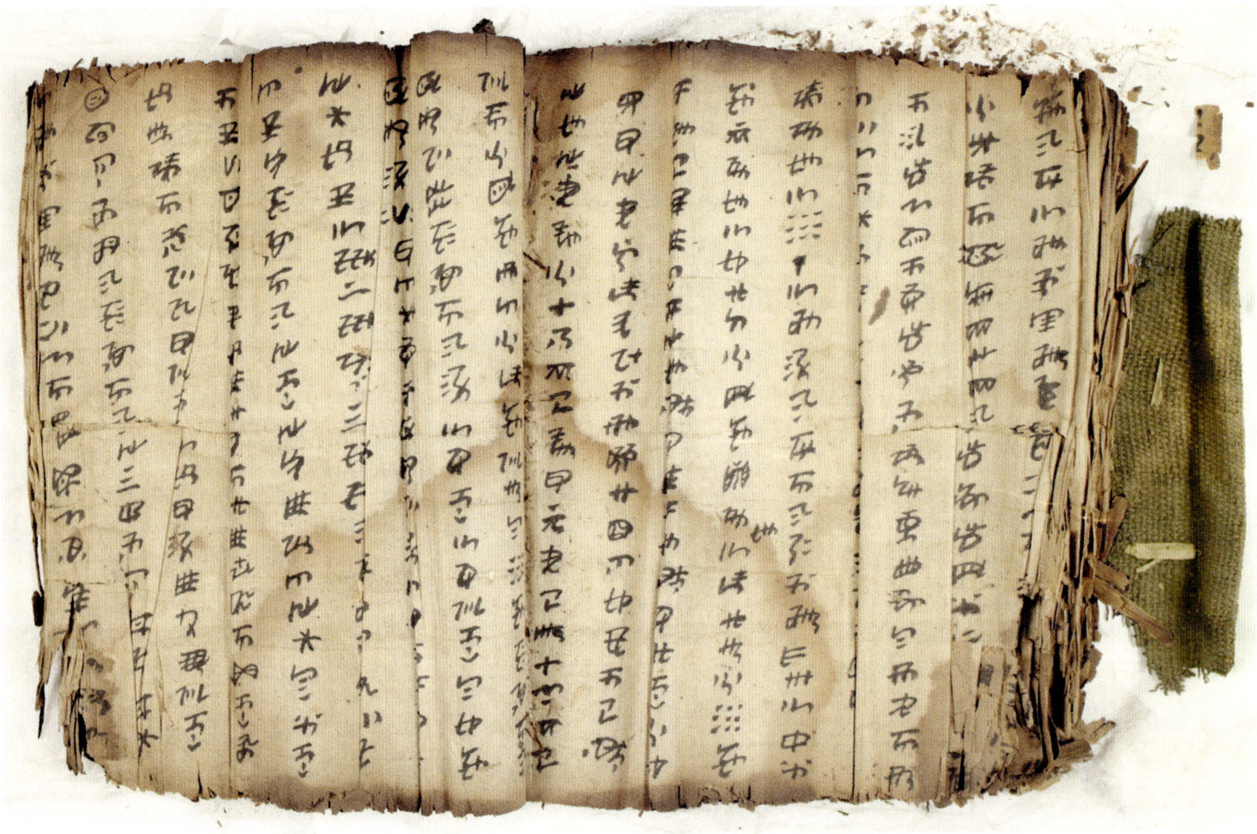

吱嘎阿魯經　彝文

明鈔本

彝族畢摩用書。講述彝族著名的英雄人物吱嘎阿魯的故事。

國家圖書館藏

預測大書　彝文

清鈔本

彝族預測吉兇用書。

國家圖書館藏

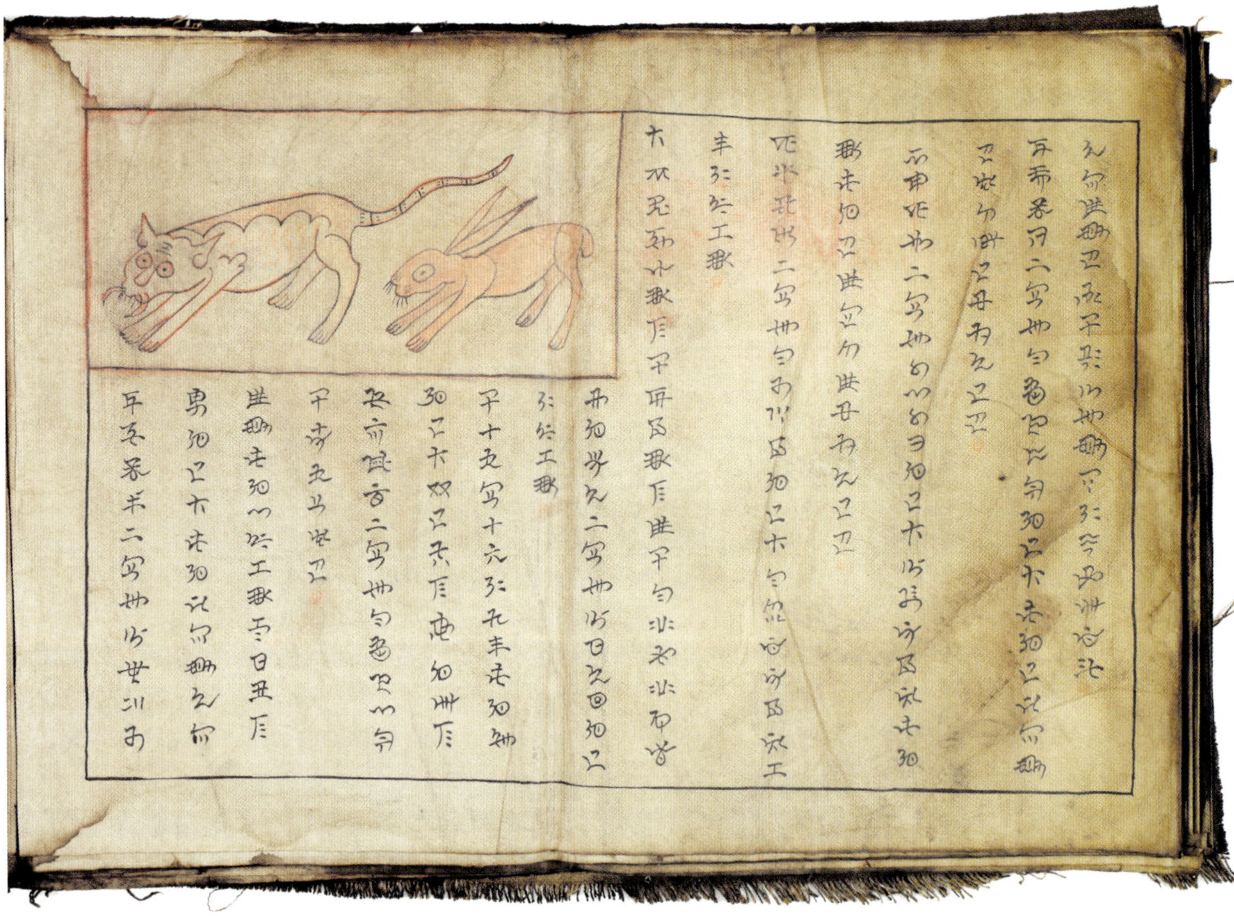

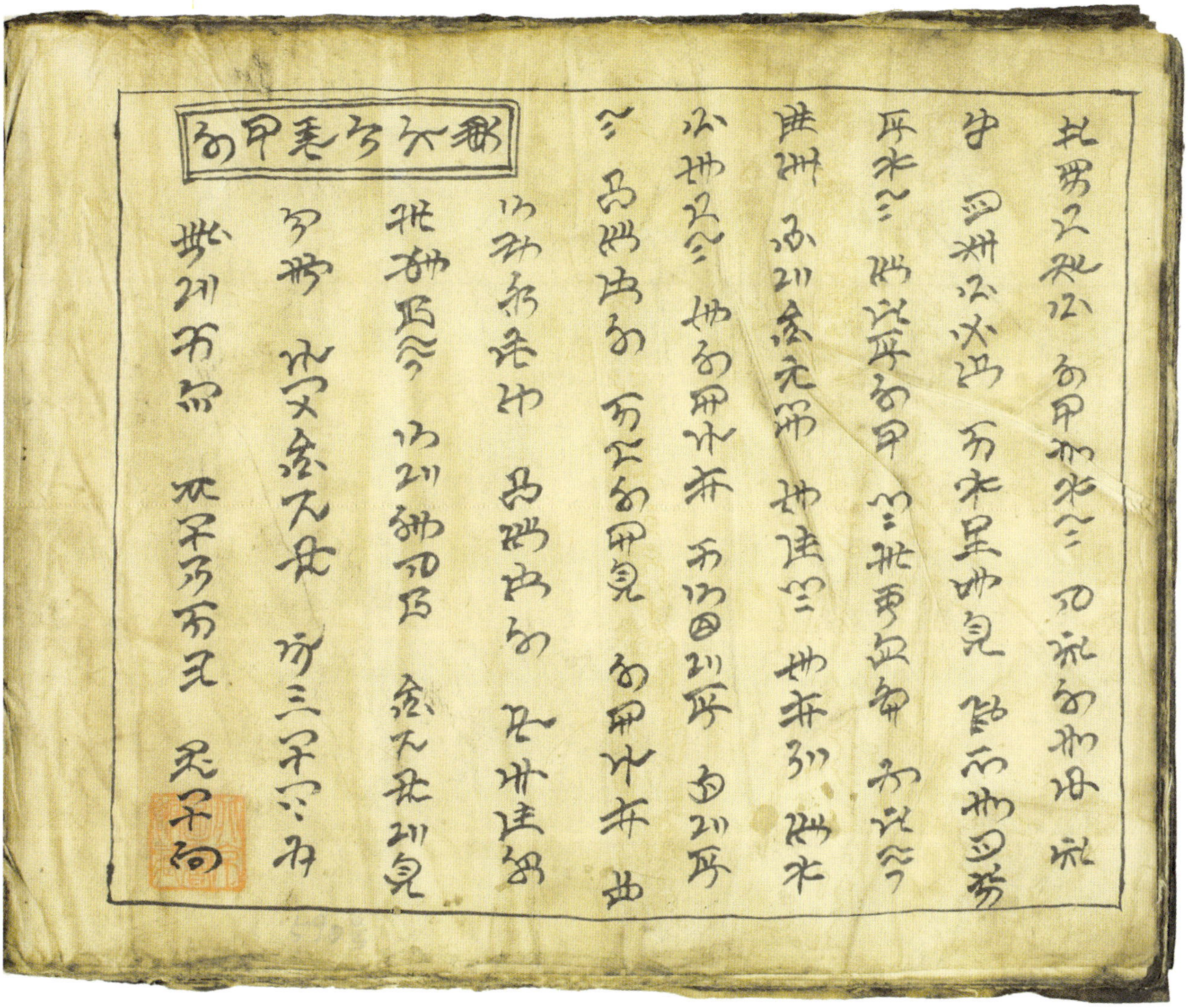

夜郎悲歌　彝文

清鈔本

記載彝族先民武夜郎部族的盛衰史。

國家圖書館藏

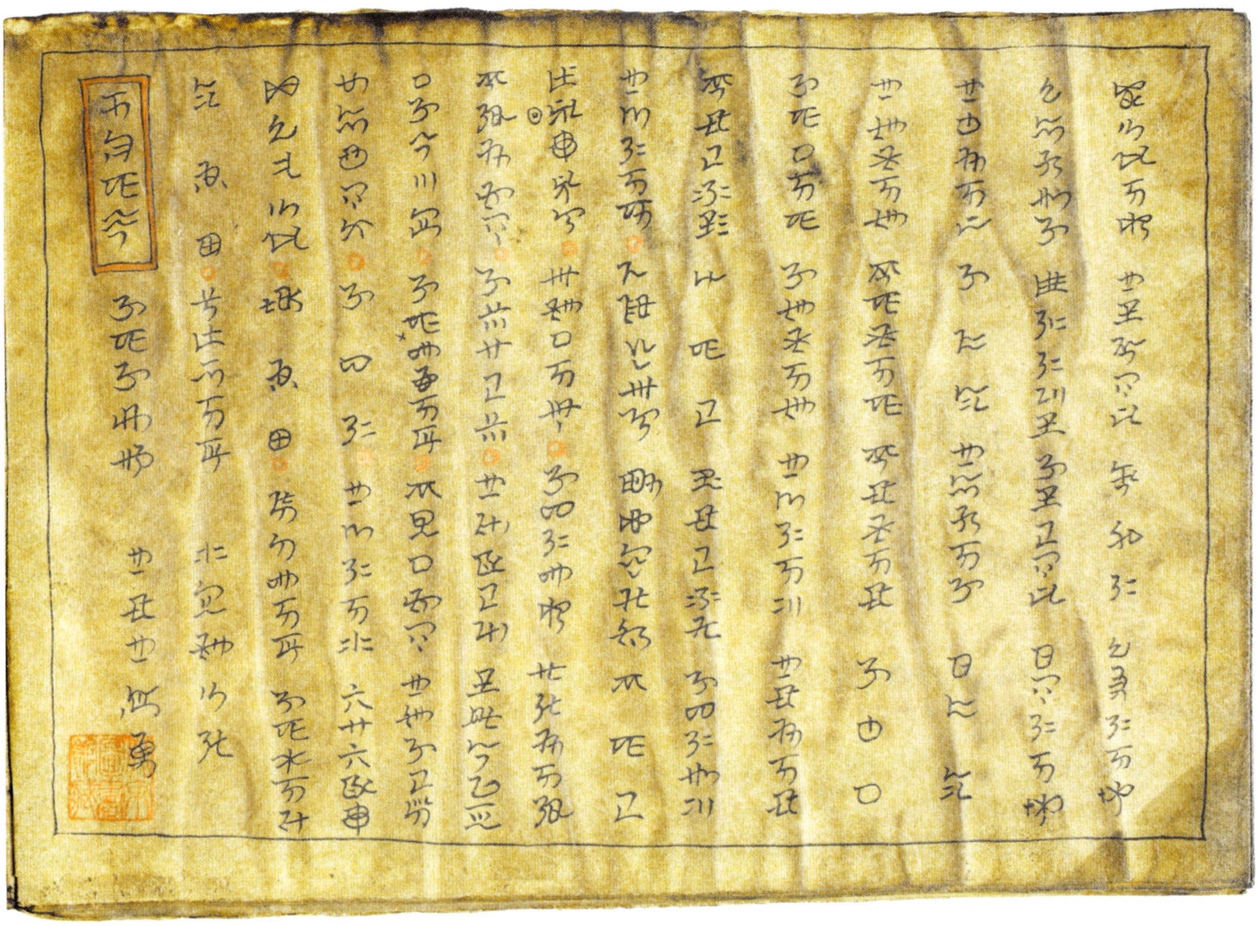

開天闢地與譜牒　彝文

清鈔本

記述天地萬物起源的傳説。

國家圖書館藏

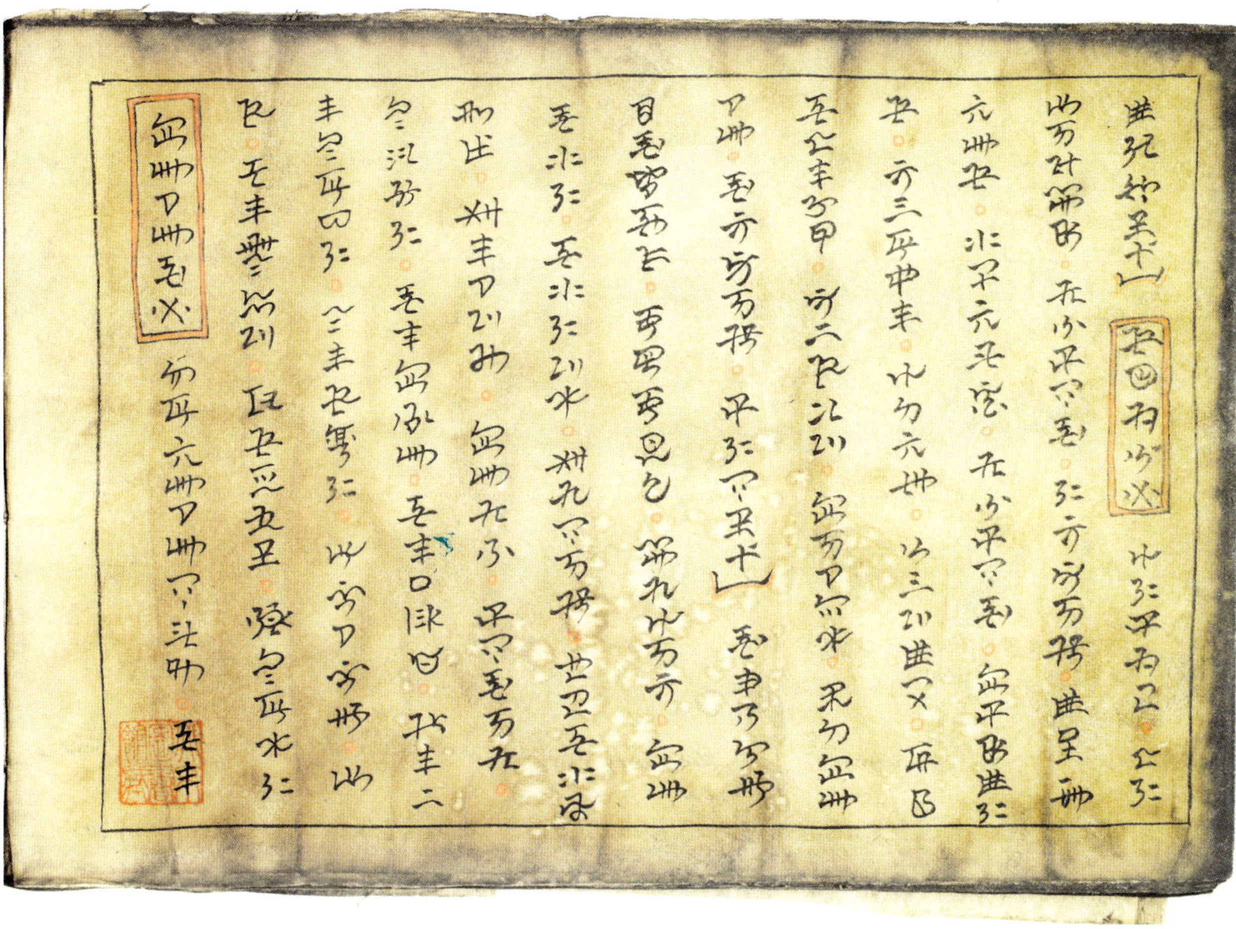

德布基業　彝文

清鈔本

記載德布氏族的歷史。

國家圖書館藏

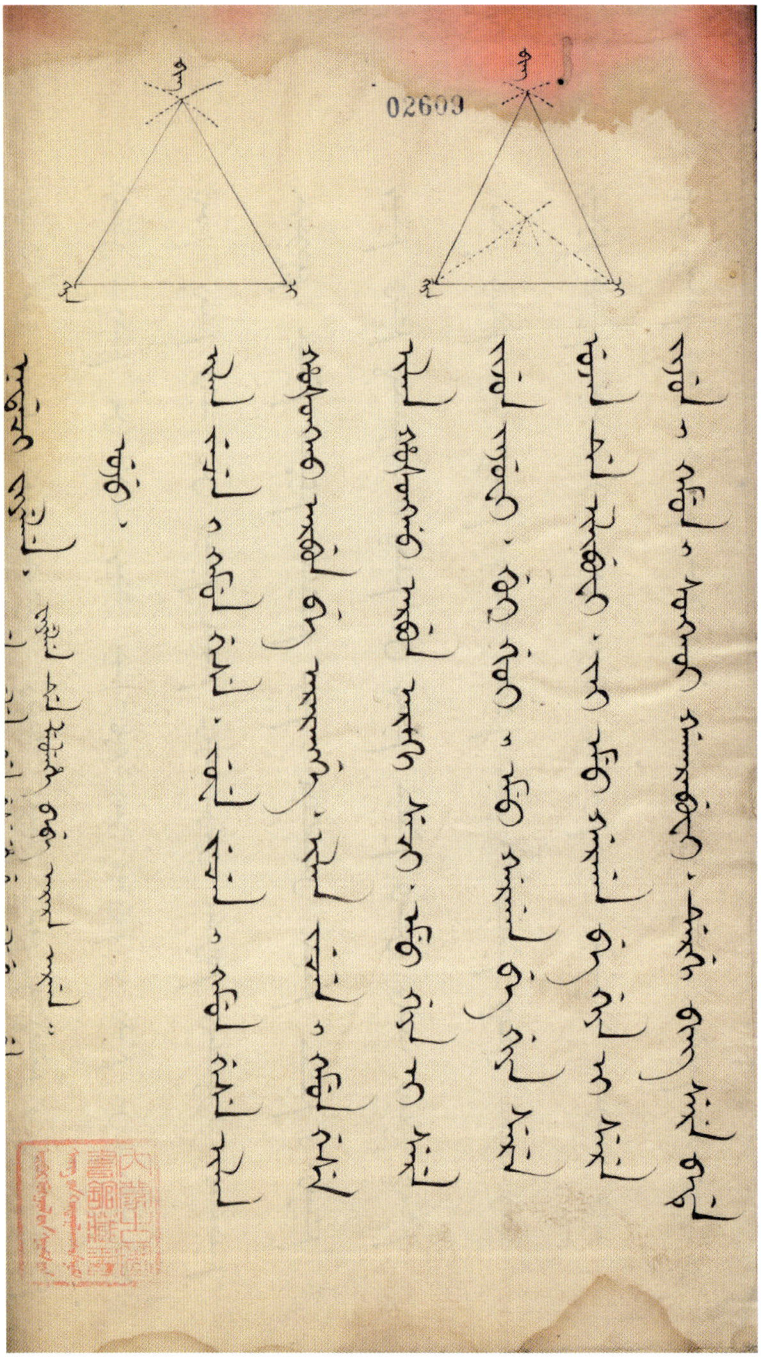

幾何原本　滿文　（希臘）歐几里得著　（法）白晉 張誠編譯

清康熙間稿本

法國傳教士白晉等以法譯本爲底本的滿文譯本，康熙硃筆批改，極其珍貴。

内蒙古自治區圖書館藏

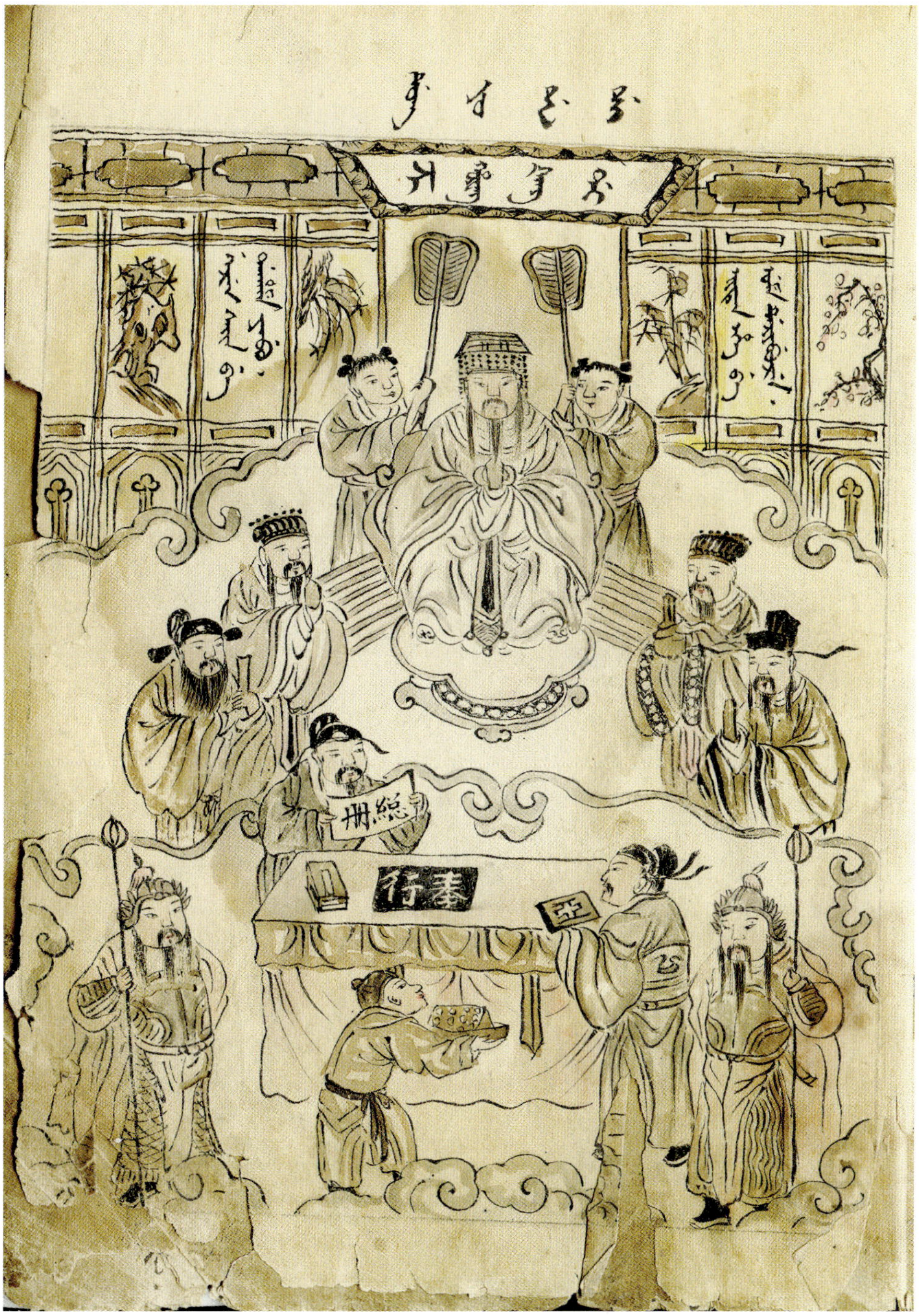

勸善經　滿文

清鈔本

從錫伯族民間徵集而得，對於研究清代漢文化在邊疆錫伯族民間的傳播具有重要價值。

新疆維吾爾自治區伊犁州文物局藏

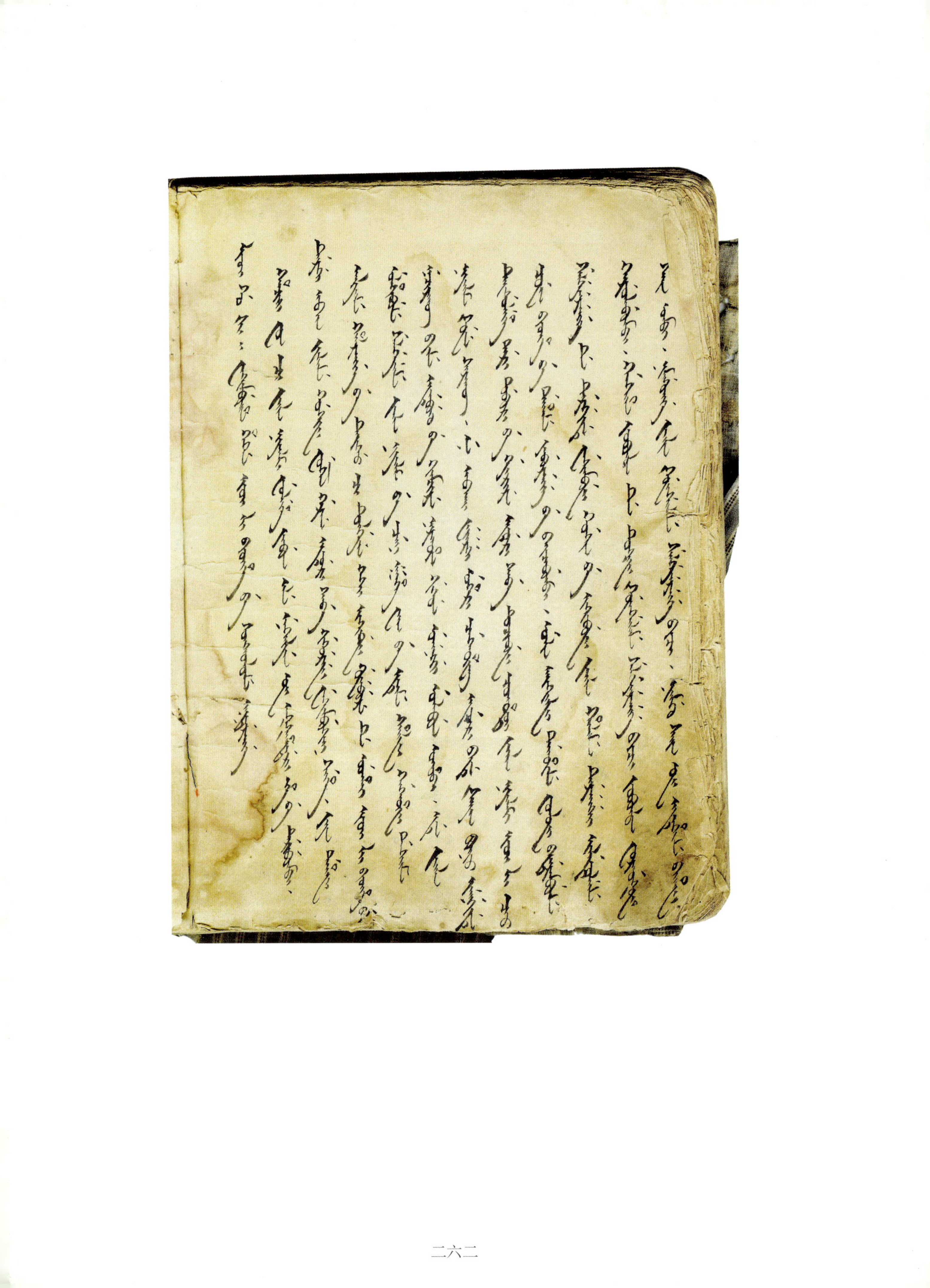

[illegible]